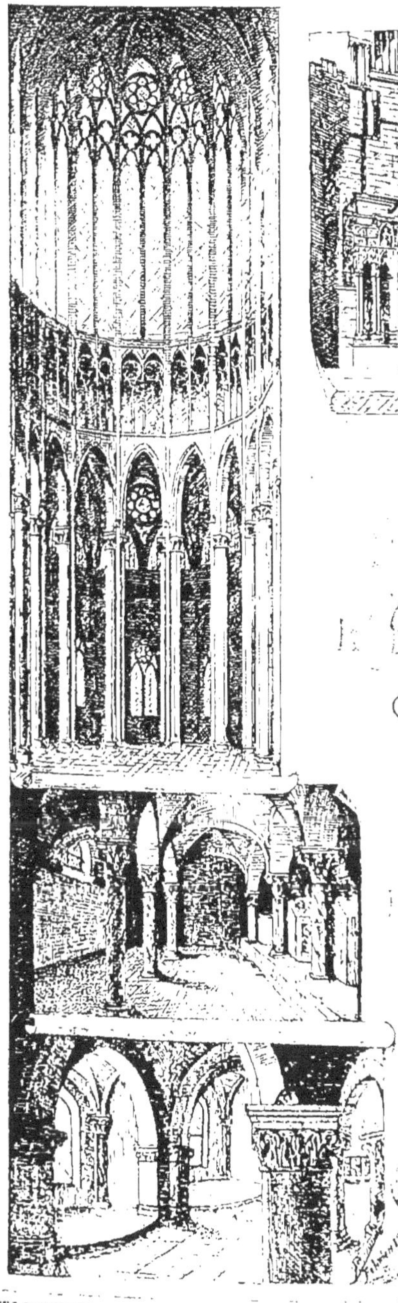

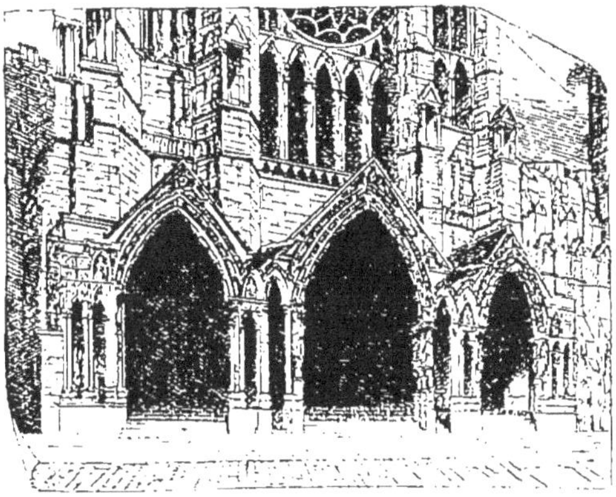

HISTOIRE
DE
L'ART CHRÉTIEN
DES
ORIGINES A NOS JOURS

☆

PARIS

BLOUD & BARRAL

4, RUE MADAME, 4

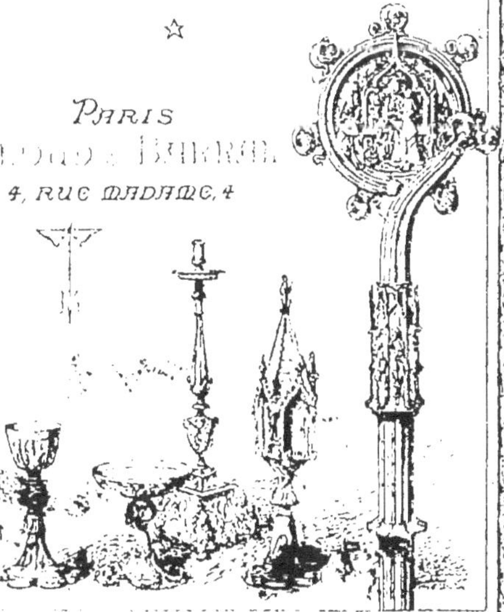

HISTOIRE

DE

L'ART CHRÉTIEN

DES ORIGINES A NOS JOURS

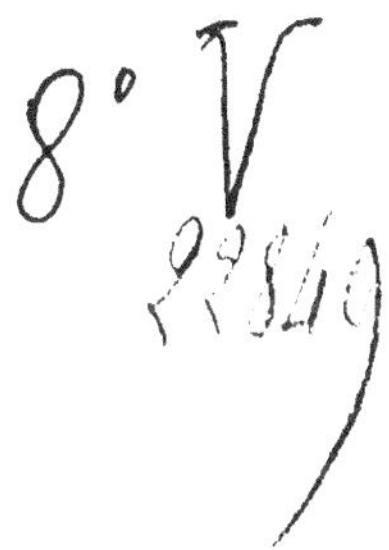

HISTOIRE

DE

L'ART CHRÉTIEN

DES ORIGINES A NOS JOURS

(ARCHITECTURE, SCULPTURE, PEINTURE, ARTS DÉCORATIFS, MOBILIER, MUSIQUE.)

PAR

FRANÇOIS BOURNAND

Professeur d'Esthétique et d'Histoire de l'art à l'Association polytechnique
et à l'Ecole professionnelle catholique,
Ancien Rédacteur en chef du Dessin, ancien élève de l'Ecole
des Hautes Etudes

★

PARIS

BLOUD ET BARRAL, LIBRAIRES-ÉDITEURS

4, RUE MADAME, ET 59, RUE DE RENNES

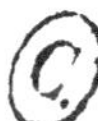

OUVRAGES DU MÊME AUTEUR :

Précis de l'Histoire de l'Art (Delalain frères, éd.). — Rédigé conformément aux programmes officiels de l'Enseignement secondaire des jeunes filles (médaille d'argent). — 1 vol.

Histoire des Beaux-Arts et des Arts appliqués à l'Industrie (E. Bernard et Cie, éd.). — Ouvrage adopté par la ville de Paris (médaille d'argent). — 1 vol.

Les Grands Artistes de la Renaissance Italienne (E. Bernard et Cie, éd.). — Préface de M. Cougny. — Ouvrage adopté par la ville de Paris. — 1 vol.

Paris-Salon 1880 (E. Bernard et Cie, éd.). — 1 vol. (épuisé).

Paris-Salon 1887 (E. Bernard et Cie, éd.). — 2 vol.

Paris-Salon 1888 (E. Bernard et Cie, éd.). — 2 vol.

Le Dessin (E. Bernard et Cie, éd.). — 2 vol.

Le Blanc et Noir (E. Bernard et Cie, éd.). — 2 vol.

Le Régiment des Sapeurs-Pompiers (Genonceaux, éd.). — Souscription du Conseil Municipal. — 1 vol.

L'Exposition des Beaux-Arts de Châteauroux (A. Majesté, éd.). — 1 vol. (épuisé).

Exhibition of the Laureats of France, Saint-Stephen's Hall, Westminster (London). — 1 vol. (épuisé).

Catalogues illustrés des expositions internationales de blanc et noir (E. Bernard et Cie, éd.). — 2 vol.

Le Clergé sous la Troisième République (A. Savine, éd.). — Ouvrage honoré de la Bénédiction de S. S. Léon XIII et approuvé par Mgr Trégaro, Mgr de Cabrières, Mgr Lesur, Mgr Fèvre, etc. — 3me édition.

A Paris sous la Terreur (A. Savine, éd.). — Préface par Armand Silvestre. — 1 vol. — 2me édition.

Les Sœurs des Hôpitaux (A. Savine, éd.). — 1 vol. (Préface par Jacques de Biez et lettres de MM. Jules Simon, François Coppée, Sully-Prudhomme, Paul Bourget, E. de Goncourt, etc.). — 3me édition.

Histoire de l'Art en France (Gédalge Jeune, éd.). — 1 vol.

SOUS PRESSE :

Les Sculpteurs de la Renaissance Italienne. — (En collaboration avec M. L. O. V. Scribe, conservateur du Musée de Romorantin. — 1 vol.

Michel-Ange, Raphaël et Hippolyte Flandrin. (Delhomme et Briguet, éd.). — 1 vol.

Le Clergé pendant la Guerre. — (Tolra, éd.). — 1 vol.

La Tunisie (Bourloton, éd.). — 1 vol.

EN PRÉPARATION :

Le Louvre (en collaboration avec M. Paul Rouaix). — 1 vol.

Notre puissance missionnaire. — 1 vol.

Pendant la Commune. — 1 vol.

Le Clergé sous la Commune. — 1 vol.

A MONSEIGNEUR

ÉMILE LESUR

CAMÉRIER DE S. S.

LÉON XIII

———

Hommage respectueux de son dévoué

FRANÇOIS BOURNAND

INTRODUCTION

———

Il y a des différences profondes entre la civilisation des peuples païens et celle des peuples chrétiens.

Par suite, il doit y avoir une différence profonde entre l'art antique, l'art païen et l'art chrétien.

L'art chrétien surpasse l'art antique partout où l'expression de la pensée et des sentiments de l'âme joue le rôle principal ; car, il ne faut pas oublier que c'est le Christianisme qui a affranchi l'individu, et qui, par cela même, a donné une âme à tous, non seulement aux héros et aux sages, mais aux plus coupables, aux plus déshérités, parfois même à la nature inanimée qui, sous le pinceau ou le ciseau de l'artiste chrétien ou sous la lyre du poète chrétien, se colore des plus intimes impressions, reflète nos tristesses et nos plaisirs et semble vivre de notre propre vie. Le sentiment religieux se fait alors sentir avec la souveraine grâce du beau idéal.

« Il y a deux mondes dans l'histoire, a dit Chateaubriand, l'un au-delà, l'autre en-deçà de la Croix. Le *Christ* est venu arrêter l'humanité sur le penchant de l'abîme, et lui faire reprendre le chemin des cieux, dont elle s'était détournée ; à lui *s'arrête le déclin*, à lui *commence le progrès*. »

D'après le témoignage de l'histoire, les arts dans leur ensemble se sont *d'abord développés sur le terrain de la vie religieuse*, et c'est sur ce terrain également qu'ils ont fleuri à leur plus haut degré.

Depuis le commencement de l'ère chrétienne, les arts religieux ont une bien plus grande importance que les arts profanes, et voilà pourquoi la floraison de ces derniers dépend essentiellement de la culture des premiers et pourquoi l'histoire de l'art chrétien tient la place la plus importante dans l'histoire de l'art.

Je voudrais un peu ramener la pensée vers ces artistes chrétiens et vers ces œuvres d'art merveilleuses qui autrefois ravirent tant de saintes âmes et firent couler tant de larmes de douleur ou d'amour.

Aux beaux siècles de la foi, au moyen-âge et au commencement de la Renaissance, les artistes eux-mêmes avaient éprouvé ces fortes et religieuses émotions des spectateurs. Ils faisaient alors des chefs-d'œuvre, car les émotions qu'ils ressentaient provenaient de leur âme, et quand on travaille avec l'âme on est toujours certain de bien faire. L'art se trouvait alors relevé dans ses fonctions et dans son but. Un moine de l'ordre des frères prêcheurs, Jean de Domenici, précurseur de Jérôme Savonarole, avait compris à merveille les rapports si intimes qui existent entre l'esprit religieux et la perfection à laquelle l'art peut arriver ; il cultivait la peinture avec amour et en recommandait l'étude à ses moines auxquels il disait que c'était un puissant moyen « d'élever l'âme et de dévelop- per les saintes pensées du cœur (1). »

L'artiste chrétien a plus que tout autre une exquise sensi- bilité et une imagination capable de concevoir la beauté idéale.

Dans le courant de ces quelques pages je ne parlerai évi- demment que d'un nombre restreint d'artistes, de ceux dont les œuvres sont vraiment des œuvres religieuses. Je ferai un choix, car s'il me fallait parler de tous les artistes ayant fait des œuvres religieuses (2), ce volume serait insuffisant.

Je parlerai peut-être un peu longuement de l'histoire de l'art chrétien primitif et de celui qui est compris dans toute la période du moyen-âge.

Et cela pour deux raisons :

La première, c'est que l'art chrétien pendant cette époque

---

(1) C'est sous la direction de ce moine que Fra Angelico, le plus grand peintre chrétien de l'Italie, commença à apprendre l'étude des arts.

(2) Il est bien évident par exemple qu'un artiste juif qui a peint ou sculpté une œuvre repré- sentant un sujet religieux ne peut figurer dans une histoire de l'art chrétien.

est peu connu, les historiens d'art ayant le plus souvent réservé leur talent à parler de quelques artistes de la Renaissance italienne.

La seconde raison, c'est qu'il y a là une question patriotique. On ignore généralement tout ce qu'a renfermé de beau et de bon cette période de la civilisation française qui s'étend durant le moyen-âge. Il est convenu pour beaucoup d'auteurs que le moyen-âge est une époque de ténèbres et de barbarie et qu'il n'y a eu en France de la civilisation que depuis 1789. C'est une erreur profonde. J'ajouterai même que les auteurs qui la propagent sont bien coupables.

En présentant cette histoire de l'art chrétien, j'ai voulu surtout faire un travail de vulgarisation utile non seulement à la jeunesse, mais à ceux qui s'intéressent à toutes les manifestations de la civilisation des peuples.

S'il m'est possible de leur procurer pendant quelques instants un plaisir moral et leur apprendre à aimer l'étude des arts, je me trouverai largement récompensé de la peine que j'aurai prise en cherchant à les instruire.

F. B.

L'ART CHRÉTIEN PRIMITIF

SOMMAIRE

L'art chrétien est né en Orient. En effet, pendant plusieurs siècles, il s'est *propagé* dans le monde sous des *formes helléniques*, et tout en servant de transition entre l'art antique et l'art du moyen-âge, il procède tout d'abord de l'art antique même par la forme.

Avant de posséder un art et des symboles qui leur fussent propres, les artistes chrétiens des premiers siècles ont souvent pris autour d'eux, dans les sujets traités par l'art des païens, des images, des types, parfois des compositions entières, qui sont devenus, ainsi, l'expression d'idées et de croyances pour lesquelles ils n'avaient certainement pas été faits par les artistes qui les avaient créés.

C'est dans les *catacombes* (1) qu'il faut chercher les origines et les premiers débuts de l'art chrétien.

C'est avec une émotion profonde et inoubliable que l'on visite les *Catacombes de Rome.*

On ne peut se lasser de contempler ces vastes galeries souterraines parcourues si souvent par les fidèles de l'époque héroïque du christianisme, ces salles où, à la suite des mystères sacrés, se célébraient les fraternelles agapes, ces triples rangées de niches creusées dans les parois des murs, les unes vides, les autres encore pleines de leurs ossements et scellées de leurs pierres sépulcrales.

Ce qui attire sur tout les artistes, ce sont les images sculptées ou peintes, premières ébauches de l'enfance de l'art chrétien, et dont l'aspect austère semble aux visiteurs rendu encore plus saisissant par la lueur des torches qui répandent une effrayante mobilité sur ces objets éternellement immobiles.

Les *catacombes* (2) sont des monuments d'un caractère

---

(1) D'après le père Marchi (*Monum.*, page 209), le mot *catacombes* paraît être formé du latin *cambo*, verbe qui, combiné avec les propositions *ad cum, de,* veut dire *jacere,* être couché ; le mot catacombe devrait donc dire, *lieu souterrain,* ou lieu où l'on est couché. A l'origine, les *catacombes* portaient le nom de *Cœmeteria, Hypogea, Martyria, Aræ.*

(2) Les chrétiens n'ont pas été les seuls à avoir des catacombes. Les Égyptiens en avaient

judaïque oriental, car elles sont la reproduction des tombes de la Palestine creusées dans le roc.

Les *catacombes* ont été des cimetières, creusés par les chrétiens, non comme lieu de refuge, mais comme lieu de sépulture. Les païens portaient aux morts un tel respect, qu'aux jours de grande persécution, ces cimetières pouvaient devenir un asile (1).

« Les cimetières des anciens chrétiens de Rome, que l'on appelle catacombes, dit M. de Rossi (2), occupent une zone d'environ deux ou trois kilomètres tout autour de Rome. Leur étendue est prodigieuse, non pas dans la superficie du sol entamé, mais bien dans la quantité des galeries creusées à différents niveaux, quelquefois à quatre ou cinq étages les unes sous les autres. Il a été calculé exactement que, dans un espace carré ayant cent vingt-cinq pieds romains de côté, il n'y a pas moins de sept à huit cents mètres de galeries ; la somme totale de toutes les lignes d'excavation semble monter au chiffre énorme de cinq cent quatre-vingts kilomètres, la longueur de l'Italie. D'après les légendes populaires, et même d'après l'opinion des savants, on a longtemps considéré ces catacombes

---

creusé dans les collines et les montagnes de la vallée du Nil, dans les carrières ; leur destination funéraire est évidemment prouvée par les images de sculpture et de peinture qui les décorent.

(1) Une loi romaine défendait d'inhumer ou même de brûler des morts dans l'enceinte de la ville, et les cimetières des chrétiens étaient comme les autres soumis à l'emplacement désigné par la loi. L'entrée en était publique et connue. A l'époque de la grande persécution, il paraît que la rage contre les chrétiens fut telle qu'on les poursuivait jusque dans leur cimetière, dans les catacombes. C'est de cette époque que datent les escaliers étroits et les entrées dérobées qui montrent ainsi des mesures de précaution.

(2) *Rome chrétienne souterraine.*

comme toutes liées entre elles et formant un réseau non inter-
rompu autour de Rome. Mais les conditions géologiques et
hydrauliques du sol donnent un démenti formel à cette hypo-
thèse, et ont imposé des limites infranchissables aux nécropoles souterraines, qui sont restées séparées les unes des autres.

« L'histoire, d'accord avec l'expérience, nous enseigne que
l'Eglise romaine au troisième siècle avait vingt-six grands
cimetières distincts, nombre qui correspond à celui des pa-
roisses de la ville à cette époque. Il faut ajouter une vingtaine
d'autres groupes peu étendus de galeries et de tombeaux souterrains, monuments isolés de quelques martyrs, ou de quelques familles chrétiennes. Il en résulte un total d'environ
quarante-six catacombes différentes, disséminées à de petites
distances. »

« Chaque cimetière est composé d'un grand nombre de galeries, dont la largeur moyenne est de quatre-vingts centimètres ; la hauteur varie à l'infini, selon la consistance et la
puissance de la couche de tuf granulaire. Ces galeries, superposées les unes aux autres jusqu'à cinq étages, ne descendent
jamais à plus de vingt ou vingt-cinq mètres sous le sol. A cette
profondeur commencent généralement des couches non vol-
caniques, lesquelles, n'absorbant pas les eaux, sont toujours
humides et n'auraient pu servir à l'ensevelissement des morts.
Les niches sépulcrales, creusées dans les parois des galeries,
ont la longueur du corps humain étendu ; leurs séries horizontales ressemblent aux rayons d'une bibliothèque ».

Dans ces galeries, on trouve d'espace en espace des *chambres sépulcrales* dans lesquelles on voit des chapelles où l'on

célébrait les saints mystères ou des tombeaux de famille.

On voit parfois, dans ces salles, la chaire du pontife sculptée dans le tuf et inhérente à la paroi même où elle se trouve adossée (1).

C'est certainement dans les catacombes que les artistes du moyen-âge ont pris la coutume de creuser des niches dans les murs des églises ou de leurs cryptes pour y placer des tombeaux.

Le souvenir des pieux et glorieux martyrs de la foi avait élevé peu à peu la dévotion des reliques et des saints au même niveau que la commémoration des rites sacrés. « La liturgie des catacombes, dit M. de Rémusat, s'était chargée ainsi de souvenirs et de rites inconnus aux apôtres. Elle se reproduisit à ciel ouvert, lorsqu'on put célébrer le sacrifice symbolique dans ces oratoires élevés en mémoire des confesseurs de la foi sur le lieu même de leur mort et à l'entrée de leurs tombeaux. Ces oratoires devinrent des églises et s'agrandirent avec les nécessités du culte enfin public ; mais les cérémonies gardèrent l'empreinte funèbre : les lampes et les cierges attestent encore qu'elles avaient pris naissance dans une nuit souterraine. Les cryptes des églises furent des catacombes bâties, et lorsque la mort les eut peuplées, elle s'empara du chœur, de la nef, des porches, des vestibules, des cloîtres, de l'atrium, et de la terre même qui entourait l'église. Les sépultures furent partout, et nos temples sont ainsi devenus la demeure des morts en même temps que la maison de Dieu. »

Les environs de Rome surtout, possèdent un grand nombre

---

(1) C'est là une preuve que dans ces salles il se tenait de pieuses assemblées.

de ces vastes galeries creusées dans le roc, dont les chrétiens
se servaient comme de cimetières.

Les catacombes de Rome s'étendent dans différentes directions autour des remparts de la ville et dans les campagnes.
On en connaît environ une soixantaine et on peut estimer qu'il
en reste encore environ trois fois plus à découvrir.

Elles s'étendent jusqu'à environ trois milles de Rome. Il y a
dans certaines catacombes jusqu'à cinq étages de galeries
creusées les unes au-dessus des autres. Ces immenses souterrains, mis bout à bout, formeraient selon le P. Marchi (1)
une rue de trois cents lieues de longueur, bordée de six mil-
lions de tombes.

Quand le culte put se faire au grand jour, les chrétiens vinrent en foule visiter ces catacombes témoins des premières
célébrations du mystère, vastes nécropoles des martyrs héroï-
ques de l'Eglise chrétienne.

« Dans ma jeunesse, dit saint Jérôme, quand j'étudiais à
Rome, j'avais coutume de visiter le dimanche les tombeaux
des apôtres et des martyrs, et de parcourir assidûment les
cryptes, creusées bien avant sous terre, où des milliers de corps,
rangés de chaque côté, sont ensevelis à toutes les hauteurs.................... Rarement un peu de jour, péné-
trant d'en haut (par les lucernaires), tempère l'horreur des
ténèbres. On se rappelle ce vers de Virgile : « Horror ubique
animos, simul ipsa silentia terrem. » ...... »

Ces sortes de pèlerinages des chrétiens aux catacombes se
prolongèrent du iv° au viii° siècle environ.

---

(1) *Monumenti primitivi delle arte cristiane*, Roma, 1844.

Plus tard les catacombes furent comblées.

Aux archéologues et aux historiens qui veulent que les chrétiens se soient servis de carrières romaines au lieu d'avoir creusé eux-mêmes des cimetières, il est facile de répondre.

Oui, il existait et il existe encore autour de Rome des excavations creusées en partie dans des couches de *pouzzolane*, espèce de gravier que les Romains employaient (et emploient encore) pour la confection de leur mortier. Ces carrières d'où l'on tirait cette pouzzolane s'appelaient *Arenariæ*.

Suétone raconte que, lorsque Néron fuyait et était sur le point d'être pris, Phaon l'engagea à se cacher dans une Arénarie; mais le féroce empereur refusa de s'y ensevelir tout vivant (1).

Cicéron parle d'un jeune homme qu'on entraînait pour le tuer, « in *arenarias* quasdam extra portam Esquilinam perductus,... occiditur » (2).

Il est de toute évidence que ces immenses carrières ont été creusées pour en extraire, pendant des siècles, des matériaux de construction.

Un passage des Actes de saint Sébastien est tout à fait décisif à cet égard (3). Il y est écrit que saint Marc et saint Marcellin furent ensevelis sur la voie Appia, au deuxième mille « in loco qui vocatur ad arenas, quia cryptæ arenarum illic erant, ex quibus urbis mœnia struebantur. »

Les *Arenariæ* sont plus larges que les catacombes propre-

---

(1) Negavit se vivum sub terram iturum.
(2) *Pro Cluentio*, 13.
(3) Apud *Bolland.*, 20 janvier.

ment dites, ainsi qu'il fallait évidemment que cela soit afin de pouvoir exploiter facilement les matériaux, et des chars devaient pouvoir y circuler.

Au contraire, les catacombes ont été creusées dans le tuf (*tufo*), c'est-à-dire dans une *pozzolana* durcie, ayant assez de résistance pour qu'on puisse y superposer jusqu'à cinq étages, mais impropre, étant réduite en poussière, à servir de liaison pour un ciment comme la pouzzolane tirée des Arenariæ.

Il arrive quelquefois que les catacombes sont en contact avec les arénaries, mais ce n'est jamais de ces dernières qu'elles partent.

C'est dans ces galeries, dans ces *cimetières chrétiens* appelés *catacombes* que se virent les premières représentations de l'art chrétien primitif, car les chrétiens inscrivaient ou faisaient inscrire, *même par des artistes païens*, sur les tombes de leurs parents ou de leurs amis, des pensées de consolation ou d'espérance, ou bien peignaient ou faisaient peindre sur les murs les images ou les figures où ils trouvaient le plus de plaisir.

Les artistes ont même mis à contribution la *mythologie païenne*.

D'ailleurs, rien d'étonnant à cela.

Il est impossible qu'une société vive sans religion, sans art et sans poésie. De même, *elle ne peut pas se passer de symboles*. Il y a donc eu pour les chrétiens une indispensable nécessité de créer une symbolique nouvelle avec les sujets donnés par la Bible, source que rendait inépuisable la nature propre du génie oriental, si fécond en figures et en images allégoriques.

On a reproché maintes fois aux artistes chrétiens des premiers âges d'avoir fait des emprunts à la religion et à la poésie helléniques, mais quoi donc d'étonnant à cela ? L'art ne s'improvise pas plus qu'une littérature, qu'une langue. Son commencement et ses premiers essais se ressentent nécessairement d'une impulsion étrangère ; jamais, au grand jamais, le génie humain ne s'est élevé d'un premier coup à la perfection, il lui a fallu la patience et les efforts persévérants pour arriver à la perfection qu'il s'était proposé d'atteindre.

Il en est de même de l'art chrétien, il a dû passer par des degrés successifs, pour arriver au beau final, dernier résultat de ses laborieux efforts.

Il est évident que les artistes chrétiens, ont trouvé dès les premiers siècles, grâce à la supériorité de la morale et du culte chrétiens, un certain caractère de beauté idéale et mystique mais malgré cela, il faut convenir que ces sculpteurs, ces artistes peintres qui travaillaient dans les catacombes, ne s'étaient pas complètement changés parce qu'ils avaient reçu le baptême ; ils avaient toujours conservé un restant de l'éducation et des habitudes prises dans les ateliers où ils avaient fait leur apprentissage.

Au lieu d'en vouloir au christianisme, il faut au contraire reconnaître que c'est une de ses gloires d'avoir fait naître la nouvelle société des germes provenant du vieux monde hellénique et romain ; d'avoir su donner une résurrection à ce qui semblait frappé de la mort.

En étudiant les œuvres qui ornent les catacombes, on y reconnaît souvent la main d'artisans peu exercés, peu sûrs de leur talent, et qui devaient se hâter, à la lueur d'une lampe sépulcrale, de décorer la tombe d'un martyr auprès duquel peut-être une mort violente viendra leur faire prendre une place le lendemain. Mais à côté de ces vulgaires décorations on trouvera des représentations figurées où les plus beaux modèles de l'art hellénique revivent et semblent prédire la naissance d'un bel art nouveau.

Le système de décoration des catacombes est évidemment emprunté à l'Orient où le goût des arts était encore très vif à cette époque (1). C'est ainsi qu'on y rencontre à chaque instant des images de fleurs et d'arbres : n'en était-il pas de même en Orient, où le Paradis était figuré comme un jardin rempli d'arbres ? « Introduisez-les, Seigneur, dit la liturgie d'Alexandrie, en parlant des morts, rassemblez-les dans le lieu de verdure, sur les eaux de repos, dans le paradis de joie, d'où sont bannis la douleur, la tristesse et les lamentations. »

A Alexandrie même, une des rares fresques chrétiennes primitives de cette époque, s'inspire évidemment de ces poétiques images : l'artiste qui a représenté la multiplication des pains a groupé ses personnages à l'ombre des arbres, dans des attitudes vraies, naturelles, et rien n'est plus gracieux et plus simple que ce repas rustique où tous mangent en paix sous la sauvegarde du Christ.

Il n'y a rien de triste, ni de lugubre dans ces premières représentations artistiques. L'artiste se sentait attiré par ce qui était doux et familier ; il évitait les scènes terribles de la pas-

---

(1) Les grandes cités helléniques étaient comme de vastes et riches musées remplis d'œuvres d'art.

sion, les têtes de morts, les emblèmes lugubres, les représentations tristes qu'on verra plus tard au moyen-âge ; on y voit plutôt les représentations de lits de roses, d'enfants qui s'amusent, de génies ailés. Ces motifs qui ont été empruntés à la nature n'y sont point rares et la mythologie païenne a même été mise à contribution (1) : on y voit représentés *Psyché*, comme le symbole de l'âme ; *Orphée jouant de la harpe* ; *Bacchus*, le dieu de la vendange ; le *Jourdain*, le dieu des fleuves (2).

Les sources auxquelles ont puisé les peintres de la primitive Eglise sont les textes sacrés.

Ils ont emprunté à l'Ancien Testament les sujets suivants : la création, le sacrifice d'Isaac, Moïse frappant le rocher, Jonas et la baleine, Daniel dans la fosse aux lions, Suzanne, etc. et au Nouveau Testament, l'adoration des mages, la guérison du paralytique, la résurrection de Lazare (3), Pilate, le reniement de saint Pierre, le bain de Pilate, Pierre saisi par les Juifs, Zacchée dans le sycomore, la multiplication des pains, etc., etc.

---

(1) Dans la catacombe de Saint-Calixte, on voit Hermès conduisant les âmes, sous les figures de femmes voilées, à un tribunal où se trouvent le Christ et la Vierge.

(2) Que voit-on dans les catacombes, si ce n'est partout la forme païenne, paresseusement accommodée aux convenances chrétiennes ; si ce n'est la croix grossièrement entaillée aux flancs du sarcophage antique ; si ce n'est les colombes ou l'agneau aux cinq blessures, grossièrement enclavés dans les distributions antiques de la fresque ; si ce n'est enfin, quand le sculpteur ou le peintre ont voulu sortir de ces symboles élémentaires, ce qui pourrait rester alors du costume, de l'arrangement, du geste et du galbe antique ? L'allégorie même, cette fille menteuse de la Grèce antique, s'y affiche autant que la sainteté du lieu et l'austérité des circonstances l'ont pu tolérer..... » *Origine et progrès de l'art*, par P. A. Jeanron, ancien directeur des musées nationaux, 1849.

(3) En Russie, dans une des plus antiques chapelles du Kremlin, il y a une image de Lazare ressuscitant, pareille à celle qui se voit dans les catacombes. On la rencontre aussi dans les monuments byzantins.

Le caractère principal de toutes ces peintures c'est la *sévé-rité* et la *gaîté*, il n'y a rien de lugubre.

Malgré qu'ils fussent préparés aux plus cruels supplices, les fidèles affectionnaient surtout la représentation des images qui leur offraient l'expression de leurs croyances et de leurs espé-rances.

« Ce qui caractérise avant tout l'art des catacombes, a dit C. Robert (1), c'est l'absence de toute image de torture. Dans cette première époque, qui fut pourtant celle des supplices, la victime ne se reconnaît qu'à l'attitude de la prière et de l'ex-tase. Le culte qui grandit et triomphe cache le sang sous des lys et des palmes, n'offrant à ceux qui combattent que des images de paix, de bonheur et d'amour. Cet âge primitif de l'art se passe pour ainsi dire tout entier dans les cieux. Murs, autels, lampes, tombeaux, ne présentent que des emblèmes de résurrection, des scènes relatives aux joies de l'autre vie, ou des miracles de Jésus et de ses apôtres. Partout la prière et le profond repos de l'âme qui a vaincu ses passions. Mais aucun tableau de supplice, pas même le crucifiement de l'Homme-Dieu, dont la représentation ne sera tentée qu'aux approches du moyen-âge. Cette armée de martyrs, de moines, d'anacho-rètes dont est formé le monde héroïque chrétien, n'apparaîtra que sous le débordement des barbares, pour dompter par les prodiges de l'esprit l'incondilité de la chair ; jusque-là, appelé à agir sur une race d'hommes plus philosophique, l'art chré-tien se borne à faire planer sur toute scène terrestre le Sau-

---

(1) *Essai d'une philosophie de l'art ou introduction à l'Étude des monuments chrétiens.*

veur, que les sarcophages et les murs des catacombes figurent
d'ordinaire en buste, d'après les images sur boucliers (ima-
gines clypeatæ) des anciens Romains, et suivant la forme hiératique, fixée dès l'origine, qui fut maintenue dans toute la
période byzantine et respectueusement transmise à l'art gothique ; c'est-à-dire taille majestueuse, tête ovale légèrement allongée, regard solennel, air mélancolique et doux, front
arqué, barbe et chevelure séparées en deux masses qui re-
tombent.

Tel fut l'art des catacombes. Ainsi, de même que sa religion,
l'art du Christ est le lys pur qui germe dans le sépulcre et
sort du cadavre dissous de l'Empire Romain. »

La peinture chrétienne des premiers siècles exprime surtout des pensées de résignation, de foi dans la divine miséricorde, d'espérance à la Résurrection, et, au milieu des persécutions les plus atroces, les plus épouvantables, nulle trace de
plaintes ni de colère.

Les âmes des morts, sont représentées par des oiseaux, des
paons, des sauterelles, des faisans, des colombes. Les artistes
ne faisaient en cela, que prendre conseil de l'Ecriture sainte
qui dit que les âmes des morts doivent être pareilles aux
oiseaux de l'air.

Saint Clément d'Alexandrie recommandait aux fidèles de
faire graver sur le chaton de leurs anneaux une colombe, une
ancre d'or, un poisson, ou d'autres signes bibliques.

Le Christ est représenté en symbole au moyen d'un Poisson (1). « *Ichtus* », dit saint Augustin, est le nom mystique

----

(1) En grec, *Ichtus*.

du Christ ; n'est-il pas descendu vivant dans cet abîme de la vie, comme dans la profondeur des eaux ? » D'ailleurs, dans l'Evangile, le poisson ne figure-t-il pas comme un aliment mystique ?

Quelquefois le Christ est représenté par un *Coq*. Ce coq est gravé sur les marbres chrétiens soit à côté de Pierre, soit seul. « Le chant du coq, dit Prudence, est le signe de l'espérance promise, par laquelle, délivrés du sommeil, nous attendons la venue de Dieu (1). »

Cette image représente donc l'emblème de celui qui nous ressuscitera.

« L'oiseau messager du jour chante la lumière prochaine, dit encore le poète (2), déjà le Christ qui réveille les âmes nous rappelle à la vie,... cette voix que font entendre les oiseaux, debout sur le toit de la maison, un peu avant le lever du soleil, est une figure de notre Juge. »

Sur quelques gemmes, le monogramme du Christ est gravé au-dessus du coq posé sur un rameau (3).

La représentation de *l'Agneau* figurant notre Sauveur, devint si fréquente que l'Église s'en inquiéta, ayant peur que le Christ parût aux populations un emblème symbolique et non une vérité historique, et le concile Quinisexte, tenu en 692, ordonna de le représenter désormais sous sa figure réelle, et non sous celle de l'agneau : «... Nous avons adopté cette représentation, dit le texte du concile, comme une image de la

---

(1) Martigny, *Dictionnaire*, art. Coq, p. 207 ; Roller, *Catacombes de Rome*, pl. XVI, LXXXI, 2, 3 ; Aringhi, *Roma subterranea*, t. I, pp. 297, 319, 613.

(2) *Cathemorinon*, I, 1-4, 13-16.

(3) Perret, *Catacombes de Rome*, t. IV, pl. XVI, 29.

grâce ; pour nous c'était l'ombre de cet agneau, le Christ, notre Dieu, que la loi nous montrait. Donc accueillant d'abord ces figures et ces ombres comme des signes et des emblèmes, nous leur préférons aujourd'hui la grâce et la vérité, c'est-à-dire la plénitude de la loi. En conséquence, pour exposer à tous les regards ce qui est parfait, même dans les peintures, nous décidons qu'à l'avenir il faudra représenter, dans les images, le Christ, notre Dieu, sous la forme humaine, à la place du vieil agneau... »

Quelquefois aussi le Christ a été représenté par l'A et Ω grecs. Jésus n'avait-il pas dit à saint Jean dans la vision finale de l'Apocalypse (1) : « Je suis A et Ω, le premier et le dernier, le commencement et la fin. »

Les artistes chrétiens ont reproduit ce symbole sur toutes sortes de monuments, peintures murales, pierres sépulcrales, mosaïques, etc... (2).

Mais il y a surtout dans les catacombes deux représentations qui indiquent bien nettement les origines de la croyance chrétienne ; ce sont la *Vigne* et le *Beau* ou *Bon Berger* (3). Il est évident que la représentation du *Beau* ou *Bon Berger* est tirée des Écritures saintes, car un passage du III° Évangile montre le berger traversant les montagnes pour retrouver une brebis perdue ; dans un passage du IV° Évangile on lit : « *Je suis le bon Berger.* »

---

(1) *Apoc.* XXII, 13, Cf. XXI, 6.

(2) Voir Smith, *Dictionary of Christian antiquities*, t. I. ; Kraus, *Real Encyckl.*, p. 60, 62.

(3) On voit ces représentations de la *Vigne* et du *Beau Berger* ou *Bon Berger*, aussi bien dans les chapelles et sur les tombes des plus humbles, des plus pauvres comme sur celles des plus riches, des plus grands, des empereurs et des impératrices.

Sur ses épaules le bon pasteur rapporte la brebis errante, quelquefois même le bouc impur, et parfois les brebis fidèles se pressent autour de lui, car ainsi que le dit saint Jean « il les connaît et elles le connaissent (1) ».

Les poètes chrétiens des premiers siècles ont célébré Jésus-Christ sous la même figure que lui avaient donnée les artistes. « Que le sentier de la vie, dit Sedulius, me conduise dans l'enceinte où, sous la conduite du blanc agneau, fils de la brebis vierge, le candide troupeau entre tout entier (2). »

La religion des premiers chrétiens était véritablement la religion du *Bon Berger*. L'amour, la grâce, la bonté du *Bon et du Beau Berger*, c'était là leur premier livre de prières, leur *Credo*. En contemplant et admirant cette belle et douce figure, ils trouvaient en elle tout ce dont leur cœur avait besoin.

Il serait difficile d'énumérer les représentations du Bon Pasteur sur les bas-relifs, dans les peintures ; elles sont innombrables.

Parmi les statues des premiers siècles on en voit cinq à Rome, une à Constantinople, une à Séville, une au musée de Patissia (3).

Ce berger représente aussi le côté gai et serein du christianisme primitif ; il montre que le premier objet des croyants

---

(1) S. Jean, X, 15.

(2)   . . . . semite vitæ
   Ad caulas me ruris agat, qua servat amœnum
   Pastor ovile bonus, que vellere prævius albo
   Virginis agnus ovis, grexque omnius candidus intrat

Sedulius, *Carmen paschale*, I, Invocatio.

(3) *Bull. di archiol. Crist.*, 1869, p. 47; Rev. archéologique, t. XXXII (1876), p. 297. Eusèbe parle d'une statue en bronze doré érigée à Constantinople (*De vita Constantini*, III, 49).

de la religion chrétienne était, non de repousser, de condamner, mais d'attirer, de sauver, et il fait voir ainsi l'extrême simplicité du christianisme primitif.

La *Vigne*, peinte sur les murs, sur les plafonds et dont les rameaux courent dans toutes les directions, représente aussi le caractère gai et joyeux du christianisme des premiers âges, et c'est évidemment un emblème qui vient de l'Orient, car dans l'Eglise juive il n'y avait pas de fête plus gaie, plus joyeuse, que celle des Tabernacles, lorsque le peuple recueillait le raisin.

L'image de la *Vigne* montre aussi l'idée de l'unité chrétienne, car, quoique les rameaux de la vigne soient infinis, ils appartiennent tous au même tronc (1).

Dans les catacombes on rencontre aussi une image dissimulée de la Croix, l'image du T latin, le *tau* grec. « Le *tau* des Grecs, dit Tertullien, le T des latins, sont une image de la Croix (2). » C'est précisément la forme d'un *patibulum* antique, le gibet où les esclaves et les malfaiteurs étaient crucifiés. Cette croix en forme de T, *crux commissa* ou *patibulata* est assez souvent gravée sur les marbres des catacombes, soit seule (3), soit dominant dans un mot ou une combinaison de lettres. Comme la lettre *tau* exprimait en grec le chiffre 300, celui-ci fut regardé dès l'époque apostolique comme symbolisant la Croix.

---

(1) Il est impossible d'isoler cette image de la parabole de la Vigne et des Rameaux. Cette figure se trouve d'ailleurs en forme gigantesque sur le portail du temple des Juifs et sur les sépulcres des Hébreux.

(2) Tertullien, *Contra Marcionem*, III, 22, citant Ezéchiel, IX, 4.

(3) De Rossi, *Roma Sotterranea*, t. II, pl. XXIX, 28, t. I, pl. XXIII, 5.

Mais pourquoi les premiers chrétiens qui avaient une grande
dévotion pour la croix, dont ils aimaient à tracer le signe sur
leur front ou sur leur poitrine, évitaient-ils ainsi de dessiner
ouvertement la Croix et se servaient-ils du *tau* grec?

C'est qu'ils redoutaient les railleries des païens qui s'étaient
un jour traduite par une célèbre caricature (1) et craignaient
surtout de scandaliser les catéchumènes et les nouveaux bap-
tisés par l'image d'un instrument de supplice réputé déshono-
rant et servile.

Parfois même, pour figurer la croix, ils ne se contentaient pas
du *tau* grec, ils figuraient la croix sous une forme dissimulée
que les initiés devaient seuls comprendre. Les artistes chrétiens donnaient une apparence de croix aux marteaux, à la
lampe de l'ancre, aux mâts des navires, aux instruments
divers gravés sur les pierres sépulcrales ou peints sur les murailles des catacombes.

Un sujet aussi souvent représenté c'est celui de la *Multiplication des Pains et des Poissons* : « ... Mais, dit M. de Rossi, au
lieu de représenter le prodige avec la simplicité du récit évangélique, les artistes ont souvent mêlé à cette scène des souvenirs d'autres repas, et même des accessoires qui n'ont de
rapport avec aucune histoire. Les sept disciples auxquels le
Sauveur, après sa résurrection, a donné à manger le pain et le
poisson, sont groupés avec les corbeilles des pains multipliés.
Ces mêmes corbeilles entourent un trépied isolé que domine un
grand poisson posé sur des pains. Une fois enfin, le Sauveur
multiplie les pains et les poissons devant un autel.

---

(1) Kraus, *Le Crucifix blasphématoire de Palatin* ; Garruci, *Il Crucefisso graffito in
casa dei Césari*, Rome, 1857.

Il est donc impossible de méconnaître que le groupe hiéroglyphique du pain et du poisson désigne l'Eucharistie, c'est ce qui fait qu'en représentant les faits évangéliques où figurent les pains et les poissons, on les a mêlés ensemble ; on y a ajouté des accessoires qui répugnent à l'histoire mais qui s'accordent à merveille avec le sens symbolique. Les fresques récemment découvertes dans une catacombe d'Alexandrie, en Egypte, mettent le dernier sceau à cette interprétation, par le témoignage positif des lettres grecques inscrites sur une peinture représentant la multiplication miraculeuse. Ces lettres disent que les pains multipliés sont les *Eulogies du Christ* ; c'est le nom que l'Eglise d'Alexandrie donnait à l'Eucharistie.

On trouve aussi les *palmes* très souvent gravées ou peintes dans les monuments primitifs de l'art chrétien des catacombes. Elles étaient considérées comme des emblèmes de victoire. On les gravait sur les tombes des simples chrétiens qui, suivant le mot de saint Paul(1), avaient précisément « achevé leur course » et devaient mériter la récompense céleste. On les considérait comme le symbole de la victoire par excellence, celle que remportaient les martyrs. Le poète chrétien Prudence a souvent appelé ces beaux symboles « les fleurs des martyrs ».

On voit la douce *colombe* peinte dans les catacombes, audessus des tombes, se jouant dans les bocages au milieu des fleurs du Paradis, buvant dans des vases pleins d'une eau intarissable, becquetant les belles grappes de la vigne mystique.

On voit aussi la *colombe* gravée sur les pierres des sépulcres, tenans un rameau d'olivier dans son bec, et auprès d'elle se lit

---

(1) S. Paul, II Tim. IV, 7.

le plut souvent une de ces légendes qui traduisent l'image symbolique : *Anima innocentissima, Palumba sine felle, Spiritus sanctus, Anima innocens, Spiritus tuus in pace* (1).

C'était surtout sur les tombes des martyrs que les artistes chrétiens gravaient les colombes. Dans les *Actes des martyrs* il est sans cesse parlé de la *colombe*. Après le supplice de sainte Bénigne, disent ces Actes, « les chrétiens virent s'envoler de la prison à travers les airs une belle colombe plus blanche que la neige, qui montrait par son vol que la sainte âme du martyr montait au Ciel. Cette colombe laissa une odeur si suave, que tous se figuraient jouir des délices du Paradis (2) ».

Les Actes de saint Polycarpe racontent qu'au moment où le sang coulait dans le glaive une colombe s'élança de son corps (3). Le poète Prudence chantant le martyre de sainte Eulalie la montre buvant avidement la flamme du bûcher. « Aussitôt resplendit une colombe, qui semble, plus blanche que la neige, s'échapper de la bouche de la martyre et monter jusqu'aux astres. C'était l'esprit d'Eulalie, pur comme le lait, rapide, innocent (4). »

Au premier siècle, dans la catacombe de Domitille, l'on voit Daniel représenté, non dans une fosse, mais au contraire sur une espèce de tertre que les lions escaladent, selon l'antique usage romain pour les condamnés *ad bestias* (5).

---

(1) Northcote, Epitaphs of the catacombs, p. 160, 162.

(2) *Acta. S. Benigni*, dans Surius. t. XI, p. 1.

(3) Ruinard, *Epistola Ecclesiæ Smyrnensis de martyrio S. Polycarpi*, p. 33.

(4) Martigny, art. *Vase*, p. 771.

(5) Allard, *Histoire des persécutions pendant les deux premiers siècles, d'après les documents archéologiques*, p. 403, note 2.

Daniel dans la fosse aux lions et miraculeusement nourri par Habacuc a été un des sujets les plus fréquemment représentés dans les œuvres de l'art chrétien, depuis les peintures les plus primitives des catacombes (1) jusque sur les boucles de ceinturon de soldats de l'époque mérovingienne (2).

Sur les sarcophages des quatre premiers siècles, Habacuc est très souvent représenté apportant à Daniel la nourriture que Dieu lui envoie.

Les Pères de l'Église et les écrivains ont vu dans cette représentation soit l'emblème de l'Eucharistie distribuée au confesseur de la foi, soit le symbole de la résurrection des corps, soit l'image des martyrs chrétiens.

Le poète chrétien Prudence enseigne que par ce symbole les artistes chrétiens ont voulu montrer un exemple du soin avec lequel la Providence veille aux besoins de ses serviteurs et les défend contre les supplices, la rage des tyrans, les injustices des juges. « O sécurité toujours accordée à la piété et à la foi ! les lions indomptés lèchent le prophète et tremblent devant l'enfant de Dieu. Ils se tiennent près de lui et ferment leurs mâchoires : leur rage s'adoucit, leur faim devient miséricordieuse, leur gueule tourne autour de leur proie et ne s'abreuve pas de son sang. Mais alors qu'il étendait ses mains vers le ciel et, captif, privé d'aliments, invoquait Dieu dont il avait déjà éprouvé le secours, un ange reçut l'ordre de voler vers la terre pour donner au serviteur de Dieu sa nourriture : le messager franchit l'air docile, aperçoit de loin ces mets rustiques que le

---

(1) De Rossi, *Rome souterraine*, fig. 10, p. 109.

(2) Edmond le Blant, *Inscriptions chrétiennes de la Gaule*, planches XLII et LXXXVII.

prophète Habacuc distribuait à ses moissonneurs, saisit par les cheveux celui-ci chargé de paniers et le porte suspendu à travers les airs. Bientôt Habacuc et la nourriture sont déposés dans la fosse aux lions ; il offre les aliments qu'il portait : « Prends joyeux, dit-il, et mange avec plaisir le repas que t'envoient dans ce péril le Père céleste et l'ange du Christ. » Daniel les prend, lève les yeux vers le ciel, et, fortifié par la nourriture, répond : *Amen*, s'écrie *Alleluia !* (1). »

C'est surtout dans la représentation de *Daniel dans la fosse aux lions* qu'on peut voir avec quelle grande liberté les premiers artistes chrétiens traitaient la lettre de la Bible. Le texte de la Bible nous apprend que la fosse contenait sept lions (2). Les artistes chrétiens n'en représentent jamais que deux, un de chaque côté du prophète (3). Un autre exemple de cette liberté des artistes primitifs est une peinture du v⁰ siècle.

Le symbole du *Vase* fréquemment gravé sur les marbres des catacombes représente symboliquement le corps servant de vase à l'âme. Il est l'emblème du corps gisant dans le sépulcre. Les écrits le prouvent. Tertullien dit : « Nous sommes des outres, des vases de terre (4). » Lactance s'écrie : « Le corps est comme le vase qui sert de domicile à l'esprit céleste (5). »

---

(1) *Cathemerinon*, iv, 46-72.

(2) *Daniel*, xiv, 31.

(3) On trouve parfois la même liberté dans quelques autres représentations. C'est ainsi que les mages sont représentés tantôt au nombre de deux, tantôt au nombre de douze ; que dans les peintures relatives au miracle de la multiplication des pains, le nombre des corbeilles est très arbitraire.

(4) Tertullien, *De patientia*, 10.

(5) Lactance, *Div. Inst*. 11.12.

Saint Paul avait dit : « Que chacun de nous sache posséder son vase honorablement et saintement (1). »

« Ce que tu t'efforces de détruire, disait le poète Prudence, c'est un vase fragile, un vase de terre, qui de toute manière doit un jour se briser et se dissoudre (2). »

Ce qu'il y a de plus curieux dans cette représentation, c'est que les artistes chrétiens s'étaient servi là d'un symbole qui avait été adopté par l'antiquité profane.

Cicéron, Marc-Aurèle et Lucrèce parlent ainsi : « — Le corps n'est qu'un vase, un réceptacle de l'âme. — Dieu voit les âmes nues, sans s'arrêter aux vases matériels, — si tu es privé de sentiment, tu cesseras d'être sous le joug des douleurs et des voluptés et de servir à un vase si fort au-dessous de toi, — ce corps est, pour ainsi parler, le vase de l'âme (3). » — Une autre figure de l'Eucharistie empruntée par les artistes au Nouveau Testament, c'est le miracle des pains et des poissons deux fois multipliés par Jésus dans le désert et mangés par la foule de ceux qui l'avaient suivi pour écouter sa parole. On voit cette représentation sur beaucoup de sarcophages et dans les peintures des catacombes d'Hermès de Calliste et de Domitille (4).

---

(1) *I Thess.*, IV, 4.

(2)
Hoc quod laboras perdere
Tantis furoris viribus,
Vas est solutum ac fictile,
Quocumque frangendum modo.

Peri Stephanón, V. 160-164.

(3) Cicérou, *Tuscul. Quæst.* 1, 22 ; Marc-Aurèle, *Pensées* ; Lucrèce, *De natura rerum*, III, 441.

(4) De Rossi, *Rome souterraine*, t. II, pl. A et B ; t. III, pl. IX. Garrucci, Storia dell' arte crist., pl. XXIII, LXXXIV.

L'enlèvement d'Élie au ciel (1) sur un char de feu est reproduit dans les peintures des catacombes et surtout dans les bas-reliefs des sarcophages.

Le prophète Élie est des fois représenté seul, d'autres fois donnant son manteau à Élisée.

Les artistes chrétiens pour figurer le quadrige qui emporte le prophète à travers les airs ont copié le quadrige des artistes païens qui emporte dans les airs le char du Soleil (2).

Sur un sarcophage d'Arles, le Jourdain couché à la façon des fleuves que personnifie l'art classique, assiste, presque dans les pieds des chevaux, à l'enlèvement du prophète Élie.

Les premiers chrétiens ont vu là un symbole de la délivrance de l'âme fidèle, symbole fréquemment répété dans les touchantes invocations des liturgies funéraires (3).

Les deux images symboliques de l'Orphée et de l'Orante sont souvent reproduites dans les catacombes des premiers chrétiens.

«....... Elles nous font voir, dit M. A. Dantier (4), par quelles secrètes affinités l'art pouvait y servir de lien entre les traditions de l'antiquité païenne et les principes tout différents de la nouvelle religion. Gardiennes des tombeaux où reposent tant de fidèles, qui passèrent tout à coup des ténèbres du polythéisme à la lumière de l'Évangile, ces deux nobles figures semblent être restées là, dans l'asile de l'éternelle paix, pour dire au spectateur : « La religion qui inspira l'art auquel

---

(1) *Rois*, II, 11-13.

(2) V. Piper, *Mythologie und Symbolik des Christenthum*, t. I, p. 75.

(3) Revue archéologique, (1879, p. 237). *Les bas-reliefs des sarcophages chrétiens et les liturgies funéraires*, par Edmond le Blant.

(4) L'Art chrétien en Italie.

nous devons la naissance, est venue rapprocher, mais non diviser les hommes et les croyances ! » Et cet appel à la concorde, à la fraternité, bases de la sociabilité humaine, n'est-il pas bien exprimé d'abord par le mythe si touchant d'Orphée? Qui de nous n'a été ému en lisant le pathétique récit de la mort de ce personnage, victime de son dévouement à la foi jurée et à la cause sacrée de la civilisation, qu'il avait voulu, mais en vain, imposer aux sauvages habitants de la Thrace? Oui, la fin tragique du poète nous touche, parce que nous y voyons l'apôtre d'un culte nouveau importé d'Orient, mourant pour ne faillir ni à ses enseignements ni à ses exemples, et scellant ainsi d'un sang généreux l'inviolabilité du foyer et de l'autel. Or, combien ce mythe d'Orphée ne devait-il pas toucher encore plus les fidèles de l'Église primitive? Ce qu'ils y admiraient surtout, c'était l'époux d'Eurydice descendant aux enfers pour arracher une âme aux ombres de la mort, où elle était retenue captive par suite de la morsure d'un serpent, et la ramener ensuite, heureuse et purifiée, au séjour de la lumière et de la vie? Voilà pourquoi l'art chrétien adopta si volontiers cette légende mythologique qui rappelait avec une certaine analogie la tentation de la femme succombant aux embûches du serpent, sa chute suivie de celle de l'homme, et enfin le rachat du péché par l'immolation du Christ sortant bientôt vainqueur de l'enfer et du tombeau. Ainsi s'explique la fréquente représentation d'Orphée dans les oratoires des Catacombes. Il est figuré, la tête coiffée du bonnet phrygien, assis au pied d'un arbre dont les branches, couvertes d'oiseaux, s'inclinent comme pour écouter ses accents, tandis qu'entre ses doigts résonne la lyre qui, après avoir dompté les lions et les tigres, sera plus tard impuissante à le protéger contre la fureur de ses bourreaux. »

Si nous comprenons bien l'adoption d'un tel mythe consacré à cette époque par la muse populaire de Virgile, nous concevons bien mieux encore, parmi les anciens monuments de la peinture chrétienne, la reproduction de la belle et noble figure de l'Orante. Vivant symbole de la prière, c'est-à-dire de la force la plus douce, la plus irrésistible qui puisse fléchir le cœur de l'homme et la clémence de Dieu, l'Orante (1) est, sans contestation, l'image favorite des peintres de cette période. Telle est la grandeur du caractère qu'ils lui ont donné, telle la puissance extatique de son regard, que nulle autre figure, pas même celle de la Vierge, ne peut alors lui être comparée pour l'expression toute idéale qui la distingue, et que nous retrouverons bientôt comme l'un des signes caractéristiques de l'art religieux au moyen âge.

Partout, sous ses formes les plus diverses, on la retrouve avec cette expression indicible, que l'œil peut saisir, mais que la plume ne saurait exprimer. Ici, portant le splendide costume des patriciennes ; là, vêtue d'une simple robe flottante, mais ayant toujours les yeux et les bras tendus vers le ciel, elle montre que, dans la sainte égalité de l'Évangile, la prière, consolation du riche et du pauvre, était en même temps la seule arme que l'Église permît au fidèle, quel qu'il fût, d'opposer à ses persécuteurs. Pour comprendre ce qu'il y a de grandeur et de charme dans cette figure de l'Orante, il faut

---

(1) « L'Orante fut, à proprement parler, l'idéal de prédilection, comme emblème de la force à la fois la plus douce et la plus irrésistible.... » Rio, *L'Art Chrétien*. Introduction, p. 40.

voir celle qui a été transportée du cimetière de Saint-Calixte au musée du Vatican, et dont nous reproduisons ici quelques-uns des traits que nous avons esquissés ailleurs. Debout, les mains levées, le front empreint d'une sérénité inaltérable, le regard limpide et légèrement voilé, elle personnifie à merveille par la pureté de son visage cette pureté de l'âme dont la beauté morale est le reflet harmonieux.

Aucun ornement ne pare la tunique aux plis ondulés, qui tombe jusqu'à ses pieds. Aucun voile ne recouvre sa chevelure simplement partagée en bandeaux, et de même que ses bras tendus paraissent appeler les chaînes, son cou, entièrement nu et à demi penché, semble défier à l'avance le glaive du licteur.

D'autres représentations montrent qu'aux jours de combat et d'oppression devaient succéder des jours de triomphe et de délivrance.

C'est ainsi que les images de l'eau jaillissant du rocher d'Horeb, de la manne nourrissant les Hébreux au désert, du passage de la mer Rouge, du désastre de Pharaon englouti avec son armée dans les flots, montraient à l'esprit des chrétiens que Dieu n'abandonne jamais ceux qui souffrent et luttent en son nom.

Sur tous les monuments primitifs de l'art chrétien, fresques des catacombes, bas-reliefs des sarcophages, pierres sépulcrales, lampes, médailles, Jonas est reproduit.

Les artistes chrétiens ont ordinairement représenté trois épisodes de l'histoire du prophète : Jonas jeté à la mer par ses compagnons de navigation et recueilli par une énorme baleine, — Jonas rejeté sur le rivage, — Jonas assis, près de

Ninive, sur l'arbrisseau miraculeux qui protège sa tête contre les ardeurs du soleil (1).

« En groupant ces signes symboliques, dit de Rossi, on arrivait à une véritable écriture mystérieuse, connue seulement des initiés. Ainsi, l'ancre, jointe au poisson, signifiait l'espérance dans le Fils de Dieu, sauveur des hommes ; le poisson portant le pain, cachait le grand secret du Christ se donnant lui-même dans l'Eucharistie ; la colombe qui s'envole avec un rameau d'olivier, désignait l'âme du chrétien, mort en paix, qui s'envole au ciel. Le sens de ce genre de composition, assez transparent en lui-même, est déterminé de la manière la plus rigoureuse par l'ensemble des monuments, par les inscriptions et par les écrits des Pères des premiers siècles. »

Ces emblèmes sont parfois accompagnés d'inscriptions qui marquent l'esprit du temps. On lit sur la tombe d'un enfant :

« Florentius à son fils Apronien, qui a bien mérité cette inscription. Il a vécu un an neuf mois et cinq jours. Ayant été solidement aimé par son aïeule, et celle-ci l'ayant vu en danger de mort, elle pria l'Église de le faire sortir du siècle avec la marque du fidèle. » Sur une autre : « Anatolius à son fils, qui a bien mérité ; il a vécu sept ans sept mois et vingt jours. Que ton âme repose en Dieu, prie pour ta sœur. »

Souvent les emblèmes sont groupés avec des scènes allégoriques. Ainsi *le pêcheur* qui prend les poissons (symbole évi-

---

(1) Rappelons à ce sujet que d'après la Bible, le Seigneur, pour donner une leçon à Jonas, mécontent de voir la vengeance divine arrêtée par la pénitence des Ninivites, fit au lever du petit jour piquer par un ver l'abrisseau, qui se dessécha de suite. Cette circonstance a été reproduite par un artiste sur un monument, une lampe datant des premiers siècles (Martigny, Lettre à M. Edmond le Blant sur une lampe chrétienne inédite. p. 8. Belley, 1872).

dent de l'apôtre qui pêche les hommes pour les convertir), la *vendange*, la *moisson*, le *banquet*, le *pasteur*, sont des signes que tous les chrétiens comprenaient, et qui pour la plupart sont tirés des paraboles de l'Evangile.

La représentation de la figure du *Christ* est des plus intéressante à étudier dans les catacombes. Comme les artistes chrétiens n'avaient, selon le témoignage même de saint Augustin, aucun portrait authentique de Notre-Seigneur, ce fut un type purement idéal qui consacra son image. On sait que le choix qu'on en fit donna même lieu à une violente controverse qui divisa les plus illustres représentants de l'Église.

Saint Jean Chrysostome, saint Ambroise, saint Jérôme disaient que le Christ avait eu pour lui la beauté corporelle et saint Grégoire de Nysse, soutenait que le Christ n'avait voilé l'éclat de sa beauté que juste ce qui était nécessaire pour ne pas blesser le faible regard des humains (1).

D'un autre côté, saint Cyrille, Tertullien, saint Justin, soutenaient que le Christ, avait par humilité rejeté lui-même la beauté corporelle (2).

La première opinion prévalut généralement ainsi qu'on peut s'en rendre compte par la plus ancienne figure de l'Homme-Dieu qui est figurée en peinture sur la voûte d'une chapelle du cimetière de Saint-Calixte. Le Sauveur est là représenté en buste, avec un visage de forme ovale, légèrement allongé, avec la physionomie grave, douce et mélancolique que lui conserve

---

(1) Saint Grég. Nyss., *in Cant. Cantic.* Homil. XIV. Saint Chrysost., *in Psal.* XLIV. Saint Ambroise, *De myst. c.*, XVI.

(2) Saint Cyrille, *De nudat. Noe.*, lib. II. — Tertullien, *Cont. Marcion.*, I, III, c. XVI. Saint Justin, *Dialogue sur Triphon*, c. LXXXV et LXXXVIII.

la tradition. Ce type se retrouve d'ailleurs dans plusieurs autres peintures des catacombes (1).

Les catacombes offrent dans de charmantes peintures, un certain nombre d'images de la *vierge Marie*. Les plus anciennes d'entre elles sont des fresques peintes sur les plafonds et les murs des hypogées. Plus tard, on donna souvent à Marie une place dans les sculptures en relief des sarcophages.

On connaît environ quatre-vingt-dix des images de Marie antérieures au concile d'Éphèse (433) (2).

Les premiers artistes chrétiens, travaillant conformément à la foi dont ils étaient pénétrés, mais, avec les moyens empruntés au paganisme dont ils avaient reçu l'héritage, créèrent l'image de Marie, semblable à une jeune femme animée par l'expression d'une douce noblesse, de l'humilité dans la dignité, prenant une attitude pleine de grâce.

C'est d'après ces images que s'est formé le type de la vierge hiératique que les images byzantines devaient reproduire à l'infini (3).

Les catacombes de Saint-Calixte et de Sainte-Agnès sont celles que les pèlerins d'aujourd'hui visitent en premier, car c'est là que la foi catholique a eu son premier temple.

Pour se rendre aujourd'hui aux catacombes de Saint-Calixte, il faut aller sur la voie Appienne, à vingt-cinq minutes de la porte Saint-Sébastien. A l'entrée de la vigne où se trouve

---

(1) On retrouve ce type hiératique sur les faces de cinq sarcophages du cimetière du Vatican, qu'on fait remonter au siècle de Julien (*Recueil de Bottari*, t. I. i, 21 et 25.)

(2) V. *Die marien Verehrung in den ersten Jahrhunderten*, le culte de Marie aux premiers siècles, par le Dr Lehner, conseiller à la cour de Stuttgard, J. Cotta.

(3) Voir à ce sujet notre *Histoire des Beaux-Arts et des Arts appliqués à l'Industrie.*

l'orifice, est placée une petite maison en briques, avec trois absides, que M. de Rossi considère comme l'ancien *oratorium S.-Calixti-in-Arenariis*. Après avoir traversé une galerie de sépultures, on tourne à gauche, et l'on pénètre dans une grande salle, appelée Crypte des Papes (*camera papale, cubiculum pontificum*). On y voit les pierres sépulcrales des Papes saint Asitère, saint Lucius, saint Fabien et saint Eutychianus.

Au fond de la crypte est l'autel sur lequel on célébrait les saints mystères. Le pape Damase y a fait graver par son secrétaire Furius Dionysius Philocacalus, une épitaphe en onze vers latins, qui rappelait les vertus de saint Sixte II.

Des deux côtés de l'entrée, en dehors, une foule d'inscriptions (*graffiti*), en caractères grecs et latins, ont été sommairement burinées sur les murs, par de pieux visiteurs, du IVe au VIe siècle.

On entre du caveau pontifical dans une salle à ciel ouvert (*luminarium*), qui renfermait autrefois le tombeau de sainte Cécile, actuellement à l'église Sainte-Cécile, au Transtévère.

C'est en l'année 1854 que M. de Rossi découvrit cette tombe. Dans son admirable histoire de sainte Cécile, dom Gueranger. abbé de Solesmes (1), raconte ainsi avec émotion cette célèbre découverte :

« Enfin, dit-il, les travaux des excavateurs aboutirent, et ce fut un solennel moment que celui où l'on passa de la Crypte des Papes dans cette Crypte antique irrégulière, mais, plus vaste encore, où la fresque naïve du VIe siècle apparut sur la muraille, représentant la martyre en prière, les bras étendus,

---

(1) 1806-1875.

et au-dessous d'elle, un personnage revêtu de la *casula*, ayant près de lui son nom *saint Urbanus*. Le tombeau de Cécile était retrouvé pour la seconde fois, et quelque chose de la joie qui remplit l'âme de Paschal en 821, se fit sentir aux heureux témoins de cette découverte. L'arcature sous laquelle avait reposé le sarcophage était là ; vide, il est vrai, mais pleine de souvenirs sacrés. »

Le 22 novembre, jour de la fête de sainte Cécile, on célèbre la sainte messe dans l'hypogée pontificale, et la chapelle ainsi que les parties environnantes des catacombes sont illuminées et ouvertes au public. Les galeries voisines renferment plusieurs sépultures, décorées de peintures symboliques, représentant la Communion, le Baptême, etc. On remarque aussi la *sépulture du pape saint Eusèbe*, avec une copie antique d'une inscription damasienne ; puis un tombeau renfermant deux sarcophages. Mentionnons également le *tombeau du pape saint Corneille*, qui faisait originairement partie d'un cimetière à part, celui de sainte Lucine.

Les catacombes des saints Nérée et Achillée ou de *Domitille*, situées près des précédentes (via delle Sette-Chiese), possèdent plus de neuf cents inscriptions. Ces hypogées sont avec les cryptes de Lucine et les catacombes de saint Priscille, celles qui remontent aux premiers siècles du christianisme. Domitille était de la famille impériale des Flaviens.

En 1853, lorsque Mgr de Mérode fit recommencer les fouilles, au lieu d'une hypogée, on découvrit une basilique à plusieurs nefs, dans laquelle, suivant M. de Rossi, saint Grégoire le Grand avait prononcé sa vingt-huitième homélie.

Sur une colonne est un bas-relief, le martyre de saint Achillée (ive siècle).

Les autres catacombes sont celles de Sainte-Priscille, sur la voie Salara (on y voit des peintures du iie siècle) ; de Saint-Portien ; de Saint-Alexandre (oratoire) ; de Saint-Pretextat (après Saint-Urbano) ; de Saint-Sébastien ; de Saint-Pierre et de Saint-Marcellin ; de Sainte-Agnès (sous l'église Sainte-Agnès-hors-les-murs elles sont encore à peu près aujourd'hui, dans leur état primitif).

C'est surtout pendant les ive et ve siècles de l'ère chrétienne que les sarcophages des catacombes furent sculptés à profusion.

On y retrouve retracées les mêmes scènes qu'avaient affectionnées les peintres.

Le musée d'Arles (1) en France et le musée de Latran à Rome contiennent de belles collections de ces sarcophages.

Après celles de Rome, les *catacombes* des plus célèbres et les plus considérables sont celles de *Naples*. Elles ont leur principale entrée dans la vallée de Sanità et s'étendent sur les hauteurs de Capodimonte. On y trouve les cryptes de l'évêque *Euphebius* (iie siècle), de l'évêque *Severus* (ve siècle), de *saint Grandiosus* (v^e et vi^e siècles), de l'évêque *Nosticamus*. Les galeries de ces catacombes sont plus vastes que celles des catacombes romaines.

---

(1) Voir le Blant : *Les Sarcophages d'Arles*. 1878.

L'ART CHRÉTIEN

DE

L'ÉPOQUE LATINE

SOMMAIRE

Les Représentations symboliques. Les Cellæ. Memoriæ martyrum. Les Oratoires. Le sénateur Pudens. Les Chapelles. L'Édit de Constantin. Un Édifice
qui gênait Dioclétien. Une Renaissance. L'Art religieux sous le règne de Cons-
tantin. Les Cubicules. Les Basiliques païennes et les Basiliques chrétiennes.
Le Trône de l'évêque. Cathedra. La Tribune. Les Nefs. L'Ambon. L'Abside.
Les Édifices païens transformés en basiliques chrétiennes. L'Atrium. L'Orien-
tation des Églises. Les Façades. Le Chœur. Les Autels. Différents Autels. Les
Vitres primitives. Le Narthex. Les Églises de forme circulaire. Les principales
Basiliques. Les Sarcophages. Le Baptistère. Les Lettres de saint Paulin. La
Peinture des basiliques. La Mosaïque. Les véritables artistes furent des moines.
Le Traité de peinture du moine Théophile. La Secte des Iconoclastes. Les Pè-
res de l'Église défendant les arts. Le style Lombard. Son système décoratif.
Les Arts sous Charlemagne. Les principales Églises de style latin.

Les premières représentations de l'art chrétien furent en
quelque sorte un mode d'enseignement religieux. Elles
étaient symboliques. C'est dans les catacombes et les basiliques que nous trouverons les principales traces de cette première période de l'art chrétien.

La seconde période qui est toute dogmatique a pour artistes des moines, et c'est alors qu'a lieu le triomphe absolu de l'idée chrétienne.

Cette période a produit l'art byzantin et l'architecture latine et romane.

La troisième période part de l'émancipation des communes et a produit l'architecture ogivale.

La quatrième période s'étend de la Renaissance à nos jours.

Pendant les trois premiers siècles de l'ère chrétienne, les seuls monuments apparents sont les *cellæ* des cimetières auxquelles on a donné aussi au commencement du ive siècle le nom de *basiliques*. Ces cellæ étaient de petits édifices, élevés dans les cimetières pour servir de lieu de réunion aux fidèles. Elles étaient couvertes d'une voûte de briques, en forme de dôme ou de coupole.

« Les cellæ, dit M. de Rossi (1), sont ces petits édifices que les anciens Pères, et notamment les Pères africains et souvent aussi le *Liber pontificalis*, appellent *memoriæ martyrum*. Les fidèles s'y réunissaient pour prier et célébrer les divins mystères.

« Ces cellæ changèrent insensiblement leur nom primitif en celui de *basiliques*. Les somptueuses basiliques, érigées sur les tombeaux des martyrs, après que la paix eut été accordée à l'Église, ne sont donc que des amplifications des *cellæ* et des *memoriæ* érigées, dans les commencements, comme édifices sépulcraux à la surface du sol des cimetières. »

---

(1) Roma sotterranea, I, p. 96.

Les cellæ avaient trois faces se terminant par une abside semi-circulaire ; la quatrième face, entièrement ouverte, servait de porte d'entrée.

Dans les premiers siècles avant la conversion de Constantin, lorsque les fidèles ne se cachaient pas dans les catacombes, leurs réunions avaient ordinairement lieu dans les maisons des riches chrétiens où il y avait des *oratoires privés*.

Les Actes des Apôtres (1) et ceux de plusieurs martyrs (2) parlent de ces oratoires qui n'étaient que des chambres plus ou moins ornées.

Les témoignages historiques contemporains nous apprennent que le sénateur Pudens et ses deux filles sainte Pudentienne et sainte Praxède, qu'une pieuse dame du nom de Lucine, que la famille de saint Clément et d'autres personnages possédaient des oratoires dans leurs palais où les souverains pontifes venaient célébrer les mystères devant la foule des fidèles assemblés. Quelques-uns de ces oratoires furent remplacés, après l'édit de Constantin, par des basiliques auxquelles on donna les noms des pieux donateurs. Telle fut l'origine des basiliques de Sainte-Cécile, de Saint-Laurent-in-Lucina, de Sainte-Praxède, de Saint-Clément (3).

Mais ce n'étaient pas là à proprement parler des églises. Le premier temple chrétien, dans la rigoureuse acception du mot, date du règne d'Alexandre Sévère, de 230. Une contesta-

---

(1) Actes des Apôtres, I, 13 ; XX, 8, etc.

(2) *Act. s. Pontii. — Act. s. Pudentianæ.*

(3) Dans les oratoires privés, il était toujours obligatoire pour jouir de la faveur de la célébration de la sainte Messe d'obtenir l'autorisation spéciale de l'évêque. Chez les Orientaux la tolérance de l'Eglise en faveur des oratoires privés fut plus grande que chez les Latins.

tion s'étant élevée entre des cabaretiers et des chrétiens au sujet d'un emplacement où ces derniers voulaient élever une église, l'empereur païen prononça ces admirables paroles : « Il vaut mieux permettre que la Divinité soit adorée en ce lieu d'une manière quelconque, que de la livrer à des débitants de vin. »

Après avoir lu l'apologie de saint Quadratus, l'empereur Adrien permit de bâtir des églises et saint Epiphane dit en avoir vu de son temps à Alexandrie et à Tibériade (1).

Dès les premiers siècles du christianisme on avait élevé un grand nombre de chapelles sur les emplacements témoins du martyre des saints. Ces chapelles se composaient ordinairement d'une crypte avec une toute petite église au-dessus : « Lorsque les saincts Denis, Rustic et Eleuthère, souffrirent le martyre, dit Dubreul (2), une bonne dame chrétienne nommée Catulle, demeurait en un village, que l'on nommait de son nom : laquelle ensevelit et enterra les corps des sus-nommés martyrs en une petite *chapelle* (au bas de la Butte-Montmartre), jusques en laquelle (par grand miracle) saint Denys avait apporté sa teste entre ses bras, après que l'on la luy eust tranchée, laquelle chapelle fut rebastie du temps de saincte Geneviefve…. Cette chapelle est double, sçavoir la plus petite qui est presque dans terre, et l'autre plus grande qui est érigée au-dessus d'icelle. Mais au-dessoubs de tout ce bastiment il y avait encore une chapelle ou cave sousterraine, qui toutefois a demeurée incogneüe à nos pères jusques en l'an 1611….. »

____

(1) Hæros, L. XXX, Cap. 12 ; L. LXIX, cap. 2.
(2) Dubreul, liv. IV, p. 1152. Ed. de 1612.

Cette disposition de chapelle double en hauteur demeura traditionnelle pendant les premiers siècles du moyen âge.

Le triomphe de la foi chrétienne, assuré en 313 par l'édit de Constantin, devait faire sortir l'art chrétien de l'enceinte obscure des catacombes et lui permettre de prendre un plus libre développement.

Auparavant, quelques édifices religieux avaient été élevés au-dessus du sol, mais ils étaient vite détruits.

Par le témoignage de Lactance (1) nous savons que sous Dioclétien un édifice religieux s'élevait dans la ville de Nicomédie, que cet édifice était situé sur une hauteur, à la vue du palais impérial et que cette destination le fit remarquer de Dioclétien qui ordonna d'en briser les portes, le pilla et le rasa.

Après l'édit de Constantin, il s'éleva partout des églises : « Dans chaque ville, écrit l'historien chrétien Eusèbe, ont lieu des fêtes pour les dédicaces d'églises, pour les consécrations d'oratoires nouvellement construits. A cette occasion les évêques s'assemblent, les pèlerins accourent des régions éloignées ; on voit éclater l'affection des peuples pour les peuples (2). »

Constantin fit prendre à l'art un rapide essor : « L'Empereur, dit Eméric David, fit exécuter un nombre infini de tableaux, de statues, de bas-reliefs, représentant Jésus-Christ, la Vierge, les prophètes, les apôtres. Le marbre, le bronze et l'or offraient partout aux regards du peuple les triomphes du

---

(1) *De morte persecutorum*, 12.

(2) Eusèbe dit encore qu'on reconstruisit les églises ruinées et qu'on y déploya une somptuosité inusitée. (*Hist. lib.* 10, cap. 2.)

prince, ses images, celles de sa mère, de ses fils et de ses favoris et celles des grands de Rome qui avaient contribué à l'embellissement de la capitale. On bâtissait en même temps des
églises à Antioche, à Tyr, à Jérusalem, à Béthléem et dans
toutes les villes de l'Empire. »

« C'est seulement du règne de Constantin, dit de Dartein (1), que date, à proprement parler, l'architecture religieuse
chrétienne. Jusque-là les persécutions n'avaient guère permis
aux chrétiens d'élever des monuments vastes et durables pour
l'exercice public de leur culte ; mais à peine furent-ils devenus libres, qu'ils s'empressèrent de construire des églises sur
tous les points de l'empire. C'était le meilleur moyen de proclamer leur culte.

En fait d'art, les chrétiens n'avaient aucune raison d'être
novateurs ; et quand même ils eussent aspiré à le devenir,
ils n'auraient pu, de prime saut, improviser un type pour leurs
églises. Il leur fallait d'abord se servir de l'un des types de
l'architecture romaine, sauf à l'approprier aux besoins de
leur culte et à le transformer ensuite à mesure que des exi-
gences nouvelles se feraient sentir ; ce fut ainsi qu'ils procé-
daient, et leur choix se porta naturellement sur la basilique,
qui convenait mieux qu'aucune autre espèce d'édifice, soit au
but qu'ils voulaient atteindre, soit aux moyens dont ils dis-
posaient. »

---

(1) *Etude sur l'architecture lombarde*, 1re partie p. 2.

L'architecture chrétienne primitive commença à se développer à Rome et dans la moitié de l'empire romain après la victoire de Constantin sur Maxence, en l'an 312.

Quand les édits de Constantin eurent permis aux chrétiens de ne plus pratiquer leur culte aux catacombes mais bien au grand jour, on affecta à ce culte une partie des édifices si nombreux de Rome et des villes de l'empire romain.

L'architecture chrétienne suivit primitivement l'Église aux catacombes pour y creuser de profondes galeries, aligner les tombes des innombrables martyrs, disposer les *cubicula* pour célébrer les saints mystères, tracer les arcosoles, décorer les voûtes pendant une période de trois siècles. Ce ne fut qu'après le triomphe de Constantin que l'Église put avoir avec sa liberté des édifices ouverts aux yeux de tous. Elle choisit la basilique romaine que l'architecture dut approprier à sa nouvelle destination.

« Quand il fut permis aux chrétiens de célébrer leurs mystères, dit Alfred Michiels (1), ils durent élever des temples à leur Dieu, ou lui consacrer d'anciens édifices. L'humanité conçoit lentement : elle a besoin de plusieurs siècles pour lui saisir le sens d'une idée nouvelle, et de plusieurs autres siècles pour trouver une forme. Les disciples du Christ cherchèrent donc parmi les monuments qui les entouraient, un genre de construction qu'ils pussent adapter à leur culte. Les *basiliques* pouvaient s'y prêter mieux que toutes les inventions de l'architecture gréco-romaine. »

----

(1) *L'architecture et la peinture en Europe, depuis le IVe siècle jusqu'à la fin du XVIe.*

« Les *basiliques païennes* (1), dit Ducange (2), étaient de vastes édifices publics entourés de larges portiques et ordinairement bâtis sur les *forums*, où le peuple trouvait un abri contre les intempéries des saisons, pour traiter commodément ses affaires, soit judiciaires (3), soit commerciales (4), ou même pour s'y promener. »

C'étaient nos halles, nos bourses, nos tribunaux de commerce actuels.

La *basilique païenne* avait la forme d'un parallélogramme deux ou trois fois plus long que large. Elle était divisée en trois nefs par des colonnes : la nef du milieu était plus large que les deux autres. Elle était aussi partagée en trois parties dans le sens de la longueur.

Les trois nefs étaient occupées par les hommes d'affaires et par le public.

Dans les églises primitives le trône de l'évêque, *cathedra* (5), était placé au fond de l'abside, dans l'axe, absolument comme le siège du juge dans l'antique basilique, et l'autel s'élevait en avant de la tribune, ordinairement sur le tombeau d'un martyr (6),

Dans la *basilique chrétienne*, l'évêque ou le prêtre qui offi-

---

(1) Quint. 12, 5, *in of.*

(2) La première basilique profane fut construite à Rome en 185 av. J.-C. par Caton l'Ancien. On la nomma même pour cette raison *Basilica Porcia* à cause du nom de race de son fondateur.

(3) *Dictionnaire*.

(4) Pline, *Ep.* II, 14 ; VI, 33.

(5) D'où est venu le mot *cathédrale*.

(6) On voit encore quelques-uns de ces sièges épiscopaux, à Avignon, en Provence, dans l'église cathédrale ; dans la cathédrale d'Augsbourg, dans les basiliques de Saint-Laurent (extra-muros) et de Saint-Clément.

ciait, entouré des prêtres assistants, se trouvait placé au fond de l'hémicycle, *tribuna*, où autrefois se trouvaient les juges ; l'espace réservé dans la basilique païenne aux avocats devint le *chœur*, espace privilégié pour les chantres et les ecclésiastiques ; les galeries ou *nefs* où se trouvait le public, furent occupées par les fidèles : les hommes au côté droit, les femmes au côté gauche.

En avant de l'autel on plaça une chaire que l'on appela *ambon* (1).

L'*abside* prenait aussi le nom de *presbyterium*. Le banc circulaire de l'abside où se réunissaient les prêtres ordonnés s'appelait *consistorium*. Le siège plus élevé où s'asseyait l'évêque avait reçu le nom de *suggestus*.

Les bas-côtés s'appelaient *plaga* ou *porticus* ; l'endroit où se tenaient les chantres, les instrumentistes, *chorus* ; la grande nef *navis* ou *aula*.

Des édifices civils antiques furent aussi quelquefois transformés en basiliques chrétiennes, particulièrement des bains et des thermes (2). C'est ainsi que furent transformés à Rome : les basiliques de Saint-Martin des Monts, de Sainte-Cécile, du Transtévère, de Sainte-Praxède, de Saint-Sauveur, de Saint-Laurent, de Sainte-Reine-des-Anges, à Arezzo ; l'église Saint-Bernard, à Pise : la basilique de Santa-Reparata. Il y eut même à Rome un marché qui devint la basilique Saint-Étienne-le-Rond. Au vᵉ siècle, une salle profane, décorée vers

---

(1) *Ambon*, vient d'un mot grec qui signifie *monter*, parce qu'on montait à l'ambon par des marches.

(2) On sait que chez les Romains ces monuments étaient d'une grande magnificence.

320 par le consul Junius Bassus, devint l'église Saint-André sur le mont Esquilin (1).

Quelquefois la *basilique* était enfermée dans une enceinte de murailles : c'était ainsi que se trouvait disposée la basilique de Tyr (bâtie en 313), et qui est une des premières dont les Pères aient parlé avec des détails.

En entrant dans l'enceinte on trouvait une cour carrée, l'*atrium*, au milieu de laquelle était placée la *fontaine de purification*. Cette cour était environnée de portiques, et servait à l'enseignement des catéchumènes ; elle précédait l'église.

L'église s'ouvrait par trois portes. La porte du milieu était plus large et plus haute que les autres.

Selon l'usage primitif, les portes étaient tournées vers l'Orient :

« Que l'église, disent les constitutions apostoliques, soit tournée vers l'Orient (2), ainsi que les deux sacristies qu'elle doit avoir, l'une à droite, l'autre à gauche. Que le trône épiscopal soit au milieu ; que les prêtres soient assis des deux côtés de l'évêque, et que les diacres demeurent debout, afin d'être toujours prêts à marcher. Leur soin doit être de faire placer les laïques dans leurs rangs et honnêtement, en sorte

---

(1) De Rossi, *Bullettino di archeologia cristiana*, 1871, p. 5-29 et 41-67.

(2) Saint Germain, patriarche de Constantinople, disait : « C'est une tradition reçue des Apôtres qui nous fait tourner vers l'Orient pour prier, parce que le Soleil spirituel de justice, Notre-Seigneur Jésus-Christ, se manifesta dans ces belles contrées du soleil levant. Parce que comme nous attendons de nouveau notre paradis reconquis, dans Eden, et que nous l'envisageons dans cette partie du ciel ; enfin, parce que nous fixons ainsi nos regards vers le levant de cette lumière qui apparaîtra au second avènement du Christ par lequel nous serons régénérés. »

que les hommes soient séparés des femmes. Le lecteur étant
dans un lieu élevé doit lire les livres de Moïse ; le diacre et le
prêtre, les évangiles... Que le portier garde l'avenue de l'endroit où les hommes sont placés, et que les diaconesses en
fassent autant à l'égard des femmes... Les jeunes filles doivent
être à part, si le lieu le permet ; s'il ne le permet pas, elles
doivent être derrière les femmes mariées. Les vierges, les
veuves et les femmes âgées doivent être les premières de
toutes. »

Les basiliques romaines ont leur portail tourné vers l'Orient,
tandis que le plus grand nombre de nos églises de France,
Notre-Dame de Paris, par exemple, ont leurs portes du côté de
l'Occident. Mais, il faut remarquer que dans les églises de
France, la partie antérieure de l'autel est en sens inverse de
ce qu'elle était dans les basiliques primitives, de manière que
le célébrant regarde du côté de l'Orient.

La façade des anciennes basiliques est généralement composée d'un fronton marquant le comble. La partie inférieure
est percée de trois ou cinq portes et le porche est formé par
un grand toit saillant supporté par des colonnes. Au centre du
triangle formé par le fronton existait une fenêtre ronde, appelée *œil*. Cet œil est l'origine des *roses* qui décorent les églises
du moyen âge.

Dans les grandes églises de l'époque latine, le chœur était
généralement établi dans la croisée ; quand il n'y avait pas de
transepts, il était pris aux dépens de la nef principale et se
trouvait renfermé dans une enceinte au moyen de tables de
pierre ou de marbre placées debout et maintenues par des pilastres.

La porte d'entrée, à laquelle on donnait la dénomination de *belle porte, porta speciosa,* avait ordinairement des vantaux en métal orné de ciselures.

C'est dans le chœur que prenait place l'autel.

Il faut chercher le type des autels en forme de tombeau dans les catacombes de Rome.

Dans le plus grand nombre des chapelles sépulcrales, il existe au tiers environ de la hauteur des niches une sorte de table qui recouvrait les restes des martyrs et sur laquelle avait lieu primitivement la célébration de la messe.

Saint Paul appelle l'autel *altare* (1) ou bien *mensa Domini* (2) « table du Seigneur ». Dans les trois premiers siècles, les Pères de l'Eglise avaient adopté le mot *altare* ; Tertullien et saint Cyprien disent indifféremment *altare* et *ara Dei* (3).

A l'époque des persécutions, les autels étaient souvent des tables de bois que l'on pouvait facilement transporter d'un lieu à un autre.

Ces autels étaient creux et ressemblaient à un coffre. C'étaient des *autels portatifs.* Du reste, quelle que fût la matière des autels, ils étaient toujours creux (4).

Des passages de saint Augustin et de saint Athanase nous apprennent que l'emploi de tables de bois comme autels se conserva longtemps en Afrique et en Égypte.

On attribue aussi au pape saint Sylvestre un décret ordon-

---

(1) *Hebr.* XIII, 10.

(2) 1 *Cor.* X, 21.

(3) *Ad. Uxor.* L. 1, ch. 7. *Epist.* XL.

(4) L'autel d'or dressé par l'archevêque Angelbert dans l'église de Saint-Ambroise de Milan était creux et on voyait les reliques qu'il renfermait par une ouverture située par derrière.

nant que la pierre seule serait la matière des autels (1) ; mais cette prescription ne fut réellement édictée qu'en 517 (2) par le concile d'Epaone.

A la suite de ce décret, on continua de faire des autels de matières différentes, mais on eut toujours soin de mettre à la place où devait être déposé le calice pendant la messe, une tablette de pierre appelée *pierre de consécration*.

On fit dans beaucoup d'endroits pour les autels ce qu'on avait fait pour les basiliques ; pour les églises primitives, on appropria les autels païens au nouveau culte chrétien.

Baronius cite une lettre de saint Martial qui ordonnait aux habitants de Bordeaux, à l'époque où l'on renversait les autels des idoles, de conserver un *autel* dédié au dieu inconnu (3) et de le consacrer au Dieu des chrétiens.

L'évêque de Mende, Guillaume Durand (xiiie siècle), dans son *Rational* (4) s'étend longuement sur l'*autel* et la signification des diverses parties qui le composent : « L'autel, dit-il, d'après les Écritures, avait beaucoup de parties, à savoir la haute et la basse, l'intérieure et l'extérieure...., le haut de l'autel c'est Dieu-Trinité, c'est aussi l'Église triomphante.... Le bas de l'autel c'est l'Église militante ; c'est encore la table du temple, dont il est dit : « Passez les jours de fêtes dans de saints repas, assis et pressés à ma table près du coin de l'autel.... » « ..... En second lieu, l'autel signifie aussi l'Église

---

Consultez : *Dissert. ecclés. sur les principaux autels des églises*, par J.-B. Thiers, Paris, 1886.

(2) L'autel de basilique de Saint-Jean de Latran renferme une table de bois qui, suivant la légende, a servi à saint Pierre pour célébrer la messe.

(3) *Deo ignoto.*

(4) *Rational*, chap. ii. Traduction de C. Barthélemy. Paris, 1854.

spirituelle ; et ses quatre coins, les quatre parties du monde sur lesquelles l'Église étend son empire...... »

Dans son chapitre III (1) il dit : « On peint quelquefois les images des saints Pères sur le retable de l'autel.... Les ornements de l'autel sont des coffres et des châsses (*capsis*), des tentures, des phylactères (*philatteriis*), des chandeliers, des croix, des franges d'or, des bannières, des livres, des voiles, et des courtines...... »

« Le devant de l'autel est encore orné d'une frange d'or, selon cette parole de l'Exode (2): « Tu me construiras un autel, et tu l'entoureras d'une guirlande haute de quatre doigts.... »

Les fidèles dès les premiers âges du christianisme ont eu des tables qui servaient à l'Eucharistie. Saint Paul, dans une épître, emploie le terme de « table du Seigneur ». Dans l'Apocalypse il est aussi question de l'autel. Ce n'étaient pas primitivement (IIe et IIIe siècles) des autels fixes, en pierre et en marbre (3), mais des autels en tables mobiles, des trépieds. Ce n'est qu'à partir du IVe siècle qu'il y eut des autels fixes.

Les fenêtres des premières églises étaient fermées fort souvent par des vitres. Saint Grégoire de Tours nous apprend, en effet, que lorsque les soldats de l'empereur Théodose pénétrèrent dans l'église de Saint-Julien, à Brioude, ils brisèrent pour entrer le vitrage d'une fenêtre (4).

---

(1) *Des peintures*.

(2) Chap. xxv et xxviii.

(3) Les païens reprochaient aux chrétiens de n'avoir pas d'autels fixes, aræ (Minucius Félix, Octavius, 10 ; Origène, C. Celsum, VII, 64 ; Cyprien, Ad. Demots, 12).

(4) « Qui ponentes ad fenestram absidæ canacellum qui super tumulum cujusdam defuncti erat, ascendentes per eum, effractà vitreà sunt ingressi.... » Hist., I, VI, c. x.

La basilique chrétienne était précédée d'un portique appelé *narthex*, ou porche. Les arcades du narthex étaient fermées par des rideaux qu'on suspendait à des tringles.

Parfois le narthex se développait autour d'une cour quadrilatère au milieu de laquelle les chrétiens mettaient une fontaine jaillissante qui était destinée à se laver les mains et la bouche avant d'entrer ; de là l'usage de l'eau bénite. Autour du bassin se tenaient les pénitents, à qui l'entrée de l'église était interdite ; vêtus de deuil, la tête couverte de cendre, exposés à la pluie et au froid, ils imploraient les prières des fidèles admis à la communion.

Tout était absolument réglé dans les cérémonies du culte comme dans l'édification de l'église, et nous voyons, à la fondation de la basilique de Saint-Pierre, le pape S. Silvestre se dépouiller de sa chemise, prendre une pioche et ouvrir le sol, puis porter sur ses épaules douze paniers de terre en l'honneur des douze apôtres, et les jeter à l'endroit où devait être posée la première pierre.

Quelquefois le lieu consacré était enfermé dans une enceinte de murailles. Nous trouvons dans les Pères de l'Église une description de la basilique de Tyr, bâtie en 313, qui montre cette disposition. En entrant on voyait l'*atrium*, cour carrée, au milieu de laquelle était située la fontaine de purification.

Cette cour environnée de portiques servait à l'enseignement des catéchumènes.

Parmi les édifices de l'architecture chrétienne primitive il y en eut affectant la *forme circulaire*. Le premier exemple connu est le *mausolée de Sainte-Constance* près de Rome. Ce monument religieux, comme presque tous les édifices semblables, se compose d'une grande salle circulaire à mur très épais ayant des niches carrées et rondes et au centre de laquelle se trouve une colonnade formée de 24 colonnes accouplées recevant des arcs plein-cintre.

C'est pour ainsi dire une enceinte entourée d'un portique continu.

Au devant de l'entrée, à l'intérieur, se trouve un portique.

A l'origine, ces monuments circulaires dont l'Italie et la Gaule comptèrent un grand nombre, furent évidemment des baptistères ou des tombeaux élevés au-dessus de la confession des martyrs, qui devinrent bientôt des églises. A leur plan primitif on n'eut plus qu'à ajouter des dépendances nécessaires à l'exercice du culte.

Il y eut là, alors réunis dans un seul édifice, les deux types de l'architecture chrétienne primitive, car il faut se rappeler que le plus ancien de ces sanctuaires de forme ronde fut l'église, comprenant juxtaposés un tombeau de forme ronde et une basilique de forme rectangulaire élevée et décorée avec richesse par l'empereur Constantin, dit Eusèbe, « sur le tombeau même du Seigneur ».

« En Occident, dit Batissier (1), les basiliques consacrées en mémoire du Saint-Sépulcre, ou sur la tombe d'un saint, furent une imitation de la rotonde de Sainte-Hélène.....

L'église d'Aix-la-Chapelle, dont Charlemagne voulait faire son monument funéraire, était ronde. Il y avait enfin des églises rondes à Trèves, à Tyr, à Rome. En France, outre le sanctuaire de la basilique de Saint-Martin, à Tours, il y avait

______

(1) *Histoire de l'art monumental, les Églises latines.*

Saint-Bénigne, à Dijon, fondé au ve siècle par saint Grégoire, et à Paris, Saint-Germain-le-Rond, sur l'emplacement duquel nous voyons Saint-Germain-l'Auxerrois..... »

Parlant des églises circulaires, M. de Caumont (1) dit :

« La forme des basiliques ne fut pas exclusivement adoptée pour les églises. Il y eut dès l'origine quelques églises circulaires ; telle fut, entre autres, celle de Saint-Étienne-le-Rond, à Rome, qui remonte au ve siècle. Cette forme fut adoptée pour l'église bâtie à Jérusalem, sur le Saint-Sépulcre, par l'impératrice Hélène, et elle paraît avoir été préférée, dès les premiers temps, pour les églises dont on faisait des chapelles funéraires. La forme circulaire et, plus fréquemment encore, la forme octogone furent aussi adoptées pour les baptistères, qui étaient des édifices distincts près des églises. »

Pour rappeler dans les basiliques le souvenir des catacombes, où on priait sur les tombes des martyrs, on creusa sous l'autel un caveau auquel on donna le nom de *confession*, et on y plaça les restes des chrétiens morts en odeur de sainteté.

« Dans le principe, la confession de Saint Pierre, dit M. Batissier (2), offrait une disposition que nous devons noter, parce qu'elle nous rappelle une circonstance curieuse de la dévotion des premiers fidèles : l'autel, placé comme toujours au-dessus du tombeau du martyr, était environné d'une grille qui s'ouvrait pour quiconque voulait faire sa prière : le fidèle alors se mettait à genoux, et passait la tête à travers une petite fenêtre, appelée *jugulum*, qui donnait dans la crypte au-dessus du

---

(1) M. Arcisse de Caumont est un célèbre archéologue français, né à Bayon (1802-1873).
(2) *Histoire de l'art monumental.*

sépulcre ; c'est dans cette position qu'il demandait l'intercession du saint apôtre. Il avait soin de faire descendre sur le
tombeau un linge, *palliolum*, ou *sanctuaria* ; ce linge avait été
préalablement posé avec soin dans une balance ; on le laissait
sur le monument pendant que l'on priait, et il servait à
reconnaître si Dieu avait exaucé les vœux du fidèle qui lui
adressait ses supplications. Les chrétiens ne doutaient pas que
Dieu ne les eût écoutés favorablement du moment où ce linge,
retiré de la confession, pesait plus que quand on l'y avait mis.
Plus tard, ces sortes de linge furent considérées comme des
reliques, et les papes en envoyèrent dans toute la chrétienté.
Au xviii° siècle, on conservait encore dans l'église Saint-Germain-des-Prés, à Paris, un de ces linges sanctifiés. »

Il reste peu de ces premiers édifices de l'ère chrétienne.
Cependant un certain nombre de basiliques ont conservé leurs
dispositions primitives ou telles qu'elles ont été décrites par
les auteurs chrétiens. On peut citer à Rome : la *basilique sesso-
rienne* ou d'*Hélène* (la mère de l'empereur Constantin), aujour-
d'hui l'église Sainte-Croix de Jérusalem, précédée d'un porche
donnant sur une cour entourée de murs et composée de trois
nefs avec hémicycle et transept ; l'ancienne église Saint-
Pierre, fondée au Vatican par Constantin lui-même, en 324,
sous le pontificat du pape Sylvestre, cette basilique à cinq nefs
était précédée d'une cour entourée de portiques ; les *basiliques
de Saint-Pierre-ès-Liens, de Sainte-Sabine, de Latran, de Sainte-
Marie-Majeure ; de Saint-Paul hors les Murs*, construite en 386
et qui comprenait cinq nefs séparées par des colonnes (1).

____

(1) La porte du milieu possédait une arcade s'ouvrant dans l'axe de la nef principale et
portant le nom d'*arc triomphal*.

L'image la plus fidèle des basiliques chrétiennes des premiers temps nous est donnée par la *basilique de Saint-Clément* (1).

L'avant-cour *ou atrium* qui précède l'église, est entourée de portiques et décorée d'une fontaine.

Les barrières du chœur et les ambons de la nef du milieu sont en marbre grec.

Ils proviennent de l'antique église qui fut presque entièrement détruite par Robert Guiscard, et rebâtie, en 1108, par le pape Pascal II avec les matériaux de l'ancien édifice. « Les trois nefs ont été bâties, dit M. Bleser (2), sur d'anciennes substructions, formées de grands blocs de tuf volcanique et surmontées d'une énorme corniche en travertin sans ornement quelconque. Suivant M. de Rossi, ces énormes blocs de travertin remontent au temps des rois de Rome, et pourraient bien avoir été la maison de Tarquin-le-Superbe. D'autres ont voulu y voir les restes de la maison de Mécène, ou de l'édifice de la Monnaie. Un jour cette église aura été détruite, et alors on l'aura remblayée au moyen de décombres. Sur ces fondements d'un nouveau genre on aura élevé l'église moderne, probablement sous Pascal II qui, avant son élévation au pontificat, était cardinal titulaire de Saint-Clément. La basilique supérieure ressemble pour la forme à l'église inférieure, quoique avec des dimensions moindres, particulièrement en largeur.

La *Basilique de Saint-Paul-hors-les-Murs*, terminée sous le

---

(1) L'église Saint-Clément est certainement le type le plus intéressant et le mieux conservé des basiliques primitives ; l'église souterraine ornée de curieuses peintures a été découverte et restaurée en 1838.

(2) *Guide du voyageur catholique à Rome.*

règne d'Honorius, est un monument des plus intéressants de cette époque. Elle était précédée d'un atrium entouré de portiques à colonnes, qui existait encore au xviie siècle.

« Dans la quantité de colonnes qui décorent l'église Saint-Paul, écrivait d'Agincourt, les vingt-quatre premières de la nef principale ont été prises, soit par Constantin, soit par ses successeurs, dans un monument antique. Rien ne peut être comparé à la beauté des marbres dont elles sont formées et à la manière dont ils sont travaillés. Mais, soit dans la première construction, soit dans l'agrandissement de l'édifice, treize de ces vingt-quatre colonnes, par une inadvertance singulière, ont été placées d'un côté et onze de l'autre. Toutes les autres colonnes varient entre elles par la forme, par la matière, par les ordres, par leur espacement.

Les bases des chapiteaux sont d'ordre différent, et souvent même les parties qui les remplacent n'ont aucun des caractères de l'ordre auquel la colonne appartient. »

Une des plus intéressantes basiliques, c'est celle de *Sainte-Agnès-hors-les-Murs*, à cause de sa disposition antique. Constantin avait élevé ce monument à l'endroit même où l'on avait retrouvé le corps de la jeune martyre. Comme elle est sur l'ancien sol, il faut pour y parvenir descendre un large escalier de marbre. Les arcades de l'intérieur qui sont doubles, reposent sur deux colonnes anciennes qui sont formées de marbres différents et fort précieux. A l'entrée de la basilique est un narthex.

La *basilique de Sainte-Constance* offre un exemple des anciens baptistères. L'empereur Constantin l'avait élevée pour y baptiser sa sœur et sa fille. Plus tard même, l'édifice devint le tombeau de la famille (1). Elle est de forme circulaire. L'intérieur en est décoré d'un portique possédant vingt-quatre colonnes de granit accouplées. C'est dans cette basilique qu'on peut surtout étudier la mosaïque de l'époque latine, car elle renferme de curieuses mosaïques du ivᵉ siècle, représentant à la fois des sujets religieux et des sujets profanes.

« Les premières mosaïques chrétiennes, dit M. Barbet de Jouy, datent du ivᵉ siècle, celles qui, exécutées publiquement sous la protection de l'empereur Constantin, ont toujours vu le jour, car assurément les cimetières souterrains en possèdent d'antérieures; les plus rapprochées des temps primitifs sont les mosaïques du baptistère de sainte Constance, que Constantin créa à la demande de sa sœur, et où celle-ci reçut le baptême avec la fille de l'empereur. Jésus-Christ y est représenté deux fois, et l'une des deux compositions, où, assis sur le globe du monde, il remet les clefs à l'apôtre saint Pierre, existe peinte dans la catacombe dite Platonia. Dans la mosaïque et la fresque, la disposition, l'action et le mouvement sont semblables, la pose de saint Pierre est identique, mais l'expression des têtes diffère complètement. »

La *basilique de Sainte-Marie-Majeure* date du ivᵉ siècle. Elle fut fondée en 352 par le pape Liberius Iᵉʳ.

Une mosaïque de la façade reproduit la tradition de sa fondation.

On raconte que la vierge Marie était apparue en songe au pape Liberius et lui avait ordonné d'élever une église à l'endroit où il trouverait de la neige fraîchement tombée ; bien

---

(1) On y a retrouvé le grand sarcophage en porphyre rouge de sainte Constance ; il se trouve aujourd'hui au musée du Vatican.

qu'on fût alors au mois d'août. On voit encore sur la place
l'unique colonne de style corinthien et en marbre blanc, la
seule qui reste de toutes celles qui soutenaient la voûte de l'antique basilique.

Parmi les autres basiliques intéressantes, citons encore :
la basilique Sainte-Pudentienne (1); à Naples : Sainte-Resti-
tuta, construite sous Constantin; à Milan : Saint-Ambroise (2);
à Ravenne : Saint-Apollinaire in Classe, Saint-Jean Évangéliste, Saint-Apollinaire nouveau; à Marseille : Saint-Victor; à
Tours : Saint-Martin, etc.

Les sarcophages chrétiens que renferment les basiliques
sont curieux à consulter pour l'étude de la sculpture religieuse.
Les sujets des bas-reliefs sont empruntés ordinairement à
l'Ancien et au Nouveau Testament. On y trouve aussi les animaux et les plantes usités dans la symbolique chrétienne du
ve siècle, tels que le palmier, l'agneau, le phénix et le paon (3),
les colombes, le monogramme du Christ avec des feuillages.

A Ravenne, sur le tombeau de l'empereur Honorius, on voit
l'agneau portant une croix sur les bras de laquelle sont deux
colombes.

Le plus souvent, les basiliques renfermaient un *baptistère*.
Le baptistère se trouvait dans la cour environnée de portiques
qui précédait la basilique.

---

(1) L'église Sainte-Pudentienne, la plus ancienne église de Rome, a été construite à la place
où l'apôtre Pierre fut hébergé par le sénateur Pudens.

(2) C'est surtout dans cette basilique qu'on peut replacer dans son milieu le culte chrétien
de la fin de l'empire romain.

(3) Signes de résurrection.

Le baptistère consistait en deux pièces principales, l'une pour les cérémonies préparatoires, l'autre pour le baptême proprement dit. Cet édifice était toujours placé sous l'invocation de saint Jean-Baptiste. La piscine était ronde, octogone ou carrée : quelquefois aussi, mais plus rarement, elle avait la forme d'une croix ; on y descendait par des degrés. On ne sait pas au juste à quelle époque les cuves baptismales ont été annexées aux églises ; quand l'usage prévalut de baptiser les enfants en bas âge, et que le baptême put être administré par les prêtres au lieu de l'être seulement par les évêques, les églises paroissiales eurent des cuves baptismales aussi bien que les églises cathédrales.

« Dès les premiers siècles, dit l'abbé Martigny, les baptistères furent invariablement dédiés à saint Jean-Baptiste, si bien qu'ils en reçurent le nom spécial de *Ecclesiæ sancti Joannis in fonte* ou *ad fontes*. Les autels qui se trouvaient dans ces édifices étaient aussi consacrés sous le vocable du Précurseur, et les reliques qu'on y plaçait étaient les siennes. On y voyait communément son image ou sa statue, et une inscription était gravée, soit sur les degrés des fonts, soit sur le pourtour de la vasque baptismale, soit enfin sur les murailles, indiquant que le *baptistère* était placé sous le patronage de saint Jean-Baptiste.

Ajoutons que les peintures, les mosaïques, les bas-reliefs dont ces édifices étaient décorés, représentaient le plus souvent le baptême du Christ dans le Jourdain et les autres actes du Précurseur. Diverses images allégoriques ornaient encore les baptistères. Les principales étaient : l'agneau pascal, des cerfs altérés, symbole des catéchumènes avides de boire aux sources de l'eau de la grâce ; des poissons. »

Tous les baptistères, quelle que fût leur forme, se distinguaient par une piscine centrale dans laquelle on descendait par trois degrés, tandis qu'on sortait par trois autres degrés. La profondeur de l'eau variait entre 0,30 et 0,50 centimètres, ce qui montre que l'immersion n'était que partielle. L'action symbolique était achevée par une infusion abondante que le prêtre baptiseur ou l'évêque faisait sur la tête du catéchumène.

Il nous paraît intéressant de donner ici la description donnée par Anastase le bibliothécaire du baptistère de Constantin : « La cuve, dit-il, était toute recouverte à l'intérieur et à l'extérieur de lames d'argent très pur, du poids de 3.008 livres. Au milieu, *in medio fontis,* des colonnes de porphyre qui supportaient une phiala d'or, où se brûlaient, au jour de Pâques, 200 livres de parfums.... Il y avait un agneau d'or très pur, du poids de 30 livres, lequel répandait l'eau dans le bassin. A la droite de l'agneau était une statue du Sauveur en argent très pur, de cinq pieds de haut, pesant 170 livres. A sa gauche, celle de saint Jean-Baptiste, de cinq pieds de haut, tenant à la main une tablette où étaient écrits ces mots : *Ecce agnus Dei, ecce qui tollit peccatum mundi.....* Enfin un encensoir d'or orné de 82 pierres précieuses et pesant 10 livres... »

Mais, il n'y avait pas que la piscine qui fût enrichie d'ornements aussi précieux ; tout l'édifice était orné d'une grande abondance de peintures et de sculptures. C'est ainsi qu'au baptistère de Parme on peut voir les décorations suivantes : la naissance du Christ, l'adoration des rois Mages, le baptême du Christ, les vertus, la parabole du père de famille, les six œuvres de miséricorde, les six âges de l'homme d'après la légende de saint Barlaam, le jugement dernier.

En France, parmi les plus beaux baptistères on peut citer les anciens baptistères de Poitiers (bapt. de saint Jean), d'Aix, de Fréjus, de Chambéry, de Venasque, de Mélas, de Riez, du Puy. En Allemagne (1) celui de la cathédrale de Ratisbonne (il a la forme d'une croix grecque). En Irlande le baptistère de Mellifons ; en Palestine, celui de Théona. Pour l'Italie, mentionnons : les baptistère de Pise, de Parme, de Florence, de Saint-Jean-de-Latran à Rome, de Ravenne, de Volterra, de Bari, de Pistoja, de Novare, de Padoue, de Sienne, etc...

Sur la constitution des basiliques chrétiennes, on possède des renseignements très précieux qui nous sont fournis par les poèmes et les lettres de saint Paulin (2). Il donne ainsi une description détaillée de la basilique qu'il a fait construire à Nole (3) : « L'église n'est pas tournée à l'Orient selon la coutume, mais du côté du tombeau de saint Félix. Entre les colonnes du porche, la lumière pénètre abondante au-delà du vestibule et des portes à deux battants qui ornent la basilique ; ces portes sont triples comme la Trinité. Le plafond est formé de solives entrelacées, le pavé de marbres. Deux rangs de colonnes remplacent les piliers. Les lampes se balancent au bout de leurs chaînes d'airain. L'église comprend trois nefs ; deux chapelles latérales de chaque côté ; des deux côtés de l'abside, le trésor des vases sacrés et celui des livres saints. Le baptistère est placé derrière le sanctuaire, dont une porte le sépare. Sous l'autel les reliques de la croix et des martyrs. Dans les nefs sont peints l'Ancien et le Nouveau Testament ; au fond de

---

(1) Un des beaux baptistères de l'Allemagne, celui de Spire, a été détruit en 1822.
(2) Évêque de Nole au vᵉ siècle.
(3) Lettre XII (*Ad Severum*).

l'abside, le Christ sous la figure de l'agneau, la croix entourée d'un nimbe, et tout autour, des colombes représentant les apôtres. Le rocher symbolise l'Église, et les quatre fleuves les Évangélistes..... »

On voit que l'abside et les murs étaient couverts de peintures. Ce fut d'ailleurs une règle générale pour les grandes basiliques. On y prodigua les ornements les plus somptueux. Les mosaïques de la façade annonçaient même le luxe de l'intérieur. L'entrée était couverte d'étoffe précieuse et même parfois close par des portes sculptées (1).

Le plus souvent le plafond plat était à reliefs dorés, et le pavé de l'intérieur était de marbres rares.

Pour décorer les grandes basiliques, les peintures des catacombes étaient devenues trop humbles. « Les sentiments qu'elles exprimaient, dit M. Bayet, ne répondaient plus d'ailleurs à la situation de la nouvelle société chrétienne..... Le christianisme, dans ses arts, devait faire une part plus large à l'élément historique et en même temps s'attacher à exprimer les idées de grandeur et de domination.

Ces tendances se manifestent partout. On veut connaître les traits du Christ, de la Vierge, des apôtres et, si les documents authentiques manquent, on en invente, on crée des types qui, en se propageant, acquièrent en quelque sorte un caractère officiel. On se plaira bientôt à représenter le Christ, non plus sous les humbles traits du bon Pasteur, mais comme un monarque oriental, assis sur le trône, escorté d'une cour d'anges. »

____

(1) On en voit un exemple dans celles que conserve encore aujourd'hui la basilique romaine de Sainte-Sabine.

Saint Grégoire de Tours nous apprend aussi que la femme de Namatius, ayant fondé l'église de Saint Etienne hors de Clermont (1), faisait la lecture des livres saints aux peintres pour leur donner les sujets des tableaux qu'ils devaient exécuter (2).

Mais c'est surtout au moyen des *mosaïques* que les basiliques étaient décorées. L'arc triomphal, l'abside, parfois aussi les murs compris entre les fenêtres hautes de la nef et les arcades reliant les colonnes étaient recouverts de riches mosaïques.

« On entend par mosaïque, dit M. de Labarthe (3), une sorte de peinture produite par l'assemblage de petits morceaux de matières dures ou endurcies, colorées naturellement ou artificiellement, qui sont fixées sur une surface à l'aide d'un ciment. Les pierres dures, les marbres et les pâtes de verre sont les matières le plus ordinairement employées dans ce genre de travail. »

A Rome, on possède encore de magnifiques exemples des mosaïques primitives ; à Sainte-Marie-Majeure, il y a une série de compartiments où sont figurées des scènes de la vie du Christ sur l'arc qui donne naissance à l'abside et des scènes de l'Ancien Testament sur les parois de la nef ; à Sainte-Pudentienne, la mosaïque absidale (4) représente le Christ sur un

---

(1) Cette basilique porte aujourd'hui le titre de Saint-Eutrope ; elle fut bâtie près de Saint-Allègre.

(2) « Quam basilicam cum fucis colorum adornare vellet, tenebat librum in sinu suo, legens historias actionum antiquarum, pictoribus indicans quæ in parietibus fingere deberent. *Hist*, 1, II c. XVII.

(3) *Histoire des arts industriels*, II, p. 333.

(4) C'est la plus ancienne que l'on connaisse.

trône entouré des apôtres. Dans la basilique des Saints-Cosme et Damien, la mosaïque de l'abside, qui date de 527, représente le Christ accompagné de saint René, saint Cosme et saint Félix à droite, et de saint Paul, saint Damien et saint Théodore à gauche.

En Allemagne et en France, les mosaïques furent plus rares.

Les chroniqueurs ecclésiastiques parlent de quelques mosaïques. Saint Grégoire de Tours (1) dit que l'évêque de Chalon-sur-Saône, Agricola, construisit une basilique soutenue par des colonnes et ornée de marbres de diverses couleurs ainsi que de peintures en mosaïque.

Le dôme d'Aix-la-Chapelle, construit par Charlemagne, était entièrement couvert de peintures en mosaïque qui furent exécutées par des ouvriers venus de Ravenne.

« De plus, depuis le commencement du ve siècle, on avait adopté l'usage de peindre les églises à l'intérieur (2). Chaque temple était comme une vaste galerie, où le talent pouvait se déployer sans obstacle. Charlemagne, homme de génie auquel rien n'était indifférent ou étranger, confirma cette latitude par une loi. Les envoyés royaux qui, plusieurs fois dans l'année, promenèrent sur tout l'empire la vigilance du monarque, *« étaient chargés, en inspectant les églises, d'examiner l'état où se trouvaient non seulement les murs, les pavés et les autres parties essentielles de l'édifice, mais encore la peinture,* ainsi que le témoignent les *capitulaires.*

« Des règlements désignaient les personnes qui devaient en-

<hr>

(1) *Hist. eccl. des Francs,* liv. V, ch. 46.
(2) Alfred Michiels, *L'architecture et la peinture en Europe.*

tretenir la dernière à leurs frais, en guise de contribution. Les oratoires même, que l'empereur faisait dresser au milieu des camps, étaient ornés sur toute leur surface d'images coloriées.

L'exemple de Charlemagne stimula les princes de l'Europe, les dignitaires de l'Eglise et spécialement les abbés. On historia jusqu'aux murailles des dortoirs et des réfectoires ; les miniatures des manuscrits devinrent plus nombreuses, les diptyques et les triptyques se multiplièrent. Le pauvre pèlerin eut lui-même de ces tableaux portatifs, devant lesquels il s'agenouillait sous l'aubépine en fleur, ou dans les humbles salles des hôtelleries. »

Pendant toute la période latine, les véritables artistes furent des moines. C'est dans les monastères que les arts et les sciences trouvèrent un refuge sacré pendant ces époques troublées, pendant ces siècles lugubres. Ailleurs que dans les monastères, ce n'était guère que barbaries et lamentables histoires.

Ecoutez ce récit que l'évêque Fortunat met dans la bouche de la fille des rois de Thuringe sainte Radegonde :

« J'ai vu les femmes traînées en esclavage, les mains liées et les cheveux épars ; l'une marchait nu-pieds dans le sang de son mari ; l'autre passait, pauvre femme, sur le cadavre de son frère. Chacun a eu de quoi pleurer, et moi j'ai pleuré pour tous. Souvent mes larmes cessent de couler, mes soupirs ne s'entendent plus, et mon chagrin ne se tait pas ; j'écoute avidement si la brise m'apportera le bonjour de quelqu'un ; mais non, de tant d'ombres de mes parents aucune ne m'apparaît. »

Dans cette triste époque, on ne trouve guère que les moines ayant conscience de l'état mental de la société : « J'ai cherché, dit Frédégaire, à mettre en ordre les événements de mon temps, comme avaient fait ces hommes si sages qui ont écrit avec pureté, s'exprimant comme la plus pure des fontaines qui couleraient en abondance. Je voulais, moi aussi, imiter leur éloquence, tâcher du moins de m'en approcher un peu. Mais il est cher de puiser là où l'eau manque. Le monde vieillit, l'aiguillon de l'intelligence s'énerve en nous, et il n'y a personne de nos jours qui ait la prétention de se comparer aux orateurs du temps passé. »

C'est dans le fond des monastères que les religieux pratiquent les arts du temps et sauvent la civilisation.

Les peintures exécutées par des moines étaient de puissants moyens d'éducation et on peut dire que plus d'une fois cet enseignement opéra la conversion de populations barbares. Une pieuse légende raconte qu'au ixe siècle, le roi des Bulgares, Bogoris, appela à Nicopolis le moine Méthodius, peintre grec, natif de Thessalonique, pour lui faire décorer la grande salle des festins dans son palais. Méthodius peignit un jugement dernier; on y voyait à droite les anges et les élus en prière autour du Sauveur ; à gauche, les damnés que les diables entraînaient dans les flammes et tourmentaient dans de terribles supplices. Bogoris se fit expliquer le tableau et il en fut si épouvanté qu'il se fit chrétien.

Un moine du nom de *Théophile,* qui a joui d'une grande célébrité et qu'on croit avoir vécu vers le xe siècle, a laissé un traité de peinture où l'on voit qu'il considère les arts comme destinés uniquement à la décoration des églises.

« O toi qui liras cet ouvrage, dit-il, dans l'introduction, qui que tu sois, ô mon cher fils ! je ne te cacherai rien de ce qu'il m'a été possible d'apprendre. Je t'enseignerai ce que savent les Grecs dans l'art de mélanger et de choisir les couleurs ; les Italiens, dans la fabrication de l'argenterie, le travail de l'ivoire, l'emploi des pierres fines ; la Toscane, particulièrement dans le vermeil et la fonte des nielles ; l'Arabie, dans la damasquinerie ; l'Allemagne, dans le travail de l'or, du cuivre, du fer, du bois ; la France, dans la construction de ses brillants et précieux vitraux.

« Recueille et conserve, mon cher fils, ces leçons que j'ai apprises moi-même dans beaucoup de voyages, de travaux et de fatigues, et quand tu les posséderas, loin d'en être avare, transmets-les toi-même à d'autres disciples. Nécessaires à l'embellissement des temples, ces connaissances sont l'héritage du Seigneur. »

Les artistes du commencement de l'ère chrétienne eurent beaucoup à lutter.

Les premiers chrétiens étaient peu encouragés aux représentations plastiques. Ils se heurtaient aux défenses des Saints et des Pères de l'Église. Les talents que les artistes grecs avaient déployés dans la confection des statues étaient signalés par les chrétiens comme un danger véritable.

« Nous apprenons de Varron, dit saint Clément d'Alexandrie, qu'à Rome la première statue de Mars fut une lance ; c'était bien avant que la sculpture eût atteint la perfection merveilleuse, mais funeste. qu'elle eut depuis. Il est à remarquer qu'à mesure que cet art s'est développé, l'erreur a fait des progrès : avec le bois, la pierre et toute autre matière, on a fait des statues à figure humaine, on s'est prosterné devant elles ; le mensonge a voilé la vérité. ».

Le même Père ajoute un peu plus loin : « Les ouvriers qui fabriquent ces jouets si dangereux, je veux dire les sculpteurs, les peintres, les orfèvres, les poètes, en produisent des quantités effroyables ; ils remplissent les champs de statues, les forêts de nymphes, etc... Pour nous, il nous est clairement défendu d'exercer un art qui pourrait tromper les hommes. Vous ne ferez, dit un prophète, aucune image, soit des choses qui sont au ciel, soit des choses qui sont sur la terre. »

Les premiers Pères chrétiens lançaient donc des anathèmes contre l'art ; et c'est en invoquant leurs préceptes et leurs exemples que les iconoclastes, les hussites, les sectes protestantes, ont proscrit les arts religieux autres que l'architecture, art indispensable.

Il faut dire, à sa louange, que l'*Église catholique romaine a toujours protesté par l'organe de ses papes*, et malgré les Pères, elle a toujours maintenu le culte des images. L'art chrétien remonte même aux siècles apostoliques et les premiers chrétiens ont toujours admis les représentations de leur culte.

On a cherché à savoir à quelle époque les chrétiens ont commencé à faire des images religieuses. On pense aujourd'hui que ces antiques images ne sont pas l'œuvre des chrétiens orthodoxes et se rattachent plutôt aux premières hérésies.

M. Raoul Rochette, dans un discours sur l'art du christianisme, attribue aux gnostiques les premières images du Christ :

« C'est pour l'usage des gnostiques, dit-il, et par la main de ces sectaires, qui avaient entrepris, à diverses époques et sous mille formes différentes, d'opérer une combinaison monstrueuse de quelques-uns des dogmes du christianisme et des superstitions païennes, que furent fabriquées d'abord de petites figures du Christ, dont ils rapportaient le premier modèle à Pilate lui-même, par une supposition qui ne pouvait tromper que les plus ignorants de leurs adeptes. Ces statuettes se faisaient d'or ou d'argent, ou d'autre matière, à l'instar de celles de Pythagore, de Platon, d'Aristote et des autres sages de l'antiquité, que les sextaires exposaient, couronnées de fleurs, dans leurs conciliabules, et qu'ils honoraient toutes d'un même culte. Telle est en effet l'assertion positive de saint Irénée, confirmée ou du moins reproduite par saint Épiphane. Cette superstition, qui admettait pareillement les images peintes du Christ, était surtout en vogue chez les gnostiques de la secte de Carpocrate ; et l'histoire a conservé le nom d'une femme, Marcellina, affiliée à cette secte, pour la propagation de laquelle elle s'était rendue du fond de l'Orient à Rome, et qui, dans l'espèce de petite église gnostique qu'elle y dirigeait, exposait à l'adoration de ses fidèles des images de Jésus et de saint Paul, d'Homère et de Pythagore. Ce fait, qui repose sur le témoignage grave de saint Augustin, se trouve d'ailleurs parfaitement d'accord avec le trait si célèbre de l'empereur Alexandre Sévère qui avait placé dans son laraire, entre les images des philosophes et des princes les plus révérés, les portraits du Christ et d'Abraham, avec ceux d'Orphée et d'Apollonius de Tyane, et qui leur rendait indistinctement un culte divin ; en sorte qu'on ne saurait douter que cette association bizarre n'ait eu lieu dans le sein de certaines écoles néoplatoniciennes, comme de plusieurs sectes gnostiques ; et de là on peut conclure que c'est par le fait de ces images, fabriquées de main gnostique, que les chrétiens se laissèrent induire à les adopter pour leur propre usage, à mesure que l'opinion de l'Église se relâcha de son ancienne aversion pour les monuments de l'idolâtrie. Il y a toute apparence, en effet, que, dès le commencement du troisième siècle, les images du Christ circulaient dans les mains des fidèles, de ceux du moins du dernier ordre, particulièrement à Rome, où le gnoticisme avait obtenu à cette époque tant de faveur et gagné tant de prosélytes. »

Une autre cause venait encore augmenter la répulsion que les Pères de l'Église avaient pour les représentations figurées : ils s'imaginaient que les idoles étaient habitées par des esprits malfaisants. Un des plus célèbres d'entre eux, Minutius Félix, s'exprime ainsi : « Or ces esprits impurs, c'est-à-dire les démons, ainsi que l'ont démontré les magiciens, les philosophes et Platon lui-même, se tiennent cachés sous les statues et les idoles que vous consacrez. Par leur inspiration, ils acquièrent pour ainsi dire l'autorité d'une divinité présente... »

C'est vers la fin du ve siècle, sous l'empereur Zénon, que paraît avoir pris naissance la secte des iconoclastes.

Saint Jean Damaxène qui fut un des plus grands ennemis des iconoclastes, disait : « Puisque celui qui ne peut être vu a pris un corps et s'est montré, fais donc son image. Puisque l'être qui, comme Dieu, n'a ni quantité, ni dimension, ni qualité, a pris la forme d'un esclave, s'est rapetissé à la quantité et à la qualité, s'est revêtu de la forme d'un corps, peins-le sur des tableaux. Montre publiquement celui qui a voulu se montrer. »

« Ne nous faisons pas de fausses idées, dit Emeric David (1), sur l'hérésie des iconoclastes. Jamais, en détruisant les images religieuses, ni Léon l'Isaurien ni ses successeurs n'eurent le projet d'anéantir l'art. Leurs portraits, ceux de leurs épouses et de leurs fils, ne cessèrent point d'être offerts dans toutes les villes de l'empire aux hommages de leurs sujets. Les habitations de ces monarques fastueux offraient une magnificence excessive. Les murs, les plafonds, les pavés de leurs vastes palais, étaient couverts de peintures et de mosaïques où l'on voyait représentés des marines, des paysages ornés de figures, des chasseurs combattant contre les bêtes féroces, et même des sujets historiques. Souvent ils faisaient tracer des peintures allégoriques dans les temples, à la place des images qu'ils avaient brisées. Plus les bourreaux d'ailleurs appelaient de peintres au martyre, plus il s'en formait de nouveaux. Les bois, les antres en étaient peuplés. Si on leur brûlait ou si on leur coupait les mains, la Vierge, disait-on, leur en ren-

---

(1) *Histoire de la peinture au moyen âge.*

dait l'usage. Chaque jour des miracles de ce genre, recueillis par la piété ou par le fanatisme, réchauffaient leur enthousiasme et excitaient de nouveau leur dévouement. Non seulement enfin le fer des iconoclastes n'interrompit point la filiation des peintres grecs, mais il y a lieu de croire que la persécution en augmenta le nombre... L'hérésie des empereurs d'Orient contribuait à la corruption du goût par l'exaltation même qu'elle produisait dans les esprits. Brûlant d'un amour fanatique pour les images qu'on lui voulait arracher, le grec persécuté abjura les lumières et la critique qui avaient honoré ses ancêtres ; il se prosterna devant les tableaux les plus grossiers, les adora, les couvrit de baisers, et ne se permit plus d'en considérer l'exécution ; à peine osa-t-il même les regarder. Dans toute la chrétienté, les peuples encensèrent des peintures barbares qu'on disait descendues du ciel. C'est de cette époque que datent tant d'images archeïro-poïetes, qui attestent encore aujourd'hui l'ignorance des peintres qui les exécutèrent. »

Il ne faut pas se méprendre. Si un grand nombre des premiers Pères de l'Église attaquaient les arts, il faut entendre par là que c'était surtout leur application païenne qu'ils entendaient poursuivre. D'ailleurs, ils n'en pouvaient guère concevoir une autre, et c'est ce qui explique leur colère et leur persistance.

L'Église ne se prononça jamais. Elle sembla attendre, pour ainsi dire, que le cours des choses se prononçât à sa place. Les papes comprirent bien que les iconoclastes privaient le culte d'un appui physique dont il avait besoin et ils résistèrent avec énergie aux iconoclastes.

Au v° siècle, vers l'an 485, un esclave fugitif mandchéou non baptisé, nommé évêque d'Héliopolis par Pierre Foulon, hérétique et faux patriarche d'Antioche, voulut abolir les images dans son église, mais il n'entraîna personne dans son sacrilège. Un siècle après, Sérénus, évêque de Marseille, mal conseillé et par un déplorable excès de zèle, abattit les images dans son diocèse. Saint Grégoire le Grand, tout en le louant de ses intentions, en blâma le dérèglement et lui intima l'ordre de rétablir les images en instruisant ses fidèles de l'usage qu'ils devaient en faire.

En 727, l'empereur Léon ébranlé par les doctrines de Mahomet, et encouragé dans son erreur par un apostat, devint le promoteur de la secte des iconoclastes malgré les énergiques efforts de saint Germain de Constantinople.

Mais l'utilité des images ne fut pas longtemps ébranlée et l'Église sut toujours conjurer un danger qui ne pouvait égarer les chrétiens sagement enseignés sur l'usage qu'ils devaient en faire.

Saint Jean Damascène dit encore : «..... Mais, depuis que Jésus-Christ s'est fait homme, vous pouvez peindre sa naissance de la Vierge, son baptême dans le Jourdain, sa transfiguration sur le Thabor, ses tourments, sa croix, sa sépulture, sa résurrection, son ascension. Exprimez tout cela par des couleurs aussi bien que par des paroles. *Ne craignez rien.* » Il explique ensuite les différentes significations du mot *image* et du mot adoration.

En 727, l'empereur Léon attaqua les images, mais le patriarche de Constantinople, saint Germain, lui résista fortement, soutenant que les images avaient toujours été en usage dans l'Église, et déclarant qu'il était prêt à mourir pour leur défense.

En 732, le pape Grégoire III assembla un concile à Rome. En ce concile, il fut ordonné que quiconque mépriserait l'usage de l'Église, touchant la vénération des saintes images, quiconque les ôterait, les détruirait, les profanerait ou en parlerait avec mépris, serait privé du corps et du sang de Jésus-Christ et séparé de la communion de l'Église.

« ..... Le fils de Dieu est l'image vivante du père ; les idées de Dieu sont les images des choses insensibles. Ainsi l'Écriture, pour s'accommoder à notre faiblesse, attribue quelquefois à Dieu des figures corporelles.... On nomme encore image ce qui concerne la mémoire des choses passées, soit par lettres comme quand Dieu écrivit sa loi sur des tables, et ordonna d'écrire la vie des hommes qui lui étaient chers, soit par d'autres monuments sensibles, comme l'urne et la verge qu'il fit garder dans l'Arche.... Le temple de Salonon était orné tout à l'entour de chérubins, de palmes, de grenades, de bœufs, de lions. N'est-il pas plus décent d'orner les murailles de la maison de Dieu d'images des saints que d'animaux sans raison ? »

Il cite encore les passages des Pères qui ont écrit en faveur du culte des images : saint Denis l'Aréopagite, saint Grégoire de Nysse, saint Jean Chrysostome, saint Léon, évêque de Nagles en Chypre, et sur ce dernier il ajoute :

« Quel est le meilleur interprète, de saint Épiphane, ce saint évêque qui a prêché dans la même île de Chypre, ou ceux qui parlent selon leur sens particulier ?... Nous ne souffrirons pas qu'il paraisse que nous ayons eu divers sentiments et varié selon le temps, de peur que les fidèles ne regardent notre foi comme un jeu et une raillerie... N'ébranlez pas les bornes éternelles plantées par vos pères qui ont établi les usages de l'Eglise, non seulement par leurs écrits, mais par la tradition..... »

Saint Grégoire s'exprimait ainsi sur l'utilité des images :

« J'ai appris, il y a longtemps, que voyant quelques personnes adorer les images de l'Église, vous les aviez brisées et jetées dehors. Je loue votre zèle pour empêcher que ce qui est fait de main d'homme ne soit adoré ; mais je crois que vous ne deviez pas briser ces images, car on met des peintures dans les églises, afin que ceux qui ne savent pas lire, voient sur les murailles ce qu'ils ne peuvent apprendre dans les livres. Vous devez donc les garder et détourner le peuple de pécher en adorant ces images. »

.... « Dites-moi, mon frère (en écrivant à Sérénus, qui avait fait briser des images), quel évêque avez-vous jamais ouï dire qui en ait fait autant ? Cette seule considération ne devrait-elle pas vous retenir, afin de ne pas paraître seul pieux et sage au mépris de vos frères ?

..... « Si quelqu'un veut faire des images, ne l'empêchez pas, défendez seulement de les adorer. La vue des histoires doit exciter en eux la componction, mais ils ne doivent se prosterner que pour adorer la Sainte-Trinité. »

Du VIIe au Xe siècle, la Lombardie fut le théâtre d'une renaissance artistique. On donna le nom de *lombard* au nouveau style qui se forma.

Le plan de la basilique latine fut presque toujours adopté dans les églises lombardes (1). Les bas-côtés furent surmontés de galeries.

La plupart de ces églises furent construites en briques.

Les cryptes s'étendirent sous tout le presbyterium et formèrent de véritables chapelles souterraines à plusieurs nefs voûtées.

Les Lombards ont montré dans le système décoratif de leurs églises une préférence presque exclusive pour la sculpture.

« Tandis que, dans les églises byzantines (2), dit de Dartein, les revêtements composent presque toute la décoration et que la sculpture joue un rôle accessoire, dans les églises lombardes, c'est l'inverse qui a lieu. On peut même dire que, dans ces dernières, les revêtements deviennent un objet de luxe, attendu que les membres principaux de la construction se trouvent complètement décorés par le fait de leur structure, et que, par suite, les parois à revêtir se réduisent à des surfaces de remplissage.

« Or, ce sont là des parties secondaires que l'on peut fort bien se dispenser d'orner. La sculpture, au contraire, naturellement appelée à décorer les nombreux chapiteaux des piliers, les archivoltes multiples des baies, les consoles des arcatures, en un mot, toutes les pièces de l'appareil sur lesquelles une fonction spéciale réclame qu'on attire l'at-

---

(1) Le plus bel exemple qu'on puisse donner, c'est l'*église Saint-Ambroise* à Milan.
(2) *Etude sur l'architecture lombarde*, 1re partie, p. 58.

tention, devient un élément décoratif d'une importante capitale. »

L'empereur Charlemagne, au commencement du ixe siècle, essaya de faire une renaissance des arts dans l'Europe occidentale. Ne trouvant pas en Allemagne et dans les Gaules des artistes capables d'élever et de décorer des monuments religieux, il en fit venir de l'Italie et de l'Orient. Ces artistes élevèrent, dans son vaste empire, plusieurs édifices tels que l'*église d'Aix-la-Chapelle* et l'*oratoire du château de Nimègue*.

Tous ces édifices de l'époque carlovingienne reproduisent plus ou moins fidèlement le plan de saint Vital de Ravenne.

Plus tard, on éleva, à l'imitation de l'église d'Aix-la-Chapelle : au xe siècle, l'église abbatiale d'Essen ; au xie siècle (entre 1050 et 1059), celle d'Ottmarsheim, en Alsace.

« Tous les arts, dit Emeric David (1), en parlant de Charlemagne, retrouvaient une nouvelle activité, à la voix d'un prince si propre à régénérer l'Europe. Par ses lois, il forçait les prélats à multiplier les productions de la peinture et de la sculpture, et il les y invitait par son exemple. Tandis que la peinture, la scuplture, l'art de la mosaïque et celui de la fabrication des vitraux enrichissaient à l'envi l'église, les palais et les thermes d'Aix-la-Chapelle ; tandis que les églises de Fulde, de Trèves, de Salzbourg, de Saint-Gall. abondaient en monuments de tous les genres, la France se couvrait pareillement de nouveaux édifices. On rétablissait en même temps, on décorait les anciens, si ce n'est avec goût, du moins avec toute la magnificence à laquelle il était possible d'atteindre.

---

(1) *Histoire de la sculpture française.*

« Sous le règne de Charlemagne, Angilbert, abbé de Saint-Riquier, fait sculpter sur le portail de son église une représentation de la Nativité et place, dans l'intérieur, de nombreuses figures, où l'on voit des traits de la vie du Sauveur, savoir : au fond du chœur, la Passion ; au nord, la Résurrection ; et au midi, l'Ascension. Le tout est figuré en plâtre et en ronde-bosse, et accompagné de dorures et de mosaïques : *ex gypso figuratæ, et auro, musivo, aliisque pretiosis coloribus compositæ*. Son église est pavée de marbre et de porphyre. Il donne un calice en or et deux devants d'autel en or et en argent, revêtus d'images d'animaux et de figures humaines en bas-reliefs (1).

Sous les successeurs de Charlemagne, les dissensions intérieures ne furent pas favorables aux arts.

« Reportons-nous par la pensée au ix° siècle, dit Viollet-le-Duc (2), et examinons un instant ce qu'était alors le sol des Gaules et d'une grande partie de l'Europe occidentale. La féodalité naissante mais non organisée, la guerre, les campagnes couvertes de forêts, en friche, à peine cultivées dans le voisinage des villes; les populations urbaines sans industrie, sans commerce, soumises à une organisation municipale décrépite, sans lien entre elles ; des villæ chaque jour ravagées, habitées par

____

(1) *Vita S. Angilb.* ; apud d'Achery et Mabill. *Acta SS. ord. S. Bened.*, t. V, p. 109 ad 127.

(2) *Dictionnaire d'architecture*, I, p. 122.

des voleurs ou des serfs dont la condition était à peu près la même ; l'empire morcelé, déchiré par les successeurs de Charlemagne et les possesseurs des fiefs. Partout la force brutale imprévoyante. Au milieu de ce désordre, seule, une classe d'hommes (les religieux) n'est pas tenue de prendre les armes ou de travailler à la terre : elle est propriétaire d'une portion notable du sol ; elle a seule le privilège de s'occuper des choses de l'esprit, d'apprendre et de savoir..... C'est dans le sein de cette classe, c'est à l'abri des murs du cloître que viennent se réfugier les esprits élevés, délicats, réfléchis ; et chose singulière, ce sera bientôt parmi ces hommes en dehors du siècle que le siècle viendra chercher ses lumières. Jusqu'au XIe siècle, cependant, ce travail est obscur, lent ; il semble que les établissements religieux, que le clergé, sont occupés à rassembler les éléments d'une civilisation future..... Cependant ce travail obscur du cloître allait se produire au jour. »

En France on possède quelques monuments remarquables de style latin où l'on retrouve en grande partie les anciennes habitudes des architectes romains : tels sont l'église de Cavaillon. le portique de la cathédrale d'Aix, l'antique cathédrale de Vaison, l'église de la Basse-Œuvre à Beauvais, la crypte de l'église paroissiale de Jouarre, l'église de Saint-Jean à Poitiers.

L'église de la Basse-Œuvre, à Beauvais, qui succéda à un temple païen, fut reconstruite en partie vers le VIIIe siècle. Cette ancienne cathédrale, aujourd'hui presque détruite, forme un vaste rectangle contenant une nef et des bas-côtés. Les arcades en plein cintre qui séparent la nef des ailes sont supportées par des piliers carrés à angles tronqués. L'église était éclairée par cinq fenêtres cintrées sur chaque côté. La façade se termine par un fronton triangulaire, au centre duquel est une grande croix ; on voit à l'extérieur des personnages sculptés d'une manière assez grossière.

La *crypte de Jouarre* se trouve dans l'ancien cimetière de l'église paroissiale de Jouarre, près Meaux. Cette crypte, extrêmement curieuse, est considérée comme un des plus anciens monuments du christianisme en France. Cette chapelle souterraine a des voûtes à plein cintre soutenues par des colonnes différentes de hauteur, de couleur et de nature, et toutes surmontées de chapiteaux variés et formées de marbres étrangers et très précieux : on suppose qu'elles ont été arrachées à des temples païens, selon l'usage du temps.

L'*église Saint-Jean* à Poitiers est un des monuments religieux des plus anciens qui existent en France. Elle présente une façade divisée en trois zones. Cette église paraît avoir été primitivement un baptistère. La Société des Antiquaires de l'Ouest y a établi son musée.

L'ART CHRÉTIEN ORIENTAL

OU BYZANTIN

SOMMAIRE

C'est à partir du ive siècle que s'est développé dans l'empire d'Orient l'*art byzantin*, qui se conserve encore aujourd'hui. mais bien affaibli, dans les pays de religion grecque.

L'art byzantin a aussi reçu le nom d'*art chrétien oriental*. Il a pris naissance quand l'empereur Constantin transporta à Byzance la capitale de son empire.

Cet art a tenu en très grande partie de l'art antique. En effet, quand les artistes byzantins créèrent le *style byzantin*, leur imagination était pleine de souvenirs de la Grèce antique, de sa belle civilisation, car ils vivaient sans cesse au milieu de ses chefs-d'œuvre. La puissance des traditions grecques s'était conservée tout entière, et le charme des vieilles légendes mythologiques, la beauté incomparable et pénétrante des œuvres grecques vinrent troubler les artistes chrétiens de Byzance. Ils mirent dans leurs œuvres d'art chrétien quelque chose de la grandeur, de l'harmonie, de la noblesse, de la beauté de certains types de la plus belle époque grecque, dont ils avaient sous les yeux les antiques modèles.

Mais si l'art grec est pour beaucoup dans les œuvres des artistes byzantins, il ne faut pas méconnaître qu'on y rencontre aussi des influences étrangères, notamment des influences de l'Extrême-Orient, de la Perse, de la Syrie.

La population de Constantinople se rattachait à ces pays, dont elle était originaire ; de plus, les rapports commerciaux ou politiques avec ces pays étant devenus fréquents, la civilisation et par suite les arts devaient se ressentir de ces contacts.

Cette influence a été surtout sensible dans les arts décoratifs. C'est évidemment chez les Orientaux de l'Asie que les Byzantins ont puisé ce goût décoratif, empreint de luxe et de richesse, ce goût des ornements détaillés empruntés à la flore et à la faune de ces pays.

On retrouve, et c'est là une preuve convaincante, sur les ornements indiens ou persans les mêmes ornements, les mêmes animaux bizarres ou les fleurs fantastiques des œuvres byzantines.

Si l'art byzantin a emprunté aux Grecs, aux peuples de l'Extrême-Orient, il n'en a pas moins été *créateur*, car c'est à lui que revient le grand honneur d'avoir, le premier, compris les règles véritables de la *décoration religieuse*, d'avoir donné un *type individuel* bien marqué aux pures conceptions de la religion chrétienne. Les dieux, les héros de la statuaire grecque sont sans âme ; le Dieu, les saints et les statues des artistes byzantins ont une *âme*, et les sentiments, les passions qui les animent ont été exprimés avec force, avec une réelle grandeur. On peut même dire, à ce sujet, que dans l'art religieux, les artistes byzantins ont été de *grands maîtres dans l'art chrétien* ; d'ailleurs, quand aujourd'hui nos artistes modernes veulent faire revivre cet art religieux, malheureusement presque disparu, qui s'adresse surtout au cœur, c'est aux vieux maîtres de Byzance qu'ils vont demander de l'inspiration et des modèles.

L'architecture byzantine se forma sous l'influence du mélange de l'imitation de l'architecture gréco-romaine avec le style asiatique et fantastique de la Syrie.

Les architectes byzantins rendirent aux colonnes leur rôle de supports, ils adoptèrent aussi le pilastre isolé à la place de la colonne. D'après ce système il fallut évaser le chapiteau qui affecta alors la forme d'une pyramide tronquée, renversée sur sa pointe.

Ce qui caractérise surtout l'architecture religieuse byzantine c'est la *coupole*.

« On voyait partout des arcs sur des arcs, dit M. Hope, des coupoles sur des coupoles ; toutes les surfaces rectilignes, carrées, angulaires des temples d'Athènes, se changèrent dans les églises de Constantinople en surfaces circulaires et curvilignes, concaves à l'intérieur, convexes à l'extérieur. Les Romains avaient commencé par priver l'architecture des anciens Grecs de tout ce qu'elle avait de rationnel et de conséquent ; mais ce fut la Grèce chrétienne qui effaça les dernières traces encore respectées par les Romains, et le même peuple qui avait créé l'architecture grecque lui porta aussi les derniers coups. »

Ordinairement les nefs byzantines sont surmontées de plusieurs coupoles : la principale qui est plus vaste et plus élevée que les autres se trouve au centre de la croix. Les autres plus petites sont placées sur le sanctuaire, sur les deux transepts et sur la partie antérieure de la nef principale.

Ces coupoles, dorées et décorées de peintures, reposent sur des piliers appelés pendentifs. « Cherchant les effets surprenants, dit M. Viollet-le-Duc, les tours de force en architecture, ils voulurent poser la voûte hémisphérique romaine sur quatre points d'appui au moyen de pendentifs, et tentèrent, comme dans la construction de Sainte-Sophie, de donner à ces coupoles ainsi suspendues sur quatre piles seulement, des dimensions jusqu'alors inconnues. »

Quand les artistes chrétiens d'Orient eurent pillé les temples païens et qu'ils ne trouvèrent plus de colonnes pour mettre dans les édifices de leur culte, ils transformèrent l'architecture. « D'abord, dit Viollet-le-Duc, ils abandonnèrent les ordres romains composés de colonnes avec leur entablement complet, et n'employèrent plus la colonne que comme un point d'appui rigide, pour porter, non plus des plates-bandes, mais des arcs ; bientôt ils n'admirent plus les chapiteaux corinthiens ou composites, qui ne présentaient pas une assiette supérieure assez large pour recevoir les sommiers de ces arcs, et qui semblaient grêles et trop refouillés sous les masses de construction dont on les chargeait ; ils évasèrent donc le chapiteau, élargirent son tailloir et ne couvrirent ses faces nues que de fines sculptures peu saillantes qui ne pouvaient en altérer la solidité.

L'influence assyrienne, se fait aussi sentir dans l'architecture bysantine, car les architectes primitifs qui ont construit les premiers monuments ont reproduit et imité les formes usitées à Ninive et à Babylone.

Un des plus beaux et des plus grands exemples de l'architecture byzantine c'est *Sainte-Sophie de Constantinople* (1).

En même temps que commençait le concile de Nicée, la vingtième année du règne de Constantin, on éleva à Constantinople ce temple à *sainte Sophie*, c'est-à-dire à la *sagesse divine* (2).

« La sagesse, dit M. Didron (3), est l'unité morale d'où procèdent, comme les filles d'une mère commune, la Foi, l'Espérance et la Charité. La vive imagination byzantine a donné la vie à ces trois filles de la Sagesse et à la Sagesse leur mère. On lit dans les légendes la vie de sainte Sagesse, mère de trois filles d'une rare beauté, sainte Foi, sainte Espérance et sainte

---

(1) Aujourd'hui c'est une mosquée.
(2) *Sophie* veut dire *sagesse*.
(3) *Histoire de Dieu*.

Charité. La mère et les filles, converties au christianisme, baptisées, prêchant la vérité et convertissant à leur tour une immense quantité de païens, sont persécutées. Amenées devant un proconsul, elles refusent de sacrifier aux faux Dieux ; on les torture et on finit par les décapiter. Un couvent du mont-Athos contient, peinte sur le mur, la légende entière de cette intéressante famille, depuis sa naissance jusqu'à sa mort ; dans la cathédrale de Cantorbéry, parmi les reliques des vierges, on possédait celles de sainte Sagesse et de ses filles Foi, Espérance et Charité.

« La dédicace eut lieu le 27 décembre 537, et quand Justinien eut vu cette magnifique construction terminée, il s'écria : « Gloire à Dieu qui m'a jugé digne d'accomplir cet ouvrage ! Je t'ai vaincu, ô Salomon ! »

Sainte Sophie a la forme rectangulaire (77 mètres de longueur), et sa coupole qui s'élève à 179 pieds au-dessus du sol a un diamètre de 31 mètres.

« L'église, dit M. Texier, est bâtie sur un plan carré de 81 mètres de long sur 60 de large ; au centre de ce carré s'élève la coupole, dont le diamètre, de 35 mètres, détermine la largeur de la nef ; la coupole est supportée par quatre grands arcs qui forment quatre pendentifs ; sur les deux arcs perpendiculaires à l'axe de la nef s'appuient deux voûtes hémisphériques, qui donnent au plan de la nef une forme ovoïde ; chacun de ces deux hémisphères est lui-même pénétré par deux hémisphères plus petits, qui sont soutenus par des colonnes. Cette superposition de coupoles, dont les points d'appui ne sont pas apparents, donne à toute la fabrique un aspect de légèreté inimaginable..... »

Quarante fenêtres ouvertes à la base de la coupole produisent un effet vraiment grandiose.

« Quoique la disposition de Sainte-Sophie, dit M. de Dartein (1), considérée en détail, semble fort compliquée, elle produit un effet d'ensemble saisissant. Les éléments si divers qui la composent, coupole, demi-voûtes sphériques, voûtes d'arête, colonnes, piliers, contreforts, sont combinés de la manière la plus heureuse et la plus originale ; et en même temps, la forme basilicale reste parfaitement marquée. Mais si le plan appartient au type de la basilique, il n'en est pas de même en ce qui concerne l'aspect général du monument. La partie dominante, celle qui captive les regards et absorbe l'attention, est la grande coupole centrale, très largement éclairée et magnifiquement décorée. L'abside n'est mise en évidence ni par sa dimension, ni par la richesse plus grande de ses ornements. Elle ne produit guère plus d'effet que l'une des quatre niches qui flanquent les hémicycles. Les bas côtés largement ouverts sur la coupole, le sont fort peu vers le sanctuaire. Tout l'intérêt se rapporte donc à la coupole, et l'abside, réduite à faire pendant à l'entrée principale, ne joue qu'un rôle secondaire. Dans les basiliques latines, au contraire, les trois nefs forment comme trois avenues dont l'ordonnance uniforme conduit le regard et la pensée jusqu'à l'abside. L'effet grandiose de l'arc triomphal, les mosaïques qui décorent ses tympans et celles qui ornent la voûte du sanctuaire, désignant celui-ci comme la partie essentielle de l'édifice : il y a une harmonie parfaite entre le caractère de

______

(1) *Étude sur l'architecture lombarde*, 1re partie, p. 34.

l'architecture et la pensée religieuse qu'il doit interpréter. »

Après Sainte Sophie de Byzance, un des monuments les plus importants de l'architecture religieuse byzantine, c'est l'*église Saint-Vital* de Ravenne.

« Le plan de Saint-Vital, dit M. Batissier (1), est un octogone sur l'un des côtés duquel se trouve un portique rectangulaire, décoré de colonnes. La forme extérieure de cette église se reproduit au dedans. Sa capacité est divisée circulairement par huit forts piliers, dans les intervalles desquels sont placées deux colonnes qui se répètent à l'étage supérieur, où elles forment une série de tribunes, comme on en voit dans toutes les basiliques grecques. La voûte hémisphérique qui couronne le monument est portée sur un mur construit avec plusieurs rangs de vases en terre cuite ayant la forme d'amphores et enchâssés les uns dans les autres. La voûte, ou coupole, est elle-même bâtie de la même manière. Elle est formée d'un double rang, décrivant une spirale, de vases plus petits que les précédents, également adaptés les uns au bout des autres. Un ciment très dur, avec des mosaïques sur fond d'or, recouvrait toute la face concave de la coupole. »

Parmi les autres églises de style byzantin, les plus remarquables, citons : l'*Eglise de Sainte-Sophie* à Salonique, l'*Eglise des Saints-Apôtres* à Saint-Serge, l'*Eglise de Saint-Apollinaire* à Ravenne, l'*Eglise de la Mère-Dieu* à Constantinople, l'Eglise

---

(1) *Histoire de l'art monumental.*

monastique de Pantonator (aujourd'hui mosquée de Kitisse Dschami) dans la vieille ville, etc.

* *
*

La peinture byzantine a commencé par la décoration des églises au moyen de *fresques* ou de tableaux.

Dans la décoration des églises byzantines, les artistes reproduisent les épisodes de l'Ancien et du Nouveau Testament en suivant l'ordre chronologique.

« Dans le temple, de chaque côté, écrivait saint Nil, on couvrira les murailles de scènes de l'Ancien et du Nouveau Testament, peintes par un bon artiste ; ainsi ceux qui ne connaissent pas les lettres et ne peuvent lire les saintes Ecritures, apprendront par ces peintures les belles actions de ceux qui ont servi Dieu fidèlement (1). »

La peinture devient donc une vaste histoire sainte coloriée. Les artistes se mettent alors à reproduire des scènes lugubres de martyre que les premiers chrétiens évitaient avec tant de soin. Un écrivain du IVe siècle montre qu'on ne craignait pas alors de montrer avec un brutal réalisme des scènes au caractère le plus cruel. En parlant d'une représentation du martyre de sainte Euphémie, il écrit :

« Les bourreaux accomplissent leur tâche ; l'un d'eux a saisi la tête de la vierge et la renverse en arrière ; il la maintient ainsi immobile, exposée aux tortures ; l'autre lui arra-

---

(1) Saint Nil, *Lettres*, I, IV, n° 61.

che les dents. On voit les instruments du supplice, un maillet et un fouet ; mais ici je fonds en larmes, et la douleur me coupe la parole, car le peintre a si distinctement rendu les gouttes de sang qu'il semble qu'on les voit couler et qu'on s'éloigne en sanglotant (1). »

La décoration intérieure des églises byzantines « consiste surtout, dit M. de Dartein (2), en revêtements de diverses natures, placages en marbre et mosaïques, appliqués sur les piliers, les murailles et les voûtes. Les archivoltes et les arcs, appareillés en petits matériaux, sont décorés souvent de la même manière, en sorte que le rôle de la sculpture se réduit à orner les parties de la construction qu'une destination spéciale oblige à exécuter en blocs de pierre isolés ou saillants, telles que les bases, chapiteaux et sommiers des colonnes.... Cette décoration, qui ne fait que revêtir les membres des édifices, convient sans doute parfaitement pour orner de grandes masses, de vastes surfaces lisses, formées de matériaux petits et grossiers (3). »

---

(1) Asterius, *Sermon en l'honneur de sainte Euphémie*.

(2) *Etude sur l'architecture lombarde*, 1re partie, p. 56.

(3) « La décoration orientale est plutôt riche que réellement belle, mais il faut dire qu'elle se prête admirablement à l'ornementation de vastes surfaces comme celles qu'elle était appelée à traiter, et qu'en négligeant la forme pour s'emparer de la couleur, elle a obéi à la nécessité de position. A l'orient la couleur, à l'occident la forme ; cette division est fondamentale. » L. Reynaud, *Traité d'architecture*, t. II, p. 233.

Non seulement à Sainte-Sophie, mais dans un grand nombre d'églises des vi⁰ et vii⁰ siècles, la mosaïque byzantine prodigue ses richesses décoratives et se traduit en des œuvres magistrales :

« Les artistes, dit M. Bayet (1), se plaisent à représenter de vastes compositions dont tous les détails se détachent nettement ; ils évitent les sujets où un grand nombre de figures se mêlent les unes aux autres ; ils s'attachent de préférence à ceux où l'action est presque nulle, les attitudes calmes et régulières, où l'on peut ranger les personnages de manière à ne point troubler la disposition uniforme de l'ensemble. Quelquefois même, ils se placent autant d'un côté que de l'autre, afin de ne point rompre l'équilibre de la composition. Ce principe de symétrie devait se maintenir dans l'art byzantin. L'esprit des peintres en fut si pénétré qu'ils l'appliquèrent sans cesse et jusque dans les moindres œuvres : ce fut par là que cet art, tout en perdant parfois du côté de la vie et de la liberté, convint si bien à la décoration de grands édifices. »

« Au point de vue technique, les mosaïstes byzantins n'avaient pas moins bien compris les conditions de leur art. Tandis que, depuis le moyen âge, on a multiplié les tons afin de se rapprocher de l'aspect de la fresque, ils ne les employèrent qu'en petit nombre, juxtaposant les couleurs tranchées, négligeant les nuances intermédiaires. Comme la mosaïque est faite pour être vue de loin, la dureté de ces oppositions se perd dans l'harmonie générale de l'œuvre ; mais, en revanche, tout se détache avec une vigueur et un éclat incomparables. Les

____

(1) *L'art byzantin*, ch. ii.

figures s'enlèvent sur un fond d'un bleu ou d'un or intense ; les tons vifs et nets des vêtements forment avec ce ton uniforme un contraste puissant ; souvent, pour mieux accuser le dessin, une ligne noire indique les contours du corps et les traits du visage. Tout dans l'exécution contribue donc à donner à l'œuvre ce caractère d'une décoration bien comprise, où le regard est saisi par la recherche des grands effets fortement accusés. »

Dans une église de Salonique, Sainte-Sophie (1), on voit une des mosaïques byzantines du viie siècle. L'ascension du Christ est représentée à la voûte de la coupole, tandis qu'on voit à l'abside la sainte Vierge, assise sur un trône orné de gemmes, portant dans ses bras l'Enfant Jésus (2).

Des mosaïques de la même époque se voient encore dans un des célèbres monastères du mont Sinaï ; elles représentent des épisodes de la vie de Moïse et la transfiguration du Sauveur (3).

Les mosaïques byzantines de l'église Saint-Vital de Ravenne sont de toute beauté. Les plus intéressantes d'entre elles sont celles qui représentent l'empereur Justinien et l'impératrice Théodora prenant part à une procession, à l'occasion de la dédicace du temple même où l'on voit leurs images.

L'empereur Justinien est placé au centre de la composition précédé de l'évêque de Ravenne sous l'épiscopat duquel l'église fut terminée, Maximien, dont on lit le nom (Maximianno) dans le champ vide au-dessus des têtes. Il porte la dalmatique impériale, de pourpre brodée d'or ; sa chaussure est aussi de

----

(1) Aujourd'hui transformée en mosquée.
(2) Duchesne et Bayet, *Mission en Macédoine.*
(3) Delaborde, *Voyage dans l'Arabie Pétrée*, pl. XXI.

pourpre enrichie de perles. Il tient dans ses mains un vase qu'il va offrir en présent dans l'église.

Dans une autre mosaïque faisant pendant à celle-ci on voit l'impératrice Augusta tenant aussi dans ses mains un vase d'or renfermant son offrande.

Saint-Marc de Venise est décorée aussi de splendides mosaïques. L'art chrétien byzantin montre encore ici ses profondes racines.

« Après le dixième siècle, dit M. Viardot, après cette sombre époque, la plus ténébreuse du moyen âge, l'intervention des Grecs dans l'art italien n'est pas seulement conjecturale, elle devient historique. Ce fut dans le xie siècle, sous le doge Selvo, que les Vénitiens amenèrent les mosaïstes grecs chargés de décorer leur Saint-Marc, dont la construction avait été commencée par le doge Orseolo, vers la fin du siècle précédent. Leurs principaux ouvrages furent le *Baptême du Christ,* et la célèbre *Pala d'oro.* Cette *Pelle d'or,* qui forme une espèce d'abside au-dessus du maître-autel, offre un bel exemple de l'art riche des Byzantins.

Faite à Constantinople, augmentée à Venise, elle est composée de plaques d'or et d'argent sur émail lucide, et renferme, encadrés dans une foule d'ornements symétriques, divers traits des Ecritures et de la légende de saint Marc, mêlés d'inscriptions grecques et latines à demi barbares. Il y a dans la même basilique, au dedans et au dehors, une foule d'autres mosaïques de la même époque et des mêmes auteurs. Telle est sur la grande paroi de droite l'histoire du *Christ aux Oliviers,* dans laquelle on voit Jésus, plus grand que les arbres et que la montagne, représenté dans trois attitudes successives, pour mieux expliquer son mouvement, d'abord droit, puis à demi courbé, puis prosterné la face contre terre. Après la prise de Constantinople par les Croisés (1204), les mosaïstes grecs de Venise fondèrent dans cette ville une grande corporation et une grande école qui s'étendit promptement à Florence, où elle subsista jusqu'à Giotto, et qui fournit des artistes à toute l'Italie (1).

Aux xiie et xiiie siècles, les peintres byzantins firent aussi des *tableaux sur bois*, et particulièrement des tableaux représentant des saints et l'image de la Vierge, auxquels les populations ont donné le nom d'*images miraculeuses de la Vierge* (2). On en voit une à Rome, dans la Basilique de Sainte-Marie-Majeure, à Sainte-Marie de Venise, d'autres au mont Athos et dans plusieurs églises.

Les autres sujets traités étaient les mêmes que ceux de la mosaïque et de la fresque.

Deux des principaux peintres de cette époque étaient *Emmanuel Tzanfunari*, dont un tableau représentant la vie des ascètes de la Syrie, se trouve au musée du Vatican, et *Antoine Pampilopos*, qui a eu une grande popularité.

---

(1) On sait que l'église Saint-Marc était, non seulement un monument religieux, mais encore un dépôt sacré des trophées de la République de Venise.

(2) « Ce sont, a dit M. Vitet, des figures du plus beau, du plus grand caractère, vraiment chrétiennes, et conservant pourtant certain air de famille avec les ivoires du Parthénon. »

La sculpture byzantine ne commença à s'affirmer d'une façon caractéristique que longtemps après la peinture. Constantin avait bien appelé des sculpteurs pour décorer Byzance, mais ils s'étaient bornés à orner les fontaines de bas-reliefs, avec les images du bon Pasteur et de Daniel dans la fosse aux lions.

Au vi^e siècle, les sculpteurs n'étaient guère que des ornemanistes faisant des petits bas-reliefs décoratifs pour orner des sarcophages (1), des dessus de portes, des linteaux, etc.

Parmi ces œuvres de sculpture assez remarquables, nous devons citer : les bas-reliefs qui décorent l'église de Cividale en Prioul, et qui datent du viiie siècle ; un bas-relief représentant la Vierge, à Santa-Maria-in-Porto, à Ravenne ; un bas-relief encastré dans la muraille, à Sainte-Marc de Venise.

Les sculpteurs exécutaient fort souvent des dalles en marbre ou en pierre, représentant des animaux ou des motifs d'ornements. On y retrouve des motifs de décorations qui figurent dans les étoffes fabriquées en Asie au moyen âge.

Une représentation très populaire en Orient et que l'on trouve très fréquemment reproduite dans les mosaïques et les ivoires byzantins c'est la *Dormition de la Vierge* (2). D'après une pieuse légende du viie siècle, la Vierge Marie, âgée de soixante

---

(1) On en voit de très beaux à Ravenne.

(2) On peut citer un des émaux de la Pala d'Oro à Venise ; un ivoire du musée de Munich, un tableau en mosaïque au dôme de Florence ; une belle mosaïque de Sainte-Marie in Martorann, à Palerme, etc.

ans, fut avertie par un ange de sa fin prochaine. Miraculeusement réunis autour d'elle, les apôtres assistèrent à ses derniers moments (1).

« ..... Quand Marie vit tous les apôtres rassemblés, elle bénit Notre-Seigneur.

« Elle les fit asseoir au milieu des lampes et des lumières ardentes..... Elle revêtit les habits de la mort et s'arrangea dans son lit en attendant sa fin. Pierre était à la tête du lit, Jean aux pieds, les autres apôtres à l'entour, célébrant les louanges de la Vierge. Vers la troisième heure de la nuit, un grand coup de tonnerre heurta la maison, et un parfum si délicieux embauma la chambre, que tous ceux qui étaient là, hors les apôtres et trois vierges qui portaient des flambeaux, s'endormirent d'un profond sommeil. Alors Jésus-Christ arriva avec les ordres des anges, l'assemblée des patriarches, les bataillons des martyrs, l'armée des confesseurs et les chœurs des vierges. Tous se groupèrent autour du lit de la Vierge et psalmodièrent de doux cantiques.

« Jésus dit à sa mère : « Venez, mon élue, je vous placerai sur mon trône, car je soupire après votre beauté. — Seigneur, répondit Marie, mon cœur est préparé. » Alors tous ceux qui étaient venus chantèrent doucement ; Marie chanta sur elle-même ces paroles : « Toutes les générations me proclameront heureuse, parce que celui qui est puissant et dont le nom est saint a fait de grandes choses pour moi. » Aussitôt le chantre des chantres entonna plus excellemment que les autres : « Ma fiancée, venez du Liban ; venez, vous serez couronnée. —

____

(1) *Légende dorée*. Traduction Didron.

Me voici, dit Marie, car je me réjouis en vous. » En ce moment, l'âme de la Bienheureuse Vierge sortit sans douleur de son corps et s'envola dans les bras de son fils..... Aussitôt les roses et les lys des vallées, c'est-à-dire les martyrs, les confesseurs, les vierges et les anges, entourèrent l'âme, blanche comme le lait, que portait Jésus-Christ, et s'envolèrent au ciel avec elle. »

Telle est cette douce légende dont s'inspirent les artistes. Il n'est pas une église grecque où on ne trouve une fresque la reproduisant. Même de nos jours les artistes la reproduisent encore dans les églises byzantines.

Au point de vue de l'histoire de l'art chrétien, les manuscrits byzantins à miniatures sont des plus utiles à consulter.

Les artistes byzantins ont excellé dans l'art de la miniature et ils ont su, dès les temps les plus reculés, introduire dans leurs œuvres la vie et la grâce.

La *décoration des manuscrits* est souvent complexe : les motifs reproduits appartiennent pour la plupart à des scènes de l'Ancien et du Nouveau Testament, à l'histoire du christianisme ou à des sujets mythologiques. Certaines miniatures des manuscrits occupent une page entière.

On possède sur la décoration des tissus byzantins de bien curieux renseignements, grâce à Astérius, évêque d'Amasée. S'élevant contre le luxe des vêtements, l'évêque disait : « On est avide d'avoir pour soi, pour sa femme, pour ses enfants, des vêtements ornés de fleurs et de figures, sans nombre... de sorte que, quand les riches viennent à se produire en public avec ces peintures, les petits enfants se rassemblent, les montrent au doigt en riant et leur laissent à peine un moment de répit. On voit là des lions, des panthères, des ours, des taureaux, des chiens, des forêts, des rochers, des chasseurs, et tout ce que les peintres savent copier dans la nature. Ce n'était donc pas assez d'orner ainsi les murailles, il fallait animer les tuniques mêmes, ainsi que les manteaux qui les couvrent. Ceux qui ont plus de religion parmi les riches suggèrent aux artistes des sujets tirés de l'histoire évangélique et font représenter Jésus-Christ au milieu de ses disciples, ou bien ses divers miracles : les *noces de Cana* avec les amphores , le *paralytique* portant son lit sur ses épaules, l'*aveugle* guéri par un peu de boue, *Lazare sortant du sépulcre ;* et ils se figurent en cela faire une œuvre pie et se couvrir d'habits agréables à Dieu. »

Dans les arts industriels, ce furent les artistes byzantins qui instruisirent ceux de l'Europe. En Orient, l'action de l'art byzantin s'est introduite partout où a pénétré le christianisme grec : l'art russe et l'art persan se sont formés à son initiative.

LES ARTS AU MONT ATHOS

C'est chez les *moines du mont Athos* (1) que l'art byzantin primitif, qui date de tant de siècles, a trouvé un inviolable asile.

Là, à l'abri des invasions étrangères et des révolutions politiques, il a pu se conserver pur et intact dans les mains des moines qui, à travers le moyen âge, ont été les gardiens fidèles d'une tradition qu'ils n'ont pas encore oubliée de nos jours.

D'après une tradition d'origine grecque, Notre-Seigneur Jésus-Christ aurait accompli un voyage dont il n'est fait aucune mention dans les saints Evangiles. Au temps où il parcourait le littoral phénicien, le Christ aurait traversé la mer et serait venu jusqu'en Chalcidique voir ce promontoire célèbre du mont Athos. D'autres légendes parlent d'une apparition de la Vierge Marie, de son passage sur le territoire de la montagne.

Quelle que soit la légende qui ait servi de base à la dévotion populaire, il faut convenir que le mont Athos a joui et jouit encore d'un prestige immense aux yeux des fidèles des Eglises photiennes. Par eux, il a été appelé *Aghion Oros*, la

---

(1) *Athos*, montagne et cap de la Turquie d'Europe, à l'extrémité d'une langue de terre étroite, longue de 50 kil., à côtes très découpées et très montueuses à l'intérieur. La chaîne de hauteurs, qui remplit cette langue de terre et se termine par le mont Athos lui-même, s'appelle en grec : *Agion Oros*, la *Montagne Sainte*, à cause des innombrables couvents qui s'y installèront dès le commencement du Christianisme.

Montagne Sainte, et il est devenu le but d'un pèlerinage fréquenté aussi assidûment que les lieux saints de la Judée et de la Galilée.

Cette école de peinture des moines du mont Athos a fourni des maîtres à tout l'Occident, à Athènes, à Venise, à Constantinople, et aujourd'hui elle en fournit encore à la Grèce, à la Turquie, à la Russie après quatorze siècles d'existence. L'artiste même du mont Athos cherche à reproduire les types consacrés de la manière la plus fidèle. Tout d'ailleurs est calculé d'avance : les contours, les proportions, les couleurs, les nuances des cheveux, de la barbe, des vêtements, leur longueur, leur disposition, les plis des étoffes. C'est ainsi que dans les peintures représentant des saints à longue robe, on remarque depuis quatorze siècles un pli à l'étoffe qui se retrouve invariablement au-dessus et au-dessous du genou.

On s'explique de la sorte comment l'art byzantin a pu se conserver si fidèlement après de si nombreuses années.

Les moines du mont Athos possèdent d'ailleurs un guide de la peinture auquel ils se conforment fidèlement.

Ce guide, véritable manuel d'iconographie chrétienne, a été fait au xv° siècle par *Denys*, moine de Fourna d'Agrapelu, qui avait étudié la peinture à Salonique, et qui s'était proposé comme modèle un des maîtres les plus célèbres de cette école, le Raphaël de l'art byzantin, *Manuel Panselinos* (1), dont il existe

---

(1) Un des admirateurs de *Manuel Panselinos*, a écrit un *guide de la peinture* où il

encore quelques fresques dans l'église principale de *Karès*. Ce traité donne les détails les plus minutieux sur les procédés techniques, indique les compositions à adopter pour chaque sujet, quels traits le peintre doit donner à ses personnages, comment il doit les grouper.

Le *mont Athos* comprend près de neuf cent cinquante églises ou chapelles.

Dans les grands couvents, les réfectoires sont couverts de fresques.

Les tableaux sur bois y sont nombreux et quelques-uns sont fort anciens (1).

Ces grandes fresques des chapelles quoique imparfaites et récentes en général, font voir ce que fut la peinture décorative byzantine au beau temps de son histoire.

Quand on pénètre dans ces chapelles aux offices de nuit, à la lueur des cierges, ces figures de saints et de saintes à demi éclairées, produisent une impression étrange et grandiose ; on se croirait transporté en plein moyen âge.

---

enseigne les procédés techniques et les compositions qu'il faut adopter pour les sujets sacrés. Ce manuel a été traduit et annoté par Paul Durand et Didron : *Manuel d'iconographie grecque et latine*, 1845.

(1) Au *Musée du Louvre* on peut voir une toile de *Papety* représentant d'une façon charmante des moines décorant de fresques une chapelle du couvent d'Iurou dans le mont Athos.

L'ART ROMAN

Les monuments religieux de l'époque mérovingienne et de l'époque carlovingienne sont assez rares.

Cette rareté tient à deux causes principales : La première, c'est qu'ils étaient mal bâtis ; la deuxième, c'est que pendant les ixe et xe siècles la France fut exposée par les invasions normandes à une série de destructions et de pillages telle que les peuples de l'antiquité auraient pu s'estimer heureux auprès de ceux du moyen âge.

Les invasions normandes bouleversèrent tout, incendièrent les monastères et les églises.

Ce ne fut que vers la fin du Xᵉ siècle, aux abords de *l'an mil* que commença une véritable renaissance dans l'art de bâtir les édifices religieux.

Après l'an mil les peuples chrétiens reprirent courage et se mirent à élever de nouvelles églises en nombre incalculable. Le moine Raoul Glaber constate ce grand mouvement de renaissance.

« Vers la troisième année qui suivit l'an mil, dit-il, les basiliques sacrées furent réédifiées en nombre dans l'Italie et les Gaules. C'était une émulation généreuse parmi les peuples chrétiens à qui élèverait des basiliques chrétiennes les plus riches, les plus somptueuses. On crut que le monde entier avait dépouillé ses antiques haillons pour se revêtir d'une nouvelle parure. »

En 1145 l'archevêque de Rouen écrivait à l'archevêque d'Amiens : « Les habitants de Chartres, dit-il, ont concouru à la construction de leur église en charriant les matériaux. Depuis lors les fidèles de notre diocèse ont formé des associations semblables. Ils n'admettent personne dans leur compagnie à moins qu'il ne se soit confessé, qu'il n'ait renoncé à toutes ses animosités et ne se soit réconcilié avec tous ses ennemis. Cela fait, ils élisent un chef, sous la conduite duquel ils tirent leurs chariots en silence et avec humilité. »

Les fidèles ne se contentèrent pas de reconstruire les basiliques épiscopales mais encore un grand nombre d'églises de village.

C'est surtout sous les règnes de Robert le Pieux, d'Henri Iᵉʳ.

que s'élevèrent une foule d'édifices religieux : Citons l'église
de Saint-Bégigne à Dijon par les soins de l'abbé Quillin ;

En 1005, l'abbaye de Marmoutiers avec l'aide de Eudes,
comte de Champagne ;

En 1009, l'église Saint-Germain-des-Prés ;

L'église de Saint-Philibert à Orléans ;

Les églises de Saint-Agnan, de Saint-Pierre, de Notre-Dame
de Bonne-Nouvelle ;

La cathédrale de Chartres, réédifiée par les soins du
célèbre abbé Fulbert.

Parmi les reconstructions citons celles des églises : de Saint-
Hilaire, à Poitiers ; de Saint-Gratien, à Autun ; de Notre-
Dame, à Etampes ; de Saint-Nicolas-des-Champs, à Paris ; de
Notre-Dame, à Orléans.

Sous le règne de Henri Ier, citons :

La fameuse abbaye de Saint-Remy, de Reims, restaurée en
1049 ; la reconstruction de l'église Saint-Nicaise de Reims, en
1061 ; etc.

On voit que ce ne fut non seulement un mouvement de
construction mais encore un mouvement de restauration générale.

Les artistes qui construisaient ces églises étaient animés
d'un zèle, d'une audace incroyable pour chercher des formes
nouvelles, pour élever des édifices plus vastes et plus solides.

L'expérience cruelle des siècles passés avait prouvé que si
les églises et les monastères duraient si peu, c'était à cause
des dangers résultant du feu. Les neuf dixièmes des églises
avaient été détruites par le feu.

On sait que les édifices religieux des premiers siècles présentaient un caractère commun, ils n'étaient recouverts que par des charpentes généralement apparentes avec un grand luxe de tentures, de luminaires qu'exigeaient les besoins du culte sacré.

Tous ces édifices étaient donc une proie facile pour l'incendie. Le feu se répandait facilement, une étincelle sur les tentures de l'autel et la flamme gagnait facilement les charpentes.

Les architectes des couvents et des églises du XIe siècle, comprirent ce danger et ils s'efforcèrent d'en prévenir les nouvelles églises. Ils comprirent qu'il fallait isoler le monument des charpentes des combles et ils imaginèrent de recouvrir les édifices de voûtes entières, de manière à pouvoir au besoin localiser l'incendie.

Les conséquences de l'adoption des voûtes furent encore plus considérables.

La différence même qu'il y avait à élever ainsi les nouvelles constructions obligea les architectes à une foule de recherches qui développèrent chez eux une ingéniosité toute particulière à former une nombreuse escouade d'ouvriers habiles.

Elle les obligea à chercher des formes nouvelles.

Aussi y a-t-il une différence absolue entre les édifices construits avant l'an mil et ceux construits après.

Les édifices religieux avant l'an mil étaient des édifices construits à la Romaine ; en principe à partir de l'an mil ces édifices n'ont plus rien de romain ; ils diffèrent même parfois tellement des édifices construits dans les premiers siècles, que, si on ne connaissait pas les types intermédiaires, on ne pourrait croire que ces types ont pu procéder des types précédents.

Les architectes cherchèrent à couvrir les nefs des églises à l'aide de *voûtes en berceaux.*

Cette adaptation de la voûte en berceau amena des modifications importantes dans toutes les proportions des édifices.

La voûte en berceau a l'inconvénient d'exercer une poussée dans les murs des édifices ; elle est d'un poids considérable (1). Plus l'espace que la voûte occupe est large plus la hauteur est grande, plus il est difficile de maintenir dans leur aplomb les murs qui servent de pieds-droits à cette voûte.

Les premières conséquences de l'introduction de la voûte en berceau furent d'augmenter dans une proportion considérable l'épaisseur de tous les murs de l'édifice.

Il fallut alors recourir à un grand parti qui fut de modifier complètement les proportions antiques ; on dut sacrifier la hauteur du monument ou bien restreindre la largeur du monument. Suivant les pays on se décida en faveur de la largeur ou de la hauteur.

Dans le nord on a sacrifié à la hauteur, dans le midi on a sacrifié à la largeur en restreignant la hauteur.

Par suite, dans le midi les monuments paraissaient extraordinairement trapus ; les murs y ont augmenté d'épaisseur dans des proportions extraordinaires, énormes.

---

(1) L'usage des voûtes, dit M. de Darcin, et de voûtes très massives, augmente beaucoup la charge, d'autant plus que la couverture en charpente subsiste quand même. Enfin les voûtes exercent des poussées qui, malgré les dispositions adoptées pour détruire ces actions les unes par les autres, atténuer leurs effets, ou les reporter sur des contreforts extérieurs, peuvent cependant déterminer sur les supports des pressions obliques et les exposer au renversement. Pour ces motifs il a fallu donner aux piliers, et surtout aux principaux d'entre eux, qui reçoivent la charge des grandes voûtes, de larges sections, de vigoureux empatements.

A la place des colonnes de la nef ce sont d'énormes piliers de maçonnerie reliés par de puissantes arcades (1); on avait tellement peur d'affranchir les piliers qu'on n'avait pas de fenêtres pour ainsi dire, ce furent de petites ouvertures très peu élevées.

Dans le nord de la France, c'est généralement le contraire (2).

On a voulu conserver aux édifices leur hauteur, mais alors on a diminué la largeur, restreint l'écartement des pieds-droits de l'édifice.

Étant donné la diminution de la largeur, toutes les anciennes proportions furent bouleversées, l'édifice prit en hauteur des proportions plus grandes que celles des édifices antérieurs.

Il en résulta une diminution dans l'épaisseur des murs, les édifices devinrent extraordinairement élevés.

Les architectes cherchèrent à diminuer à l'œil les caractères trapus et à exagérer les caractères d'élancement.

On rencontre dans beaucoup de parties de la France des formes intermédiaires. Les architectes prirent le parti de voûter les bas-côtés, la partie principale de l'église, celle où étaient les richesses.

Dans beaucoup d'églises on voit un chœur moins élevé que la nef.

---

(1) Consulter Henry Revoil, *Architecture romane du midi de la France*, tome Ier.

(2) « Chaque province, pendant la période romane, dit Viollet-le-Duc, possédait son école issue de traditions diverses . . . . · La Champagne, de toutes les provinces françaises, la Provence exceptée, est celle qui garda le plus longtemps les traditions latines, peut-être parce que son territoire renfermait encore, dans les premiers siècles du moyen âge, un grand nombre d'édifices romains. Il en est de même du Soissonnais. »

Dans l'Ile-de-France, dans la Picardie, dans la Normandie. les églises des xie et xiie siècles furent bâties dans ce système. On fut obligé de renoncer aux colonnes comme supports des nefs. A la place des colonnes on employa des pilastres. des piliers, de gros et épais piliers en maçonnerie.

Les artistes de l'époque romane, tant pour alléger à l'œil l'aspect des arcades que pour en augmenter la résistance, imaginèrent de placer une sorte d'arc de renfort qui a son piédestal spécial.

C'était on ne peut plus logique.

Il faut le dire hautement, *il n'y a jamais eu à aucune époque dans l'histoire de l'art plus de logique que dans l'époque française de l'art roman.*

Les artistes de l'époque romane hésitèrent à ouvrir de larges fenêtres.

Dans certaines écoles, même, ils les supprimaient (1).

Là où ils furent obligés de les ouvrir, ils les firent les plus petites possible, elles devinrent des espèces de meurtrières que l'on appela *fenêtres ébrasées*. Il y avait de cette façon moins d'air et de lumière.

A partir du xiie siècle, dans toutes les églises romanes sans exception, les fenêtres furent ébrasées (2).

On appliqua au percement des portes, un procédé analogue, on les ébrasa.

Comme suite à ces modifications les artistes percèrent les

---

(1) Églises de l'Auvergne, du centre du Poitou.

(2) L'ébrasement a lieu dans tous les sens.

Dans plusieurs églises romanes des bords du Rhin, par exemple à Kohem et à Neuss, ainsi qu'à l'abbaye de Saint-Bavon à Gand, on trouve des fenêtres en forme de trèfle.

murs par une série d'arcades qui formèrent des sortes de voussures qui ont toutes leur pied-droit spécial qui sera presque toujours une colonnette.

Il y eut un *trumeau* pour soutenir le *tympan* qui fut décoré d'une foule d'ornements d'une grande élégance (1).

Contre la poussée des voûtes on renforça l'épaisseur des murs à l'aide de membres accessoires.

Dans les édifices religieux de style roman, les portes occupent une page importante comme décoration et comme dimension. Dans la plus grande partie des cas elles sont garnies de plusieurs archivoltes portées sur des colonnes. Les moulures existent en grand nombre.

Dans les petites églises on voit au-dessus de cette porte une fenêtre cintrée, également munie d'archivoltes et de colonnettes ; une corniche à modillons la sépare du fronton triangulaire qui termine l'édifice en hauteur. Dans les églises plus hautes, il y a deux ou trois étages de fenêtres ou d'arcatures cintrées ; mais toujours le fronton triangulaire. La façade est généralement peu élevée dans le midi, et sa décoration est très intéressante par le détail.

Un grand Christ dans une gloire, entouré des figures symboliques des évangélistes, décore souvent le dessus de la porte.

Quelquefois la façade est munie de fortifications.

Tantôt le porche est couronné par une galerie crénelée, tantôt la porte principale est surmontée d'un *moucharabieh*, construction en saillie sur le mur, portant sur des espèces de consoles appelées *machicoulis*.

---

(1) Voir l'abbaye de Vézelay.

Une des parties les plus intéressantes de l'église de style roman c'est l'abside ; quelquefois l'abside n'est qu'un simple hémicycle, mais, le plus souvent l'extrémité se compose d'une ou de trois chapelles voûtées en cul-de-four.

Les voûtes des chapelles absidiales sont peu élevées habituellement.

Quand il y a trois chapelles absidiales, la chapelle absidiale centrale est plus grande que les autres (1).

Dans beaucoup d'églises romanes on retrouve les *cryptes* sur lesquelles se sont élevées la plupart des premières églises chrétiennes.

Ces cryptes n'eurent pas toujours la même forme que le sanctuaire sous lequel elles se développaient. Il y en a beaucoup ayant la forme carrée.

Les supports de ces cryptes étaient généralement très mulpliés.

Dans le midi de la France et particulièrement en Provence, les chapelles absidiales ont la forme polygonale tandis que dans le nord elles sont presque toujours circulaires.

Généralement les clochers des églises de style roman se composent d'une tour carrée, percée de fenêtres cintrées et surmontée d'une flèche pyramidale.

Dans plusieurs églises les clochers sont nombreux (2).

Dans les églises, au moyen âge, le service du chœur exigeait souvent que des cloches fussent mises sur le faîte correspon-

---

(1) Elle était consacrée à la sainte Vierge.

(2) L'abbaye de Cluny possédait six clochers. C'est au viie siècle que prit naissance l'usage d'appeler les fidèles à l'église au moyen du son des cloches. « Nous ne voyons pas, dit Viollet-le-Duc, qu'on ait fondu de grosses cloches avant le xiie siècle. »

dant à l'entrée de ce chœur, afin que les clercs pussent
sonner les diverses heures du service divin sans être obligés
de sortir de leur enceinte. C'est ainsi que s'expliquent ces
clochers qui s'élevaient sur l'arête de la toiture du chœur
ainsi que cela peut se voir dans les élégants campaniles de
Dijon, d'Amiens, de Rouen, d'Orléans.

On trouve encore des traces de peintures décoratives à l'extérieur d'un grand nombre d'églises de l'époque romane, en
France et en Allemagne.

Comme l'a dit Viollet-le-Duc (1) : « Toutes les architectures
connues, se sont aidées de la couleur, pour donner à la pierre,
aux enduits et même aux marbres, une valeur indépendante
de la forme plastique ».

« Les recherches faites sur l'architecture romane, écrit
encore Viollet-le-Duc (2), constatent que la peinture était
considérée comme l'achèvement nécessaire de tout édifice civil
et religieux, et alors s'appliquait-elle de préférence à la sculpture d'ornement ou à la statuaire, aux moulures et profils,
comme pour en faire ressortir l'importance et la valeur. »

Parmi ces peintures décoratives mises au service de l'architecture qui sont parvenues jusqu'à nous, nous pouvons citer :
Les peintures de l'église de Saint-Savin, près de Poitiers (3);

____

(1) *Peintures murales des chapelles de Notre-Dame de Paris*, p. 1.
(2) *Dictionnaire raisonné de l'architecture*, VII, p. 57.
(3) Voir Prosper Mérimée, *Collection des documents inédits sur l'Histoire de France*.

les peintures murales du plafond des anciennes abbatiales de Saint-Michel à Hildesheim et de l'île de Reicheneau dans le lac de Constance, des fresques du XIIe siècle à la cathédrale de Tournai (1), les fresques de la cathédrale de Brunswick, des églises de Saint-Géreen à Cologne, de Schwarzrheindorf, de la salle capitulaire de l'abbaye de Brauwerlès ; les peintures de l'église Saint-Servais, à Maëstricht, etc.

Jusqu'au XIIe siècle, la peinture monumentale des édifices religieux s'est ressentie exclusivement de l'influence byzantine. Les artistes se copiaient les uns les autres. Ils se servaient comme modèles des objets précieux et des étoffes byzantines que renfermaient les monastères.

Le système de peinture était d'ailleurs à peu près partout le même :

« Les couleurs, dit Mérimée, ont été appliquées par larges teintes plates, sans marquer les ombres, au point qu'il est impossible de déterminer de quel côté vient la lumière. Cependant, en général, les saillies sont indiquées en clair, et les contours accusés par des teintes foncées ; mais il semble que l'artiste n'ait eu en vue que d'obtenir ainsi une espèce de modelé de convention, à peu près tel que celui qu'on voit dans notre peinture d'arabesques. Dans les draperies tous les plis sont marqués par des traits sombres, quelle que soit la couleur de l'étoffe. Les saillies sont accusées par d'autres traits blancs, assez mal fondus avec la teinte générale. Il n'y a nulle part d'ombres projetées, et quant à la perspective aérienne

---

(1) L'une d'elles, qui se trouve au-dessus de l'autel de Saint-André, représente l'histoire de sainte Marguerite.

ou même à la perspective linéaire, il est évident que les artistes ne s'en sont nullement préoccupés. »

Souvent la façade entière était couverte de sculpture où se déroulaient les scènes de la religion (1).

Sur l'Intransept, s'élevait une tour de forme carrée ou octogone (2).

Dans le Limousin la tour centrale n'était jamais seule, il y en avait une seconde au-dessus de l'entrée à l'ouest.

En Bourgogne et en Normandie la façade était souvent flanquée de deux hautes tours.

* *

C'est aux xiᵉ et xiiᵉ siècles que les tombeaux devinrent véritablement splendides; il y en eut d'évasés avec couvercle prismastique; il y en eut aussi formés au moyen de simples pierres portées à leurs extrémités sur deux chantiers décorés en avant de trois colonnettes; il y eut aussi également des arcades tumulaires très somptueuses. On peut citer : les tombes avec statues funéraires de Richard Cœur-de-Lion, d'Henri, d'Eléonore d'Aquitaine, d'Isabelle d'Angoulême, la tombe si luxueuse de Henri Iᵉʳ dit le Sage, etc.

Ce fut vers la fin du xiᵉ siècle qu'on commença à sculpter l'image du défunt sur le tombeau.

On peut voir à l'abbaye de Fontevrault les statues de

---

(1) Exemples : Sainte-Croix de Bordeaux, Notre-Dame de Poitiers.
(2) A Notre-Dame de Saintes et à l'église de Cruas (Ardèche) les tours sont rondes.

Henri II et de sa femme, de Richard Cœur-de-Lion qui sont peintes. C'était d'ailleurs, à cette époque, un usage pour toutes les sculptures.

On peut voir aussi au musée du Louvre, la statue connue sous le nom de Childebert et qui provient de l'abbaye de Saint-Germain-des-Prés. Cette importante abbaye renfermait de curieuses sépultures, entre autres celles des abbés Jugon et Morand qui présentaient des squelettes enveloppés dans leurs habits sacerdotaux. Parfois ces tombeaux étaient revêtus de cuivre émaillé ou de plaques d'argent.

« Les tombeaux apparents, dit M. de Caumont, n'appartiennent qu'à des notabilités de l'époque à laquelle ils furent érigés. Comme il fallait éviter d'encombrer les églises, on les plaça souvent sous des arcades pratiquées dans l'épaisseur des murs, à l'intérieur et quelquefois à l'extérieur, dans les cloîtres, les salles capitulaires, etc.; un petit nombre de tombeaux furent isolés dans les cryptes, les églises ou les chapelles.

« Les tombeaux placés dans l'épaisseur des murs, sous des arcades, reposent tantôt sur un soubassement en pierre de taille, tantôt sur des colonnes cylindriques ou sur des espèces de chantiers. Le couvercle, quelquefois plat, est aussi parfois de forme prismatique, ou triangulaire, imitant la disposition d'un toit à double égout ».

Pendant la période romane la sculpture monumentale prit une certaine importance dans la décoration des édifices religieux.

Le Christ, environnné des figurations symboliques des évangélistes, se montre sur les tympans, des figures bizarres décorent les chapiteaux.

Les figures sont toujours raides et les draperies sont plissées à très petits plis. Cette habitude des sculpteurs provenait sans nul doute de traditions orientales, car les étoffes en usage en Orient offrent fort souvent ces aspects : « Cela tient, je crois, dit Mérimée, aux procédés de blanchissage. Au lieu de repasser et d'aplatir les étoffes, comme nous faisons, les Orientaux les tordent sur elles-mêmes ; de là les plis en spirale si souvent reproduits dans la sculpture byzantine. »

Comme preuve qu'à cette époque les ouvrages de la sculpture étaient multipliés non seulement dans les églises mais encore jusque dans l'intérieur des monastères, il suffit de rappeler les plaintes de saint Bernard : « On voit de toutes parts, s'écriait-il, une si grande quantité de sculptures, les sujets en sont si variés, les formes si diverses, qu'on peut lire plus d'histoires sur ces marbres, que dans les saintes Écritures ; et que les religieux consument leurs journées à les admirer plutôt qu'à méditer la parole du Seigneur. Grand Dieu ! si l'on n'est pas honteux de tant de futilités, comment, du moins, ne pas regretter tant de dépenses (1). »

Le plus souvent les statues étaient taillées dans la pierre ; les bras et la tête fort souvent étaient rapportés et fixés à la statue au moyen de crampons en fer.

Les statues d'apôtres, de saints ou de saintes sculptées sur les parois des portes étaient aussi grandes que nature.

---

(1) S. *Bernard, Apolog. ad Guillelus*, cap. XII, in ejusd., *Op.*, t. I, col. 538, 539.

Presque toujours les sculpteurs tiraient leurs sujets de l'Ancien ou du Nouveau Testament.

Il est arrivé quelquefois tout de même que ces sculptures représentaient des sujets relatifs à la fondation de l'édifice religieux ou à quelque histoire pieuse.

On peut voir un curieux spécimen de cette sculpture historique dans les bas-reliefs de Notre-Dame-de-Saumur. Ils représentent la mort de Dalmace Ier, seigneur de Semur et beau-père de Robert le Vieux, par qui il fut empoisonné dans un festin. On voit d'abord cinq personnes à table : une d'elles tombe à la renverse après avoir bu, tandis qu'un chien s'enfuit avec une main, symbole de la bonne foi et de la fidélité chassées du festin. La scène suivante exprime le remords de Robert, qui se frappe la poitrine. Ensuite on voit l'aumônier de Robert muni d'un panier rempli d'argent, qu'il donne à un lépreux et à un cul-de-jatte, pour montrer que Robert cherche à réparer son crime au moyen de l'aumône. Le bas-relief qui vient après l'antique usage qui montre la femme de Robert, qui pleure en songeant à son père assassiné ; le meurtrier à genoux implore son pardon. Maintenant voici une barque sur les flots : des archéologues y voient Caron, qui conduit Robert au jugement : d'autres veulent que ce soit un pèlerinage pieux, où se rendrait Robert pour obtenir son pardon. Le dernier bas-relief montre l'église Notre-Dame fondée par Robert comme expiation. Au-dessus de ces curieux bas-reliefs, dont nous n'avons indiqué que les principaux sujets, on a représenté le Père éternel avec des anges qui lui offrent de l'encens.

En étudiant les sculptures de la période romane on est frappé par le rapprochement qui existe entre les dessins qui décorent les étoffes et les broderies des tissus byzantins anciens et les principaux motifs employés dans la sculpture ornementale des édifices religieux.

Il n'y a rien d'étonnant d'ailleurs, à admettre que les étoffes venant de l'Orient ont dû exercer à cette époque une grande influence sur l'imagination des artistes de l'Occident. Ces étoffes avaient déjà atteint une perfection et une renommée qui les faisaient mentionner dans les écrits des Pères de l'Église.

Déjà au iv\u1d49 siècle de notre ère, leur vogue était si grande que saint Astérius, s'élevant contre le luxe des chrétiens, s'écriait : « On est avide d'avoir pour soi, pour sa femme, pour ses enfants, des vêtements ornés de fleurs et de figures sans nombre..... de sorte que, quand les riches viennent à se produire en public avec ces peintures, les petits enfants se rassemblent, les montrant au doigt en riant et leur laissant à peine un moment de répit. On voit là des lions, des panthères, des ours, des taureaux, des chiens, des forêts, des rochers, des chasseurs, et tout ce que les peintres savent copier dans la nature. — *Ce n'était donc pas assez d'orner ainsi les murailles*, il fallait animer les tuniques mêmes, ainsi que les manteaux qui les couvrent. Ceux qui ont le plus de religion parmi les riches, suggèrent aux artistes des sujets tirés de l'histoire évangélique et font représenter Jésus-Christ au milieu de ses disciples ou bien ses divers miracles, etc... »

Athanase le Bibliothécaire, qui assistait en 809 au huitième concile général à Constantinople, nous donne dans son *Liber Pontificalis* des descriptions semblables.

Ces descriptions nous montrent des étoffes avec des ornements échiquetés et losangés, ou des médaillons circulaires
affectant la forme d'une roue ; puis des éléphants, des grif-
fons, des lions, des aigles, des dragons ; des végétaux :
l'olivier, la vigne, le myrte, l'hysope, etc...

Ce *symbolisme de l'Orient* nous est venu par les Byzantins,
et les Pères de l'Église s'en sont également servis pour mieux
graver dans l'esprit des premiers chrétiens les paroles de
l'Évangile ; aussi retrouve-t-on les mêmes symboles dans les
volucraires, les *bestiaires* et les *lapidaires*.

Beaucoup de ces représentations, que l'on rencontre sur les
sculptures de la période romane, ont été empruntées par les
artistes de cette époque aux tissus anciens qu'ils avaient sous
les yeux.

Ces riches étoffes venaient de l'Orient ; elles portent du
reste cette désignation dans Athanase le Bibliothécaire, *serica
de blattris Byzantea*. Byzance et Alexandrie étaient le vaste
entrepôt de toutes ces étoffes qui étaient envoyées par les souverains de l'Orient aux princes de l'Occident. Les rois carlo-
vingiens possédaient en nombre ces étoffes de soie et Pépin
le Bref les offrait en cadeau à la noblesse de France. Elles
servaient aussi surtout à orner les églises et contribuaient par
leur richesse à la pompe des cérémonies chrétiennes. Portées
par les prélats, elles recouvraient aussi leurs restes, et, suivant
l'antique usage qui existe encore aujourd'hui en Orient, étaient
étendues sur leurs tombeaux en poëles mortuaires.

Il est bien évident que les dessins variés de ces riches étoffes
aux couleurs éclatantes frappaient l'imagination des sculpteurs, et l'on conçoit que ceux-ci s'en soient inspirés en les

mélangeant à la flore du pays qu'ils habitaient et aux légendes mystiques de la vie du Christ et des saints dont ils perpétuaient la mémoire sur leurs œuvres de pierre. Il en était certainement de même pour les peintres enlumineurs, les orfèvres et les ivoiriers.

*
* *

A côté de l'influence que les tissus ont eue sur la sculpture ornementale de la période romane, il faut signaler également le rôle des *broderies*, dont les motifs ont servi souvent aux artistes de cette époque pour la décoration de leurs frises sculptées.

Des détails ont été certainement inspirés des ornements sacerdotaux, et sur plusieurs broderies qui ornent les vêtements sculptés dont sont revêtus des personnages aux portails des églises, on retrouve la trace de la tradition orientale.

D'ailleurs, à l'époque romane, l'art de la broderie était très développé.

Les dames nobles et les religieuses avaient acquis une grande habileté dans les travaux d'aiguille. Et les spécimens très remarquables qui sont parvenus jusqu'à nous permettent de conclure que la broderie marchait alors de pair avec l'ornementation des manuscrits enluminés et des vitraux. Il était très commun, en effet, de voir des peintres qui décoraient les manuscrits composer des cartons pour les brodeurs (1).

*
* *

____

(1) On voyait déjà, vers la fin du xi⁰ siècle, la broderie en grand honneur dans nos anciennes poésies.

Il y a eu un grand nombre d'églises romanes en France. Chaque province en possédait. Il est facile de comprendre que le style local des artistes et que la qualité différente des matériaux ont dû influer, sur la nature des ornements employés à la décoration sculpturale des églises.

« Il faut bien distinguer, dit M. de Caumont, ce qui appartient à l'influence des matériaux de ce qui vient du goût et de l'habileté des sculpteurs. L'influence des matériaux a toujours été immense, et l'on conçoit qu'une pierre tendre, éclatant sous le moindre effort de l'outil, telle que la craie, n'a pas dû recevoir les mêmes sculptures que les pierres homogènes et d'une dureté moyenne, comme celles que l'on possède dans le Calvados, dans le Berry et plusieurs autres contrées. Le calcaire grossier, lardé de coquilles, ne pouvait être travaillé de la manière dont je viens de parler; enfin le granit, si rebelle au ciseau, ne pouvait recevoir les mêmes moulures que les matériaux plus tendres. »

Parmi les nombreuses églises de style roman nous pouvons en citer particulièrement quelques-unes : tout d'abord Saint-Germain-des-Prés.

Au vɪᵉ siècle, le roi Childebert, revenant d'une expédition contre les Wisigoths, avait rapporté d'Espagne comme trophées de sa victoire une croix d'or et des pierreries trouvées à Tolède, des vases ayant appartenu à Salomon, et la tunique de saint Vincent. Pour recevoir et garder ces saintes et précieuses reliques, et suivant en cela les conseils de saint Germain, il construisit une église et un beau monastère à l'extrémité des jardins du Palais des Thermes (1).

---

(1) Au musée de Cluny.

En 558, le jour de la mort du roi, saint Germain dédia la nouvelle église sous le titre de Sainte-Croix et de Saint-Vincent.

Quand saint Germain mourut en 596, il fut inhumé dans cette église.

Bientôt l'abbaye et l'église de Sainte-Croix et de Saint-Vincent ne portèrent plus d'autre nom que celui de Saint-Germain, et devinrent les lieux de sépulture des rois, des reines, princes et des princesses de la dynastie mérovingienne (1).

Le peuple appelait cette église l'*église aux Clochers*, car autrefois elle possédait trois tours.

Les abbés étaient de puissants personnages, qui pendant la célébration des saints mystères avaient le droit de se servir des ornements épiscopaux : parmi eux on compte un roi de France, Hugues Capet, et plusieurs princes.

L'église abbatiale est tout ce qui reste aujourd'hui de l'antique abbaye.

Aujourd'hui, de l'église de Childebert « il ne reste plus (2) que des chapiteaux de marbre blanc qui ont été dispersés, et des colonnes de marbre de diverses couleurs employées dans la galerie absidiale. Nous ne trouvons aujourd'hui dans la construction de l'église rien qui soit antérieur au xie siècle ; le chœur et l'abside datent de la seconde moitié du xiie....

« Au plus haut étage de la grande tour, deux baies cintrées (xiie siècle), accompagnées de colonnes, s'ouvrent sur chacune de ses quatre faces (3). »

---

(1) En 1239, Simon, abbé de Saint-Germain, éleva autour du couvent de hautes murailles qui devinrent sous Charles V de véritables fortifications.

(2) De Guilhermy.

(3) Un curieux souvenir se rattache à la tour de l'église Saint-Germain-des-Prés. En 1589,

Le *cloître de Saint-Trophine* à Arles. C'est l'un des plus beaux monuments de l'art roman.

Il possède une galerie quadrangulaire ayant un préau dans son centre.

Les colonnes sont en marbre blanc ou rouge et dans les entrecolonnements sont des figures de saints et d'apôtres.

Quelques-uns des chapiteaux sont ornés de figures empruntées aux livres saints.

La façade s'élève sur un vaste escalier de huit ou dix marches.

L'église Notre-Dame de Saintes. Elle a été construite en 1047. Sa fondation est due à Geoffroy Martel. Sa façade est percée de trois portails à voussures ornées, ainsi que les chapiteaux des colonnes, de très anciennes sculptures. Au point de rencontre de la nef et du transept se trouve un gros clocher de la fin du xie siècle. L'intérieur se compose d'une nef unique, d'un transept et d'un chœur avec une abside octogonale.

L'église de *Saint-Savin* (Vienne), dont les peintures sont remarquables.

La *cathédrale d'Angoulême* (Charente). Élevée au xiie siècle à la place de l'ancienne église qui avait elle-même succédé à un temple païen. Sa nef est surmontée de trois coupoles. Chœur terminé par une abside semi-circulaire. Très curieuses sculptures sur la façade.

---

le 2 novembre, Henri IV, assiégeant Paris, monta au sommet de la tour, accompagné uniquement d'un religieux, pour se rendre compte de la situation de la ville ; il fit ensuite le tour du cloître sans entrer dans l'intérieur de l'angle, et absorbé dans ses pensées il se retira sans dire un mot.

L'*église de Royat* (Puy-de-Dôme). Église fortifiée, mais elle ne l'a été qu'au XIV\ siècle, où l'on y a établi des machicoulis. Elle est terminée carrément, sans abside, et semble appartenir à une époque très reculée.

L'*église de la Madeleine* à Vezelay (Yonne). Elle est une des plus riches églises de France pour l'ornementation de ses chapiteaux.

L'*église de Semur* (Côte-d'Or). La porte septentrionale, dite la *porte des Blés*, est remarquable par ses curieux bas-reliefs.

La *cathédrale d'Autun* (Saône-et-Loire). Édifice restauré à plusieurs époques ; la façade du midi, la plus ancienne, présente un porche voûté à plein cintre, ayant des colonnes portant des chapiteaux ornés de chimériques. La flèche et l'abside sont du XV\ siècle.

L'*église Saint-Étienne* à Caen. Commencée par Guillaume le Conquérant et terminée en 1077. Les tours ont été élevées en 1022.

L'*église de Saint-Sernin*, à Toulouse, qui a la forme d'une croix latine allongée (1).

L'*église de Saint-Front* à Périgueux qui a la forme d'une croix grecque.

L'*église de Saint-Georges* à Boscheville (Seine-Inférieure). Elle dépendait d'une ancienne abbaye. De chaque côté du portail il existe une tour carrée que couronne un campanile.

---

(1) Saint Sernin (ou saint Saturnin) fut l'un des sept évêques qui, au III\ siècle, vinrent enseigner le Christianisme en France. Il fut martyrisé à Toulouse et attaché par les pieds à un taureau sauvage Des jeunes filles chrétiennes trouvèrent son cadavre affreusement mutilé. C'est à l'endroit où elles l'ensevelirent qu'on a élevé l'église qui lui est dédiée.

L'abbaye de Saint-Gilles, près de Nîmes (dans le Gard). Elle possède une admirable façade.

L'église Saint-Paul à Issoire (Puy-de-Dôme). L'arc du dôme central se porte en encorbellement sur des modillons qui sont ornés de belles têtes d'hommes et de femmes.

L'église de Tournus (Saône-et-Loire). Elle a la forme d'une croix latine et possède trois absides.

L'église Notre-Dame la Grande à Poitiers (Vienne). Eglise remarquable, surtout par sa façade enrichie de sculptures sur l'Ancien et le Nouveau Testament. Elle paraît remonter au commencement du XIIe siècle.

Le petit village de Bassac (1) possède une église qui est classée parmi les monuments historiques et qui possède un des plus curieux clochers de l'époque romane. Ce clocher est établi sur une coupole soutenue par quatre piliers indépendants des murailles et se compose de quatre étages en retrait surmontés d'une flèche recouverte d'écailles imbriquées.

Mentionnons aussi quelques églises fort belles sur plan octogonal ou circulaire telles que celles de Rieux-Minervois (Aude), d'Ottmarsheim (Alsace), de Neuvy-Saint-Sépulcre (Indre), de Sainte-Croix à Quimperlé, de Saint-Martin-d'Auray à Lyon, etc.

En Angleterre le style roman a aussi régné. Les Anglais appellent *Anglo-Saxon* le style roman qui a régné en Angleterre avant le XIe siècle, *Saxon* celui qui a duré pendant le XIe siècle et *Normand* celui du XIIe siècle (2).

---

(1) *Basiacum,* arrond. de Cognac. Ce village s'est formé autour de l'abbaye fondée en 1009.

(2) On sait que les Saxons furent convertis au christianisme dès le VIIIe siècle.

Consulter : Parker, *an introduction to the study of gothic architecture,* Oxford, 1867, in-12.

C'est pendant la période romane que l'art du vitrail commença à avoir une grande importance dans la décoration. L'usage des vitraux remonte d'ailleurs à l'époque carlovingienne.

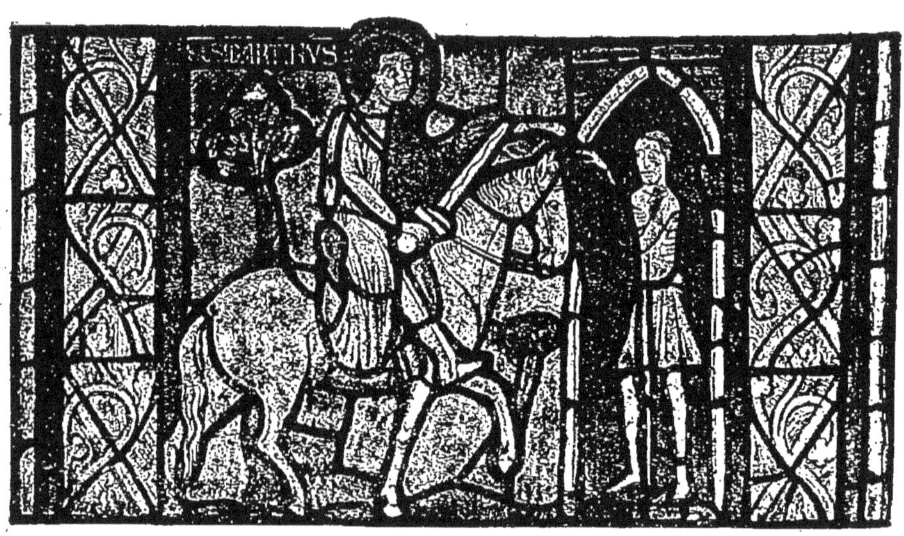

VITRAIL DU MOYEN AGE
(art français.)

« Le règne de Charles le Chauve ou celui de Louis le Débonnaire, dit Emeric David (1), nous offre un fait très mémorable : c'est l'*invention de la peinture sur verre*... L'historien du monastère de Saint-Benigne de Dijon, qui écrivait vers l'an 1052, assure qu'il existait encore de son temps, dans l'église de ce monastère, un très ancien vitrail représentant le mystère de Sainte-Paschasie, et que cette peinture avait été retirée

---

(1) *Histoire de la peinture au moyen âge.*

de la vieille église restaurée par Charles le Chauve. Il faut croire par conséquent que ce monument rustique et élégant, suivant les expressions de la chronique, datait au moins du règne de l'empereur, mais il ne saurait remonter beaucoup au-delà. »

Le moine Théophile, qui écrivait vers le xie siècle, dit que la peinture sur verre était cultivée spécialement en France.

C'est en parlant des vitraux du xiie siècle que M. Batissier dit :

« Ceux de cette époque sont assez faciles à reconnaître. La partie supérieure du panneau se termine en ogive, quelquefois en plein cintre. Les compositions empruntées à l'Ancien ou au Nouveau Testament et aux légendes chrétiennes sont comprises dans des cartouches circulaires, elliptiques, ou de trois à quatre lobes, et disposées en sautoir. Elles se détachent sur un fond mosaïque réticulé où domine toujours le bleu avec des baguettes rouges, et plus rarement sur un fond rouge réticulé avec des baguettes bleues. Les angles du réseau présentent des fleurons ou petites rosaces. Le panneau est encadré dans une bordure qui est souvent perlée, ou qui offre des entrelacs ou des combinaisons de rinceaux dans le goût byzantin. Ces arabesques sont en général très élégantes. Pour chaque couleur il y a une tablette de verre, ce qui fait que chaque panneau se compose d'une grande quantité de pièces de rapport. Les figures des sujets sont presque toutes de très petites dimensions. Par leur style, elles appartiennent à l'art byzantin. En général, elles sont trapues, d'un dessin roide et incorrect. La légende commence toujours par le bas et se développe de droite à gauche en montant. »

Les plus anciens vitraux connus sont ceux qui décorent

l'église de Neuwiller (Alsace) et la cathédrale du Mans ; ils datent de la fin du XIe siècle. Auparavant les vitres peintes étaient formées par l'assemblage de fragments de verres colorés. Le poète chrétien Fortunat parle des vitres peintes de l'église de Paris et saint Grégoire de Tours de celles de l'église de Brioude (1).

Le *porche* est ce corps avancé qui précède le portail des églises.

Rares dans les villes, les porches étaient communs dans les montagnes.

La plupart des porches sont munis de bancs en bois, en pierre ou en maçonnerie. Il est plus que probable qu'on y a tenu les réunions de fabrique (2).

Il est vraisemblable que les porches proprement dits ont succédé aux véritables parvis ou aitres qui furent toujours usités dans l'église.

On peut réellement considérer comme porches les profondes voussures qui décorent les portails des cathédrales d'Amiens, de Chartres, de Reims, de l'abbaye Saint-Ouen de Rouen, etc.

C'est dans les Pères de l'Église, les conciles, les synodes, les

---

(1) Au musée des arts décoratifs à Paris on voit des débris des vitraux de la cathédrale de Poitiers (XIIe siècle), de l'église de Sées (Orne) (XIIe siècle), de l'église de Châlons-sur-Marne (XIIIe siècle), de la cathédrale de Bourges (XIIe et XIIIe siècles), etc.

(2) D'après les statuts épiscopaux du XIIIe siècle, ces juridictions populaires devaient avoir lieu trois fois par an en pleine paroisse, *in plena parochia ter in annum.*

liturgies, les anciennes coutumes qu'il faut puiser pour faire l'histoire des porches.

D'après les Pères, les parvis des églises contenaient des bassins, des puits, des fontaines, où les fidèles devaient se purifier avant de pénétrer dans le saint lieu (1).

D'après les anciennes chroniqueurs, les premiers baptistères ont été placés dans les parvis des églises. C'était là que se trouvaient les fontaines et les bassins de la régénération. C'est ainsi que dans le parvis de Notre-Dame de Rouen, à la fontaine de la Trinité, furent régénérés deux célèbres scandinaves, Rollon, duc de Normandie, et saint Olaf, premier roi chrétien de Norwège.

Les porches étaient surtout utiles aux catéchumènes, qui n'étant pas encore admis au baptême, ne pouvaient participer avec les fidèles aux mystères intérieurs. C'est là qu'ils se retiraient au moment solennel où ils étaient expulsés des saints mystères.

Les porches servaient aussi aux pénitents astreints à la pénitence publique et canonique. C'est là que le moyen âge les a vus pieds nus, dans leur costume pauvre et leur attitude humiliée, demandant pardon à Dieu et aux hommes, et implorant par leurs prières la pitié des fidèles. C'était là que se faisait leur réconciliation, et cette cérémonie touchante avait lieu le jeudi saint, appelé pour cette raison le *jeudi absolu*.

Tous s'agenouillaient et le prêtre récitait publiquement les sept psaumes de la pénitence et il prononçait l'absolution générale qui était l'amnistie de l'Église.

---

(1) C'est évidemment à cette coutume qu'est du l'usage des *bénitiers*, que l'on voit quelquefois même dans les porches.

Les porches, au moyen âge, servirent aussi de lieux de sépulture.

Les pieux fidèles les considérant toujours comme l'entrée du ciel, voulaient y être inhumés et y reposer en paix comme dans une antichambre du Paradis (1).

Dans les processions, on n'oubliait jamais d'encenser le corps de ceux qui reposaient dans les porches (2).

Dans certaines cérémonies on y exposait aussi les restes vénérés des saints.

Il y avait des canons et des peines sévères édictés contre ceux qui vendraient ou trafiqueraient dans les porches des églises (3).

Dans les porches s'arrêtaient tous les ans deux processions célèbres de l'année chrétienne : celle de la fête des Rameaux et celle de la fête de l'Ascension.

Celle des Rameaux figurait l'entrée triomphante de Jésus dans Jérusalem. C'était dans le porche que le prêtre prononçait cet émouvant *Attollite portas*.

C'était au porche que la procession stationnait le jour de l'Ascension, et que deux chantres, montés dans les galeries, adressaient aux fidèles, représentant les apôtres, ces paroles sorties de la bouche des anges : *Viri Galilæi, quid statis aspi-*

---

(1) Dans les premiers siècles du christianisme, lorsque l'on n'osait pas se faire inhumer dans les basiliques, les empereurs de la famille de Constantin se firent inhumer à l'entrée des églises, s'estimant très honorés d'être les huissiers des pécheurs. Des évêques firent de même, et à leur suite une foule de pieux fidèles.

(2) Le porche de l'église Saint-Pierre de Vienne était chargé de sépultures illustres. Il y en avait aussi beaucoup dans l'église d'Arcy-Sainte-Restitute.

(3) Excepté pendant les jours de pèlerinage ou de fêtes patronales.

cientes in cœlum? C'était ce chant qui avait fait appeler la tribune *Galerie* et le porche *Galilée* (1).

---

(1) On retrouve ce nom de *Galilée* en Angleterre. En Normandie on appelle *Viri Galilœi* la galerie, où les chantres entonnaient ce chant, le jour de l'Ascension. Le lieu qui précède le cimetière s'appelle encore Galilée dans le bréviaire des Chartreux.

LES ARTS AU MOYEN AGE

SOMMAIRE

Aux xiiie et xive siècles ce furent les ordres de moines fondés par saint Dominique et saint François d'Assise qui contribuèrent dans la plus large mesure au développement des arts religieux. C'était sous leur habile direction que s'exécutaient les plus importants travaux d'art : « Malgré la multiplicité des chapelles et des surfaces, dit M. Rio, leurs églises et leurs couvents suffisaient à peine à la prodigieuse fécondité des pinceaux contemporains, qui était la manifestation de ce qui se passait alors dans les âmes, dans celles des simples fidèles comme dans celles des artistes. »

Au milieu de la barbarie, les monastères étaient devenus de véritables oasis.

« Vers la fin du xe siècle, dit Viollet-le-Duc, au moment où il semblait que la société allait s'éteindre dans la barbarie, une abbaye se fondait à Cluny (1), et du sein de cet ordre religieux, pendant plus d'un siècle, sortirent presque tous les hommes qui allaient, avec une énergie et une patience incomparables, arrêter les progrès de la barbarie, mettre quelque ordre dans ce chaos, fonder des établissements sur une grande partie de l'Europe occidentale, depuis l'Espagne jusqu'en Pologne. Il n'est pas douteux que ce centre de civilisation, qui jeta un vif éclat pendant les xie et xiie siècles, n'ait eu sur les arts, comme sur les lettres et la politique, une immense influence. Il n'est pas douteux que Cluny n'ait fourni à l'Europe occidentale des architectes comme elle fournissait des clercs réformateurs, des professeurs pour les écoles, des peintres (2), des savants, des médecins, des ambassadeurs, des évêques, des souverains et des papes ; car rayez Cluny du xie siècle et l'on ne trouve plus que ténèbres, ignorance grossière, abus monstrueux. Cette abbaye devint une pépinière de grands hommes, de grands savants, de grands artistes. »

Parmi ces monastères des xiiie et xive siècle, il en est de forts beaux et beaucoup ont été élevés par de pieux fondateurs en souvenir de quelque fait mémorable.

Prenons comme exemple une chartreuse célèbre du nord de

---

(1) Dans la Saône-et-Loire.

(2) Parmi les noms de moines peintres célèbres au moyen âge la tradition nous a conservé ceux de Ernulfe de Rouen, de Madalulphe de Cambrai, d'Abélard de Louvain, de Thiémon (qui fut aussi sculpteur), de Royer de Reims, d'Herbert de Reims, etc.

la France, la chartreuse de Notre-Dame-des-Prés à Neuville-sous-Montreuil-sur-Mer. L'histoire de la fondation du monastère en 1223, que nous raconte la chronique de la Chartreuse, a une saveur exquise.

Robert VII, comte de Boulogne et d'Auvergne, visitait un jour les bourgeois de Montreuil-sur-Mer. Ceux-ci, pour lui faire honneur, lui montrèrent ce qu'ils avaient de plus précieux et notamment un tableau représentant sainte Véronique tenant en main le voile sur lequel est peinte la face de Jésus-Christ marchant au supplice.

Robert qui admirait pieusement la sainte image, se sentit tout à coup saisi de frayeur. Il lui semblait que la face du Sauveur, après avoir fixé sur lui des regards indignés, les détournait avec colère. A trois reprises il recommença l'expérience, chaque fois même irritation, mêmes regards détournés. Le comte de Boulogne, désolé de cette indignation que lui montre Notre-Seigneur, cherche au fond de sa conscience le crime par où il a pu mériter cette punition. Il se rappelle que jadis, en un moment de grand péril, il avait fait un vœu. Il avait promis, s'il échappait au danger mortel qui le menaçait, de bâtir dans ses domaines un monastère pour les disciples de saint Bruno.

Il accomplit son vœu. Dès lors la face du Christ redevint bienveillante et si douce, si souriante, que le souvenir de cette grâce aimable poursuivit Robert en tous lieux.

Le comte avait choisi l'endroit de son comté qui se trouvait le plus rapproché de la ville où avait eu lieu le miracle. Montreuil faisait partie du Ponthieu, il n'avait pas à songer à cette ville. Mais le Boulonnais arrivait jusqu'aux pieds de la côte.

Sur une colline boisée, baignée par les rayons du soleil, au-dessus des prairies qu'arrose la Cauche et justement à l'opposite de Montreuil, avec ses murailles rouges, ses clochers et ses toits aigus se profilant à l'horizon prochain s'éleva le monastère.

Notre-Dame-des-Prés, voilà le gracieux nom qu'il reçut, qu'il n'a pas perdu (1).

Les moines de l'abbaye de Cluny furent les grands initiateurs de la sculpture française. Ce fut sous leur impulsion et leur habile direction que travaillaient les *tailleurs de pierres* dont les plus habiles appelés *tailleurs d'images* étaient chargés des œuvres délicates ou importantes. Nul d'entre eux ne signaient leurs ouvrages..

Dans cet art naissant nulle licence n'était permise. « Leurs personnages, dit M. Taine, sont dépourvus de beauté... maigres, atténués, mortifiés et souffrants... immobiles dans l'attente ou dans l'extase, trop frêles et trop passionnés pour vivre, et déjà promis au ciel... »

Les artistes peintres du moyen âge avaient une esthétique toute spéciale. A l'opposé des Grecs qui avaient étudié la forme humaine, avant de se préoccuper des sentiments, les artistes du moyen âge cherchaient avant tout l'expression, sans tenir compte des proportions du corps humain.

______

(1) La Chartreuse de Notre-Dame-des-Prés a suivi toutes les fortunes et les infortunes de la patrie. Les Anglais, les Bourguignons, les Impériaux, les Calvinistes, la pillèrent, chassèrent les religieux, profanèrent l'église, abattirent les murailles. Toujours après les mauvais jours, les enfants de Saint-Bruno revenaient à leur foyer domestique, réparant les ruines, rebâtissant leur monastère, remettant sur son piédestal la sainte patronne, reprenant leur vie de charité, de travail et de prières, rachetant les livres volés, réimprimant les livres détruits, desséchant les marais et partageant avec le pauvre, le pèlerin, le voyageur, le pain qu'ils n'avaient pas toujours en quantité suffisante.

Ces moines n'avaient aucune idée de la construction osseuse
et musculaire. Le terme même de figure nue était pour eux
synonyme de laideur, et c'est pour cela que dans les représentations de l'Enfer, les damnés sont toujours nus, tandis que
dans les représentations du Paradis, les élus sont toujours
vêtus. En dehors d'Adam et Eve, dont la nudité est obligatoire, il n'y a qu'une seule représentation ou l'on voie le corps
humain dans tout son développement, c'est le Christ. Or,
jamais un moine sculptant ou peignant le Christ sur la croix,
n'aurait songé un seul instant que le corps qu'il voulait représenter fût soumis à des proportions déterminées, et qu'il fût
susceptible d'avoir une élégance quelconque. Son unique
préoccupation était de lui donner l'expression voulue par le
sujet, celle du jeûne et de la souffrance. Pour exprimer
le jeûne, il faisait le corps d'une maigreur extrême, et le
creusait de profonds sillons, chargés de simuler les côtes, dont
il ignorait le nombre. Pour exprimer la souffrance il souli-
gnait les plaies et les marques des coups, faisait pendre les
coins de la bouche, accusait fortement l'arcade sourcilière, et
ne manquaient pas d'indiquer de grosses larmes sous les yeux.
En faisant cette image il traduisait sa pensée intérieure, mais
il aurait cru commettre un sacrilège, si pour représenter son
Dieu, il avait imité une personne vivante et par conséquent
indigne d'un tel honneur.

La représentation des saints et des anges n'exigeait pas non
plus une bien grande exactitude de formes puisqu'ils étaient
toujours vêtus d'amples draperies. C'est donc sur l'expression
des visages que se portait exclusivement l'attention de
l'artiste, mais là encore il s'efforçait de rendre l'idée qu'il

avait sans jamais recourir à la nature. Il savait qu'un saint en prière doit avoir les mains jointes et les yeux levés au ciel, il savait que dans le Paradis les anges sont toujours disposés symétriquement des deux côtés d'un trône où la Vierge est assise, et, respectueux de la tradition, il faisait exactement ce qu'il avait vu faire aux anciens moines de son couvent qui avaient peint les mêmes sujets avant lui.

Les artistes modernes se préoccupent avec justesse de donner au moindre dessin la couleur historique et locale. Un tel souci ne venait pas à l'esprit des enlumineurs du moyen âge ; qu'ils eussent à figurer un départ de troupes, une bataille, un siège, une entrée triomphale ou tout autre fait de guerre, ils composaient une localité de fantaisie et même appropriaient au sujet le lieu qu'ils habitaient eux-mêmes. Dans le premier système une porte entre deux tours représentait une ville ; une route serpentant entre deux montagnes indiquait un défilé ; quelques maisons et des bourgeois aux fenêtres suffisaient pour former le décor d'une réception princière. La seconde manière exigeait encore moins de frais d'invention ; l'enlumineur plaçait un peu au hasard les édifices d'une ville qui lui étaient connus, ajoutait un paysage de convention et faisait ainsi une sorte de compromis entre la vérité et la fantaisie.

On constate, vers la fin du xv° siècle, une tendance à se rapprocher du réel ; la miniature se transforme peu à peu en un vrai tableau ; malgré cela les enlumineur même les plus illustres, persévèrent dans l'anachronisme de temps et de lieu surtout lorsqu'il s'agit de contrées et d'époques lointaines. Le célèbre peintre Jean Foucquet par exemple ayant à représenter

Job sur son fumier, donne pour perspective à sa miniature la ville de Vincennes. Malgré ces bizarreries il ne faut pas blâmer trop fortement cet abus puisqu'il nous a valu des vues de lieux et de monuments qu'on ne trouve pas ailleurs et qui, aujourd'hui, nous feraient singulièrement défaut, si les miniaturistes d'autrefois s'étaient astreints rigoureusement à la vérité historique et locale.

Peu difficile sur la figuration exacte des lieux, l'enlumineur l'était bien moins encore sur le costume des personnages qu'il avait à représenter. En général, il leur donnait les vêtements de son temps et de son pays, ceux qu'il portait lui-même ou qu'il voyait porter par des gens de distinction. Cet anachronisme plus choquant que le premier, s'étendait à toutes les pièces de l'habillement et de l'armement, à tous les acccessoires du mobilier et de la vie ordinaire. Les peintres les plus éminents des écoles italienne et flamande l'ont commis sans le moindre scrupule, et on l'a vu se perpétuer au théâtre jusqu'au siècle dernier. Voltaire et Lekain en ont eu raison, mais non sans quelque difficulté, car la recherche du costume est une affaire d'érudition. et l'insousiance des artistes s'accommode assez des usages qui les dispensent d'étudier. Il n'y avait guère que le Christ et les apôtres qui fussent en dehors de ces habitudes de modernisation ; on les représentait généralement d'après certains types consacrés et imités de l'antique ; leur costume ordinaire était celui des philosophes grecs, tel qu'on le voit sur les bas-reliefs des monuments de Rome et d'Athènes.

Le luxe de l'orfèvrerie était très grand au moyen âge surtout en ce qui concerne la table. Les banquets étaient somptueux. La cour de Bourgogne nous en donne un exemple curieux :

« Olivier de la Marche et les comptes de la maison des ducs nous présentent d'étranges détails sur le luxe et les divertissements introduits dans ces festins, dit M. Maillard de Chambure (*Dijon ancien et moderne*). C'était, au milieu des *buffets chargés d'or et d'argent*, tantôt un dromadaire fait au vif, portant panier plein d'oiseaux peints que son conducteur lâchait au milieu de l'assemblée ; tantôt un lion plus gros qu'un cheval, qui chantait agréablement une ballade et faisait une révérence ; d'autres fois c'était un loup jouant de la flûte, des sangliers sonnant de la trompette, et un quatuor d'ânes chantant un motet ; à quoi il faut joindre les montagnes de glaces ornées d'ours, les châteaux forts, les moulins à vent, les lacs, les baleines de soixante pieds de longueur, de la gueule desquelles sortaient nombre de sirènes et de chevaliers, qui, leur rôle joué, rentraient dans le ventre des monstres ; les pâtés creux, renfermant une église avec ses moines et ses orgues, et beaucoup d'autres inventions aussi miraculeuses qui, sous le nom d'entremets, descendaient du plafond sur *des chariots peints d'or et d'azur*, aux armes du duc, et étaient présentées à l'admiration de l'assemblée. Cependant ces magnifiques automates n'étaient pas les seules délices que les ducs offrissent à l'ébattement de leurs convives. Le gibier de leurs forêts et le bon vin de leurs vignes de Pomard et de Montrachet en faisaient la principale richesse. Quant aux menus mets d'usage à leur table et spécialement destinés à affriander les dames,

on trouverait dans les comptes de ces repas de curieuses
nomenclatures : faisans à la poudre d'or, poules de l'Inde
braisées dont la première fut offerte à la duchesse Marguerite,
le 12 novembre 1385, gélines au safran, pâtes de groseilles,
tartelettes et confitures de poivre, anis et aulx confits servis
dans de *riches drageoires*, orge pilé, épinaches (épinards) au
sucre, rousset, blé vert, oblies, pots de gingembre vert, verjus
de pommes au girofle, noix musquettes, hypocras, vin d'épices
et claret de Bourgogne, servi par les pages *dans les hanaps d'or*,
et que le duc buvait à longs traits dans le *grand hanap de
Jules-César*, qui fut remis à neuf pour la venue du roi d'Arménie à Dijon. Après le service, des *cure-dents d'argent*
étaient offerts aux convives, avec une brosse de bruyère et une
queue de renard pour s'épousseter. C'était l'heure attendue
où quelque ménestrel ou poëte parasite, Thomas de Hédin-
court en 1638, Jehan des Fossés en 1376, introduit dans la
haute galerie de pierre qui dominait la salle, chantait, pour
réjouir les dames, quelque complainte nouvelle ; ou bien
l'assemblée se tirant, près du foyer brûlant, les allumettes de
jour qu'il fallait, « sous peine de bailler gage, éteindre d'un
coup sans tousser », les « almanacques et pronostications »
copiées plus tard par *Nostradamus*, et déjà célèbres et infail-
libles comme depuis, servaient de passe-temps aux femmes et
aux jeunes gens, tandis que le duc et ses barons devisaient des
guerres de Flandres, de l'occision des Armagnacs ou de leurs
faits de chasse, un des passe-temps favoris du prince, qui
n'avait pas moins de quatre cent trente veneurs de tout grade
dans son équipage. »

Un fait curieux à noter dans l'orfèvrerie religieuse, c'est le caractère de l'ornementation à partir du viiiᵉ siècle.

Les orfèvres se mettent alors à imiter les monuments de l'architecture. C'est ainsi que les châsses se mirent à affecter la forme d'une église (1), les reliquaires la forme des objets vénérés qu'ils renfermaient (2).

A l'époque latine, l'orfèvrerie religieuse avait une grande importance (3).

« La meilleure partie du butin ramassé par les Francs, les Hérules, les Bourguignons, dit M. Paul Lacroix, se transformait en orfèvrerie religieuse et devenait le partage des églises et des couvents, des évêques et du clergé. Dès le règne de Clovis, l'évêque et l'abbé portaient une crosse en or, une mitre d'or et un anneau épiscopal d'or à cabochon en pierre de couleur ; les ossements des saints reposaient dans des capses ou reliquaires d'or et d'argent garnis de pierres précieuses ; les vases de l'autel étaient en or et en argent massif. Il suffit

----

(1) La plus célèbre de ces pièces fut la châsse des rois mages dans la cathédrale de Cologne ; elle servit souvent de modèle.

(2) Ainsi, les fragments de la vraie croix furent renfermés dans une croix à double branche, la sainte larme dans une perle à cristal de roche.

(3) Les pièces d'orfèvrerie trouvées dans le tombeau de Childéric, le vase de Reims ou de Soissons, « d'une grandeur et d'une beauté extraordinaires, dit Grégoire de Tours » ; le riche et large bassin d'or que Chilpéric montrait avec orgueil à Grégoire de Tours, appartiennent encore à l'art gallo-romain.

Ce qui caractérise cette orfèvrerie ainsi que toute celle du moyen âge, c'est l'alliance des métaux précieux avec les pierres fines. La chose qui s'appréciait le plus à cette époque, c'était la valeur de la pièce plutôt que le cachet du travail.

La première école nationale d'orfèvrerie fut fondée par saint Eloi, orfèvre du roi Clotaire, puis de Dagobert, dont il devint le conseiller. Saint Eloi établit deux écoles d'orfèvrerie au faubourg Saint-Paul hors les murs (cette chapelle devint plus tard l'église Saint-Paul) et au monastère de Saint-Martial dans la cité. Un testament de la reine Mathilde signale aussi l'existence d'une fabrique à Saint-Lô.

de rappeler l'histoire du vase de Reims. Ce vase, « d'une grandeur et d'une beauté extraordinaires », dit Grégoire de Tours, avait été enlevé dans le pillage d'une église de Reims, en 486 ; il faisait ainsi partie du butin qui devait être distribué à Soissons, par la voie du sort, entre les Francs de Clovis. Celui-ci, auprès duquel l'évêque de Reims, saint Remy, fit réclamer ce vase d'orfévrerie, voulut le faire mettre à part pour le rendre au prélat ; mais un soldat, mécontent du privilège que s'arrogeait son chef, brisa le vase d'un coup de francisque. Plus tard, Clovis vengea ce pauvre vase en fendant la tête du soldat, qui n'y songeait plus, en lui disant : « Souviens-toi du vase de Soissons. »

Il y avait un atelier d'orfèvrerie très célèbre dans le cloître de Saint-Denis. Les moines artistes des autres couvents venaient y étudier les éléments de leur art.

A Paris, les orfèvres laïques étaient établis dans la rue de la Barillerie, en face le Palais, sur le parvis de Notre-Dame et sur le pont qui depuis a reçu le nom de Pont-au-Change.

Ils avaient de curieux statuts : Leurs boutiques devaient être fermées le dimanche à l'exception d'une seule que chaque orfèvre ornait à son tour. Le bénéfice que cet orfèvre faisait ce jour-là devait être déposé dans un tronc et destiné à un repas que la corporation des orfèvres religieux offrait chaque année aux pauvres de l'hôpital de l'Hôtel-Dieu (1).

Les artistes chrétiens du moyen âge étaient très pratiques.

---

(1) Il y avait aussi à Toulouse une école d'orfèvrerie remarquable. On trouve dans les églises du département de Tarn-et-Garonne de nombreux spécimens des œuvres de cette école, entre autres des châsses de vermeil en forme d'églises, des reliquaires, des cabochons, des pierres gravées, etc.

Ils ont fait prendre presque toujours aux *reliquaires* la forme des parties du corps qu'ils devaient renfermer : tête, pied, bras, jambe, suivant qu'on devait vénérer tel ou tel des ossements d'un saint ou d'une sainte. Il s'ensuivait que les fidèles étaient ainsi dès l'abord avertis par la forme du reliquaire de la nature de la relique exposée à leur vénération (1).

Les reliquaires ne renfermaient pas toujours seulement les ossements des martyrs. Les premiers chrétiens avaient une foi ardente et ils recueillaient avec un soin respectueux, soit des petits fragments de leurs tombeaux, soit de simples linges déposés sur les sarcophages, ou soit encore tout simplement de l'huile des lampes qui brûlaient devant ces sarcophages (2).

Primitivement, le *calice* était une coupe sur un large pied, afin qu'il ne renversât pas. La *coupe* avait une importance capitale (servant à conserver le précieux sang du Christ) et le pied n'était qu'un accessoire.

Malgré ses modifications le calice resta d'ailleurs toujours dans des proportions convenables. Vers le vii° siècle, le pied s'était allongé jusqu'à la coupe pour le surhausser et alors l'un et l'autre s'équilibraient. Toujours, avec leurs idées pratiques, afin de rendre le service plus commode, les artistes coupèrent la tige en deux par un nœud que le prêtre saisissait de la main droite à l'autel.

Ce ne fut qu'au commencement du xvi° siècle qu'on exagéra

---

(1) Un exemple : Le bras de sainte Madeleine, offert à saint Louis par les moines de l'abbaye de Vézelay, fut enchâssé dans un bras d'or gemme : « Pretiosum brachium beatissimo Mariæ Magdalenæ..... in vasculo facto ad modum brachii, una cum manu. » (Exuv. Sacr. C. P., ii, 154).

(2) Il y avait même des reliquaires qui étaient suspendus au cou des croyants.

les formes et alors le pied devint trop grand par rapport à la coupe.

La châsse (1) est une espèce de reliquaire ayant la forme soit d'un cercueil, soit d'un coffret rectangulaire surmonté d'un couvercle en forme de toit, soit encore d'un petit édifice.

Primitivement les châsses ont dû avoir la forme de petits sarcophages (2).

Les châsses antérieures au xie siècle sont très rares, parce qu'elles n'étaient le plus souvent que de simples coffrets de bois ornés de peintures.

A l'époque romane les châsses furent le plus souvent en bois recouvert de plaques d'or, d'argent, de cuivre.

Ces châsses ont ordinairement la forme d'une boîte rectangulaire surmontée d'un toit à double rampant.

Aux xiie et xiiie siècles, ce furent les émailleurs limousins qui fabriquèrent le plus de châsses.

A partir du xive siècle on fabriqua des châsses toutes entières en métal fondu et ciselé.

C'est à partir de cette époque que les châsses devinrent rares ; les orfèvres et les sculpteurs donnèrent alors aux reliquaires la forme des statues.

---

(1) Le mot châsse vient du latin *capsa*, mot qui servait à désigner un coffret.

Dans les inventaires rédigés en latin au moyen âge, les châsses sont désignées par les mots *capsa*, *capsula*, *cophinus*, *arca*.

(2) On en a trouvé dernièrement un exemple dans la châsse en argent découverte aux environs de Tébessa et offerte par S. E. le cardinal Lavigerie au pape Léon XIII. Grégoire de Tours raconte qu'il trouva une châsse d'argent lors de la reconstruction de l'église de Saint-Martin et que cette châsse renfermait des reliques des martyrs de la légion sacrée.

Au moyen âge, les tapisseries servaient à la décoration des églises. Saint Angelme de Norwège, évêque d'Auxerre, fit exécuter, vers 840, un grand nombre de tapis pour son église. En 984, à l'abbaye de Saint-Florent de Saumur, l'abbé Robert commanda une masse de dosserets, de bancquiers, de tapis de muraille, de tapis de pied, de courtenis et de tartan lamé. Les comptes de l'abbaye nous apprennent que cet abbé fit exécuter deux grands tissus dans la composition desquels entrait de la soie et qui représentaient des éléphants ; dans d'autres, on voyait des lions, se détachant sur un fond rouge ; le premier de ces ouvrages était évidemment un vêtement sacerdotal, puisque le chroniqueur raconte que l'abbé s'en parait aux grandes fêtes (1).

En 987, la reine Adélaïde, épouse de Hugues Capet, offrait à l'abbaye de Saint-Denis une tapisserie tissée, représentant le globe terrestre, *orbis terrarum*.

Au xie siècle, il y avait une grande manufacture de tapis à Poitiers. En 1025, un évêque italien, nommé Léon, chargeait le comte de Poitiers de lui envoyer un « tapetum mirabile ». Ces tapis étaient ornés de sujets tirés des saintes Écritures.

Au xiie siècle, Mathieu de Loudun, abbé de Saint-Florent, à Saumur, fait exécuter deux « dosserets » destinés à être suspendus dans le chœur aux fêtes solennelles, et représentant des sujets tirés de l'Apocalypse.

Il orne aussi la nef de tentures représentant des lions et autres animaux, ainsi que des sagittaires.

Vers le xiiie siècle, la tapisserie prend une plus grande ex-

---

(1) Ces étoffes n'étaient pas brodées, mais tissées, ainsi que le dit le mot « texere ».

tension encore et s'associe à la fresque pour la décoration des monuments religieux.

Si nous pénétrons dans les églises et les cathédrales, il n'en est pas, si petite qu'elle soit, qui, aux jours de fête, ne se revête de tapisseries. Les voiles (*vela*), les courtines (*cortinæ*), les *aulæa*, sont destinées à servir soit de portières, soit de tentures ; les espalliers (*spaleriæ*), les dosserets (*dossalia*), les banc-quiers (*bancalia*), recouvrent les sièges et les dossiers des bancs ; des pailes (*pallia*), recouvrent les autels.

Le mobilier ecclésiastique comprend aussi les *tapetes*, les *substratoria*, qui sont des tapis de pied, des faldistoires, des baldaquins, tous recouverts de tapisseries.

Guillaume Durand, évêque de Mende, qui vivait au XIII° siècle et qui a laissé un traité qui faisait autorité, nous apprend que chaque catégorie de tissus avait une signification particulière. Le symbolisme s'étendait même aux couleurs : les courtines rouges rouges représentaient la charité ; les blanches, la pureté des mœurs ; les noires, la mortification de la chair ; les livides, les tribulations ; les vertes, la contemplation.

Tous les anciens inventaires nous montrent combien on prodiguait les tapisseries pendant les xv° et xvi° siècles (1). Les églises en étaient remplies ; tout ce que l'architecte avait laissé de surface plane, murs en dessous les fenêtres dans les bas-côtés, dossiers des stalles, faces des jubés, tout disparaissait les jours de fêtes sous les tapisseries.

Et bien souvent encore, cela ne suffisait pas pour satisfaire

____

(1) Tous les châteaux étaient remplis de tapisseries : depuis la salle du *Parement*, où se trouvait le dais, sous lequel s'asseyait le seigneur pour exercer ses droits de justicier, depuis la grande salle où se faisaient les réceptions, jusqu'aux chambres intimes.

le grand désir qu'on avait de parer la maison du Seigneur, de disposer des tentures *panni paramenti*, on en suspendait à des cordes, tendues au travers du chœur, ou bien dans le sens de la longueur d'un pilier à l'autre. Et, telle était dans certaines églises et dans certains monastères la richesse et la prodigieuse quantité de tapisseries, de *draps à parer* comme on disait, qu'on cherchait où on pourrait bien encore en suspendre d'autres.

*
* *

La sculpture du moyen âge est expressive. Ceux qui taillaient des « images » dans la pierre, le marbre ou le bois, avaient un souci constant de faire vivre leurs personnages avec leurs sentiments, leurs sensations et leurs passions. Dans la physionomie de ces saints et de ces saintes, de ces chevaliers bardés de fer, de ces belles dames aux corps moulés dans leurs vêtements précis, dans la physionomie de toutes ces représentations, qui nous semblent naïves et simples, à force d'art, nous sommes surpris de lire une étrange intensité de vie. Ces artisans qui étaient des hommes de génie, avaient tellement le désir de faire vrai, de se rapprocher autant que possible de la réalité, qu'ils n'hésitaient pas à couvrir leurs sculptures de polychromie (1).

---

(1) Un beau spécimen de la sculpture française du xiv° siècle, se voit au musée de Cluny ; c'est un magnifique rétable en pierre, provenant de l'abbaye de Saint-Denis et où se trouve représentée la *légende de saint Benoit*.

L'*hôtel de Cluny* est une des plus belles demeures particulières du moyen âge. Il a été

La sculpture du moyen âge a commencé à se montrer expressive dans les sarcophages.

Parfois on entourait le sarcophage du défunt avec les statues ou les bustes des personnes qu'il avait le plus affectionnées pendant sa vie. ou bien on y joignait des bas-reliefs dont
les sujets étaient tirés de la vie des saints.

Saint-Louis, roi de France, consacra dans Saint-Denis, qu'il
avait restauré, des monuments à plusieurs rois et grands
personnages ses prédécesseurs, entre autres celui de Dagobert.

Le sujet du bas-relief qui le décore est emprunté à la légende d'une vision qu'eut l'ermite Jean. Il avait vu l'âme de
Dagobert tourmentée par les diables qui l'entraînaient, mais
délivrée ensuite par la puissante intercession des saints qu'il
avait invoqués (1).

Pendant le moyen âge on a construit beaucoup plus de
pierres tombales que de tombeaux en relief.

« Les pierres tombales ont été au xive siècle magnifiques
d'exécution : tous les détails du costume y sont rendus avec
une grande exactitude. Les compositions architecturales destinées à former l'entourage des personnages représentent des
chapelles ou des travées d'une église.

---

commencé dans la seconde moitié du xve siècle par Jean de Bourbon, abbé de Cluny qui le
fit élever sur l'emplacement du palais romain des Thermes. Il fut terminé par Jacques d'Amboise. Il devint successivement la résidence de la veuve de Louis XII, Marie d'Angleterre
(d'où le nom de *chambre de la reine blanche* conservé à la chambre de la reine), du cardinal de Lorraine, du duc de Guise, etc.

(1) On voit en effet, sur ce bas-relief, le roi Dagobert qui est entraîné tout nu par les
diables qui l'emmènent dans leur barque. Mais saint Martin, saint Maurice et saint Denis
mettent les démons en fuite et enlèvent au ciel le roi Dagobert.

Elles ont leurs types correspondants dans les décorations du même genre dont on encadrait, au xiv° siècle, sur les vitraux, les personnages que l'Église offrait à la vénération des fidèles. Dans le nord, les Pays-Bas et dans quelques localités ce sont des dalles de marbres gris ou noir qui ont été employées ; dans l'Ile-de-France, la Normandie et une très grande partie de la France, ce sont surtout des dalles de pierre calcaire blanche, jaune ou appartenant aux formations secondaires ou tertiaires (1) ; enfin dans les régions granitiques et schisteuses, on s'est servi des dalles fournies par ces roches, mais elles étaient moins faciles à tailler. »

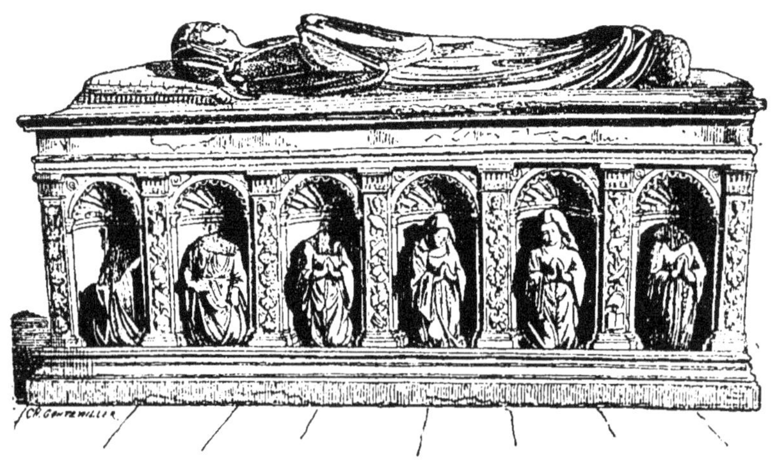

TOMBEAU DE PHILIPPE DE MONTMORENCY

Parmi ces admirables ymagiers, « tailleurs de pierres » (comme on les appelait en France), qui ont semé tant de naïfs chefs-d'œuvres et marqué d'une si originale empreinte leurs

______

(1) On peut voir un certain nombre de ces pierres tombales au musée de Cluny.

œuvres splendides et éparses, il nous faut citer le grand artiste lorrain *Ligier Richier* (ou Migier). C'est l'un des plus admirables sculpteurs chrétiens de la France.

On connaît peu de détails sur sa vie. Il est né, croit-on, en 1499 ou 1500. La légende le donne comme élève de Michel-Ange, d'autres veulent qu'il soit allé étudier en Italie. Mais rien ne le prouve, mais il n'était pas nécessaire d'aller en Italie pour apprendre à avoir du talent. Il y avait alors en Lorraine comme en Bourgogne des sculpteurs d'un incomparable talent, qui, inconnus pour la plupart, n'en ont pas moins élevé l'art à une grande étude et certaines de leurs œuvres valent bien celles des sculpteurs de la Renaissance italienne.

La première des œuvres du grand artiste chrétien qui date de 1533, est le Calvaire en bas-relief de l'église de Hatton-Chatel. Il rappelle par sa disposition les anciens tryptiques. Au centre, le Christ sur le bois sacré ; d'un côté, Jésus traînant sa croix ; de l'autre, son corps livré aux saintes femmes pour l'ensevelir. Si l'exécution de ces trois scènes est naïve, il est impossible de n'être pas frappé de la science que révèle la composition, de la justesse de mouvement des petites figures. Comme les artistes de son époque, le statuaire a habillé ses personnages avec les vêtements et les coiffures de son pays, de son temps, et il a couronné le crucifiement d'un écusson aux armes de Lorraine. Le tout forme un ensemble très riche et profondément religieux.

Son Christ n'a pas la sécheresse et la rigidité que les sculpteurs étaient dans l'habitude de donner au divin crucifié. Ligier Richier, même dans la figure du Christ, s'était dégagé de la donnée hiératique, ainsi qu'il est facile de le reconnaître dans une tête qui nous reste de lui et qui nous a été conservée par un singulier hasard.

Ligier Richier avait exécuté en bois un grand crucifix. On raconte qu'en 1793, il fut brûlé sur la place des Halles. Le soir de cette scène de vandalisme, un menuisier traversait cette place, son pied heurta un débris ; il se baissa, le prit, l'emporta, et rentré chez lui, il reconnut que c'était la tête de Jésus, à peu près épargnée par les flammes. Il la cacha précieusement, et aujourd'hui, on peut en voir un moulage au musée de Nancy. Cette figure, qui ne porte pas de marques des convulsions de la mort, ne rappelle aucun des visages que la tradition a donnés au Fils de Marie ; c'est une œuvre très forte et parfaitement individuelle.

Son Jugement de Daniel représente la chaste Suzanne et les deux vieillards devant le tribunal ; des personnages assez nombreux entourent ces principaux acteurs, et dans le ciel du bas-relief, flottent des anges, l'un déposant une couronne sur le front de Suzanne, l'autre tenant son glaive menaçant sur la tête des impudiques. Jusqu'ici, la scène est parfaitement claire ; mais on ne comprend pas la présence, sur les marches du tribunal de Daniel, de deux charmants enfants nus. L'un semble effrayé par un petit chien et pleure tandis que l'autre en prend un dans ses bras et rit. Que signifient ces petits êtres et cette petite scène ? Est-ce une parabole en action ou tout simplement un caprice de l'artiste ? Nous serions très porté à admettre cette dernière supposition.

En Lorraine, par un sentiment bien naturel et fort excusable, dès qu'on voit une œuvre un peu remarquable, on l'attribue à l'éminent sculpteur. Il en est quelques-unes qui

lui appartiennent sans aucun doute, mais toutes ne sont cer-
taïnement pas de lui ; il ne florit pas solitaire et il dut avoir
des rivaux, des émules, des élèves peut-être, mais la ville de
Bar-le-Duc possède des œuvres qui, sans contestation aucune,
sont sorties des mains de Ligier Richier : dans l'église Saint-
Pierre, la figure macabre appelée la Mort. Elle se trouve dans
une chapelle où on lit l'inscription suivante :

« Ce squelette, ouvrage de Ligier Richier, se trouvait autrefois dans l'église de Saint-Maxe de Bar-le-Duc et servait de
mausolée à René de Châlons, prince d'Orange, tué en 1544 au
siège de Saint-Dizier.

« C'est Louise de Lorraine, épouse de ce prince et sœur du
duc François Ier, qui le fit sculpter en mémoire, et comme symbole de son amour pour René, elle fit placer le cœur du prince
dans la main gauche du squelette, et il y resta jusqu'en 1793
enfermé dans un étui en vermeil. Pendant la Révolution, il fut
enlevé, ce qui ne put se faire sans mutiler la main qui le portait. Depuis elle a été restaurée et supporte actuellement un
cœur en plâtre.

« Lors de la démolition de l'église de Saint-Maxe, les cendres
des anciens souverains du Barrois qui étaient dispersées dans
différents tombeaux furent apportées ici et réunies sous le
squelette dans une même tombe. »

Comment expliquer que la tendresse d'une femme ait mis
une si lugubre image sur la couche funèbre d'un homme
qu'elle aimait? On dit que touché du néant des grandeurs
humaines et pour montrer ce que devenaient les princes
de la terre, René avait voulu être sculpté sur son tombeau
tel qu'il serait un an après sa mort. Louise lui obéit. Cet

effroyable sujet fut admirablement compris par le sculpteur ; il n'a pas représenté un squelette, mais un cadavre que la pourriture vivante, ce je ne sais quoi sans nom, ronge encore.

La même église contient encore trois autres statues : le Christ et les deux Larrons, attribuées faussement, croyonsnous, à Ligier Richier. Elles ne sont point sans mérite, mais leur modelé et leurs attitudes, la rondeur de leurs formes, la recherche de leur disposition ne permettent pas de les donner au maître simple et énergique qui a taillé la Mort et l'œuvre capitale dont nous allons parler.

C'est à Saint-Mihiel, a dit M. René Ménard, qu'il faut aller pour voir dans l'église de Saint-Etienne le fameux sépulcre de Ligier Richier. Il se compose de treize figures plus grandes que nature, taillées dans une pierre d'un grain très fin et blanc comme du marbre. Le corps affaissé du Christ est soutenu par Nicodème et Joseph d'Arimathie dont les traits sont empreints d'un caractère grave et réfléchi. Sainte Madeleine, agenouillée, baise les pieds du Christ et les arrose de ses larmes ; au second plan, dans un demi-jour qui ajoute encore à la tristesse de la scène, la Vierge défaillante et soutenue par saint Jean et Marie, sœur de Marthe. C'est peut-être la figure la plus touchante de ce groupe admirable. Sur un des côtés, une sainte femme contemple avec tristesse la couronne d'épines qu'elle tient dans ses mains ; du côté opposé, un ange porte des clous et la croix ; au fond, des soldats jouent aux dés ; le désir du gain qui se lit sur leur visage, contraste avec l'attitude désespérée des saints qui entourent le Christ.

On raconte dans le pays que ces soldats reproduisent les

traits de deux habitants de Saint-Mihiel ; l'un serait un usurier inflexible qui aurait fait saisir le sculpteur dans ses meubles, l'autre le sergent de justice qui aurait opéré la saisie.

On dit aussi que Louis David, peintre et régicide, fuyant en 1815, et se rendant en Belgique pour trouver un refuge, se serait arrêté pendant six heures devant le Sépulcre sans pouvoir s'arracher à son admiration.

Il existe encore à Saint-Mihiel un admirable fragment d'un grand ouvrage de Ligier Richier ; c'était un crucifiement sculpté en bois. Ce fragment représente la Vierge soutenue par saint Jean. Dans ce crucifiement en ruine dès le xviii⁰ siè-cle, on voyait au pied de la croix, saint Longin et la Madeleine en prière. Ces deux figures n'existaient plus à l'époque de la Révolution. Le Christ alors disparut, le saint Jean et la Vierge furent cachés ; maintenant, ils décorent l'église paroissiale de Saint-Mihiel.

A l'église de Saint-Etienne encore, il y a un fragment de tombeau du grand sculpteur. On y voit deux petits anges ailés soulevant une draperie et laissant voir une tête de mort sur une console.

Quoi qu'il en soit, le *sépulcre de Saint-Mihiel est incontes-tablement le chef-d'œuvre de la sculpture chrétienne ;* jamais note religieuse, plus vibrante, plus émue, ne s'est élancée du cœur d'un homme ; comme sentiment et expression, nul maître n'est allé au-delà.

Au xve siècle appartient aussi le sculpteur *Pierre Peinte* l'auteur du tombeau de Ph. Pot (1) qui est un pur chef-d'œuvre.

Sur une large dalle le sénéchal est couché, le corps enserré dans son armure, les mains jointes dans une attitude de sereine piété. La dalle est soutenue par des pleureurs vêtus de capes noires. Penchez-vous ; examinez une à une ces figures d'un réalisme saisissant ; pas une expression qui soit la même, pas une physionomie qui soit seulement indiquée. C'est de l'art poussé à la perfection, avec une incomparable sûreté, une étonnante virtuosité de ciseau. Et ces mains, aux doigts rendus gourds par le travail journalier : des mains de patriciens ? nullement ; des mains qui ont retourné la terre et dont la peinture a saisi la coloration accentuée avec un prodigieux naturel. Cela est beau, éternellement beau.

Ce tombeau est au musée du Louvre à Paris.

Il nous faut citer maintenant pour la France le célèbre sculpteur *Colomb* (ou *Columb* ou Colombe-Michel — 1430-1512) (2).

On possède peu de détails sur sa vie.

---

(1) Ce tombeau de Philippe Pot grand sénéchal de Bourgogne n'a été exposé au Louvre qu'en juillet 1889. Ce monument provient de l'abbaye de Cîteaux et a été exécuté de 1477 à 1483.

(2) Taillandier, d'Argentré, Lobineau, Desfontaines, ont parlé de son talent avec le plus grand éloge, ils citent surtout son *tombeau de François II*, qu'ils désignent toujours comme un *magnifique tombeau*, un *superbe mausolée*.

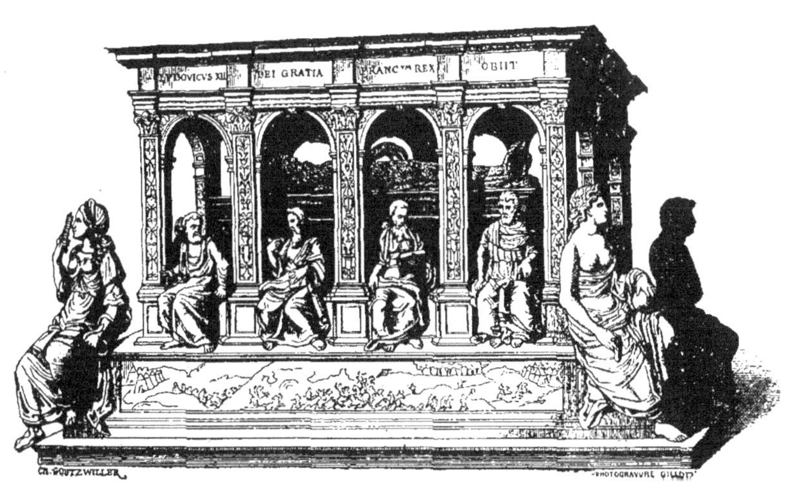

TOMBEAU DE LOUIS XII ET D'ANNE DE BRETAGNE

Son chef-d'œuvre est le magnifigue *tombeau de François II, duc de Bretagne*.

Il se trouve dans la cathédrale de Nantes où il fut apporté après avoir été enlevé de l'église des Carmes. Ce mausolée érigé en 1507 par l'ordre d'Anne de Bretagne se compose d'un sarcophage de marbre blanc, mesurant cinq pieds de haut. Le duc de Bretagne et sa femme reposent leur tête sur un coussin que soutiennent trois anges à genoux.

La duchesse a à ses pieds un levrier et le duc un lion, l'un signe de fidélité, l'autre signe de courage. Des figures situées dans des niches peu profondes ornent sur deux rangs le tour du sarcophage. On y voit les douze apôtres, saint François d'Assise, sainte Marguerite, Charlemagne et saint Louis.

Mentionnons encore les deux sculpteurs de la Renaissance *Jean* et *Just le Juste* nés à Tours vers 1490. On connaît peu de choses sur leur vie.

Mais leur œuvre religieuse est fort belle. On peut citer le *tombeau des enfants de Charles VIII*, une des merveilles de la cathédrale de Tours. Ce mausolée est d'un style sévère et grandiose. En 1527, ils furent chargés par François Ier de faire le *mausolée de Louis XII et d'Anne de Bretagne*. On connaît encore d'eux le *mausolée de Louis Poucher* et le *Christ au tombeau* de l'église Saint-Florentin d'Amboise.

L'ICONOGRAPHIE CHRÉTIENNE

PENDANT LE MOYEN AGE

SOMMAIRE

———

L'Iconographie chrétienne. Les Représentations de Dieu le Père, du Christ, du Christ glorieux, du Jugement dernier, du Saint-Esprit, de la Sainte Trinité, de la Sainte Vierge, des douze apôtres (leurs attributs), des prophètes, des patriarches, des évangélistes (leurs symboles), des docteurs, des confesseurs, des prêtres, des diacres, des évêques, des anges, des saints et des martyrs (de sainte Marthe, saint Christophe, saint Antoine, saint Thomas, saint Jérôme, etc.), du diable, des arts libéraux, des vierges sages et des vierges folles, des vertus et des vices.

On donne le nom d'*iconographie chrétienne* (1) à l'étude des représentations sculptées ou peintes qui ont trait à la religion chrétienne. C'est la connaissance des images et des attributs qui les caractérisent.

Nous allons étudier l'iconographie chrétienne, de l'appari-

———

(1) *Iconographie*, du grec *eikôn*, image ; *graphô*, j'écris.

tion de l'art chrétien hors des catacombes à la naissance de l'architecture gothique.

Dans les commencements de l'art chrétien, on symbolisa *Dieu le Père* par une main sortant des nuages; ensuite on a fait une tête et un buste, mais ce n'est qu'au viie siècle qu'on l'a représenté sous la forme d'une figure entière. Ordinairement la main divine est caractérisée par le nimbe crucifère.

Quelquefois Dieu le Père prend la forme du Christ.

« Dans ses rapports avec l'homme, dit l'abbé Oudin, Dieu le Père s'est manifesté très souvent, et certains actes sont attribués à lui plus spécialement qu'aux deux autres personnes. Historiquement, c'est plus volontiers dans l'Ancien Testament, dans la Bible proprement dite, que le Père se manifeste, tandis que le Fils se révèle dans l'Évangile surtout et que le Saint-Esprit apparaît, tantôt dans l'un, tantôt dans l'autre. Cependant, en iconographie, rien n'est plus fréquent, au moins jusqu'au xve siècle, que de voir le Fils prendre la place du Père, et créant le monde à lui seul, commandant à Noé de construire l'arche, arrêtant la main d'Abraham, parlant à Moïse. Dans ces faits, il est facile de reconnaître le Fils à sa figure jeune imberbe, à son costume ou bien à son nom écrit en entier, ou à son monogramme. »

Dans les sculptures des églises françaises du moyen âge, Dieu le Père paraît aussi très souvent sous la forme du Fils (1).

Dans l'art des catacombes nous avons vu comment le

---

(1) On peut voir quelques représentations d'une curieuse trivialité. Dans un chapiteau de Notre-Dame-du-Port, à Clermont, « il est représenté, dit M. Didron, donnant des coups de poing au coupable Adam, tandis qu'un ange saisit notre pauvre premier père par la barbe qu'il lui arrache. »

Christ était représenté dans les monuments primitifs. Au moyen âge la représentation symbolique du *Christ* en agneau (1) a été populaire (et même a persisté jusqu'à nos jours). Le Christ en agneau porte habituellement le nimbe croisé, et près de lui est souvent une croix avec l'étendard.

Les artistes du moyen âge ont affectionné la représentation du *Triomphe du Christ*, du *Christ glorieux*.

Dans les sculptures de nos églises romanes on voit le Christ glorieux, entouré des quatre signes des évangélistes, des apôtres ou des vieillards. Quelquefois on le voit vainqueur des bêtes sataniques.

Dans les peintures des églises byzantines on voit le Christ sur son trône, escorté des saints et adoré des anges. Parfois il porte les habits d'un archevêque (2).

Quand les artistes du moyen âge eurent à représenter le *jugement dernier* (représentation alors très commune) ils se préoccupèrent principalement de l'idée de puissance. Le Christ que l'art primitif avait représenté avec une physionomie d'une grande douceur ne fut plus représenté de la même manière. Sous le pinceau ou le ciseau des moines artistes le Christ devient dur, terrible. Il est alors un justicier qui inspire la crainte.

« Dans les *jugements derniers* sculptés aux voussures et peints aux rosaces de nos cathédrales, dit Didron (3), le Christ sem-

---

(1) L'agneau a même continué à figurer dans les représentations byzantines.

(2) On peut voir dans la crypte de la cathédrale d'Auxerre une très curieuse peinture qu'on fait remonter au xi° siècle, où le Christ triomphateur est représenté à cheval, conformément à la vision de saint Jean. Cette image est figurée sur une grande croix ornée ; entre les bras de la croix sont quatre anges à cheval.

(3) *Histoire de Dieu.*

ble insensible aux prières de sa mère, qui est placée à sa droite,
de saint Jean l'Évangéliste, son ami, ou de saint Jean-Baptiste,
son précurseur, qui sont placés à sa gauche. Il écrase les méchants en leur montrant les trous de ses mains, de ses pieds
et de son côté ; il les noie dans le sang qui coule de ses plaies.
Les Grecs, plus hébraïsants que les Latins, ont un Christ
plus terrible encore. Les fresques byzantines représentent ordinairement le jugement dernier. Là on voit le Christ assis sur
un trône ; il est entouré d'anges qui tremblent de frayeur en
entendant les redoutables malédictions qu'il lance sur les pécheurs. Non seulement ce Dieu est juge, comme chez nous,
mais il exécute lui-même son jugement. A peine a-t-il porté
la sentence de réprobation, qu'à sa voix un fleuve de feu sort
de son trône, de dessous ses pieds, et dévore les coupables.

Voici encore ce que dit le manuscrit de Pansélinos sur la
façon de peindre le Christ au jugement dernier :

« Le Christ est assis sur un trône élevé et de feu ; il est
vêtu de blanc et lance la foudre au-dessus du soleil. Tous les
chœurs des anges sont saisis de frayeur et tremblent devant lui.
De la main droite il bénit les saints ; de la gauche il indique
aux pécheurs le lieu des gémissements... Un fleuve de feu sort
des pieds du Christ, les démons y précipitent les méchants....
Les prophètes sont à droite et à gauche du jugement avec des
rouleaux. Malachias dit : « Voici : le jour vient ardent comme
une fournaise, pour consumer les ennemis et ceux qui com-
mettent l'iniquité. Le Seigneur tout-puissant les châtiera au
jour du jugement et donnera leur chair au feu et aux vers. »

C'est sous cette forme terrible que les artistes du moyen
âge ont le plus souvent représenté le *Christ*.

Le *Saint-Esprit* a été représenté constamment sous la forme d'une colombe. Du xe au xvie siècle il est représenté tantôt par une colombe, tantôt sous la figure humaine. Dans ce dernier cas il n'a pas de type déterminé et ressemble tantôt au Père, et tantôt au Fils. Quelquefois les sept dons du Saint-Esprit sont figurés par sept colombes.

Dans les monuments figurés de la primitive église on ne voit pas représentée la *Sainte Trinité*. Ce n'est que vers la fin du xe siècle que les représentations commencent à en devenir nombreuses.

Dans les basiliques romaines on voit la Trinité représentée par la réunion d'une colombe, d'un agneau et d'une main symbolique.

D'autres fois la Trinité est figurée par des figures géométriques : trois cercles enlacés, un triangle équilatéral.

Nous avons déjà dit que c'était dans les catacombes que s'était formé le type de la *Vierge* hiératique que les images byzantines devaient si souvent reproduire.

Pendant la période latine, les artistes donnaient à la sainte Vierge un type d'une dureté presque sauvage qui reflète les tristes mœurs du temps. Ce visage triste et morne, ce long corps sans mouvement, sans vie, cette attitude roide s'associent à l'éclat des parures et à toute la pompe du costume oriental. La tête nimbée est coiffée d'une lourde tiare : l'or, les perles, les pierres précieuses couvrent le vêtement, qui ne traduit aucune forme vivante. L'artiste est surtout préoccupé du choix des matières dont il enrichira son œuvre, et les inscriptions dont il l'accompagne vantent l'éclat varié des métaux. Le luxe asiatique accompagne l'attitude immuable prescrite par l'orthodoxie, car pour la composition il faut se conformer aux saintes images peintes par saint Luc. Dans les couvents grecs du mont Athos, les moines artistes suivent la tradition à la lettre et sans oser s'en écarter.

Il faut arriver au commencement de l'époque ogivale pour voir de gracieuses représentations de la sainte Vierge.

Sur les églises du moyen âge les *douze apôtres* sont presque toujours représentés.

Les artistes chrétiens ont donné à chacun d'eux un attribut caractéristique.

Saint Paul, qui figure habituellement parmi les douze apôtres, porte, la pointe en bas, le glaive, instrument de son martyre.

Constantin avait vu en songe deux vieillards inconnus; se trouvant un jour devant deux images représentant saint Pierre et saint Paul, il reconnut son apparition, et la ressemblance fut ainsi démontrée. Ces deux portraits types sont encore conservés à Rome dans la basilique de Saint-Pierre.

Saint André est figuré avec la croix en sautoir sur laquelle il fut attaché.

Saint Jacques le Majeur, est toujours peint avec son bourdon et ses coquilles ; ces emblèmes ne se rapportent pas au saint, mais uniquement au pèlerinage si fameux de Saint-Jacques de Compostelle en Espagne, où cet apôtre est l'objet d'une dévotion particulière.

Saint Pierre tient à la main droite les clefs du Paradis.

Saint Thomas est peint avec la lance dont il fut frappé (1).

Saint Barthelémi est peint et sculpté portant un couteau. On sait qu'il fut écorché à l'aide d'un couteau.

Saint Philippe est figuré tenant la haute croix sur laquelle il fut attaché.

Saint Thadée tient la hache avec laquelle il eut la tête tranchée.

Saint Simon tient une scie instrument de son martyre.

Saint Mathieu porte la hallebarde avec laquelle il fut tué.

Saint Jean est peint avec un calice, d'où s'échappe un dragon. Un païen ayant dit à saint Jean qu'il croirait en Dieu s'il le voyait avaler du poison et en mourir, le saint accepta, mais au moment où il allait boire, la mort en sortit sous l'apparence d'un reptile.

Saint André est presque toujours figuré avec la croix en sautoir sur laquelle il fut attaché.

---

(1) *Saint Thomas* est aussi représenté avec une équerre, parce que suivant le récit d'Abdias cet apôtre s'était engagé à bâtir un palais pour un roi indien Goudofoue.

Saint Jacques le Mineur est représenté avec le bâton aplati du foulon avec lequel il fut assassiné.

Les apôtres sont aussi parfois peints avec des livres ouverts.

Quant aux ***Prophètes*** ils sont représentés non pas avec des livres mais avec des rouleaux, ainsi que nous l'explique l'évêque de Mende Guillaume Durand :

« Les patriarches et les prophètes, dit-il, sont peints avec des rouleaux dans leurs mains, certains apôtres avec des livres et certains autres avec des rouleaux. Sans doute parce qu'avant la venue du Christ la foi se montrait d'une manière figurative, et qu'elle était enveloppée de beaucoup d'obscurités au dedans d'elle-même. C'est pour exprimer cela que les patriarches et les prophètes sont peints avec des rouleaux, par lesquels est désignée en quelque sorte une connaissance imparfaite ; mais comme les apôtres ont été parfaitement instruits par le Christ, voilà pourquoi ils peuvent se servir des livres par lesquels est désignée convenablement la connaissance parfaite. Or, comme certains d'entre eux ont rédigé ce qu'ils ont appris pour le faire servir à l'enseignement des autres, voilà pourquoi ils sont dépeints convenablement, ainsi que des docteurs, avec des livres dans leurs mains, comme Paul, Pierre, Jacques et Jude. Mais les autres, n'ayant rien écrit de stable ou d'approuvé par l'Église, sont représentés non avec des livres, mais avec des rouleaux, en signe de leur prédication. »

Il arrive fréquemment que les statues des prophètes sont accompagnées de bas-reliefs représentant leurs prophéties.

.
..

Dès les premiers siècles de l'Église les *Évangélistes* ont été personnifiés d'une manière symbolique, d'après la vision de saint Jean où Dieu apparaît sur un trône aux angles duquel sont quatre animaux.

L'aigle, était l'attribut de saint Jean ;

Le veau, celui de saint Luc ;

Le lion, celui de saint Marc ;

L'ange (l'homme ailé), à saint Mathieu.

On voit très souvent la figure du Christ entouré de ces quatre animaux sur la porte des églises romanes.

D'ailleurs, dans son commentaire sur saint Mathieu, saint Jérôme parle ainsi (vision d'Ezéchiel) : « La face d'homme désigne Mathieu qui a débuté par écrire sur l'homme, car son livre commence par ces mots : Livre de la génération de Jésus-Christ, fils de David. La deuxième figure dénote Marc dans l'Évangile duquel on entend comme la voix du lion dans le désert lorsqu'il pousse ses rugissements. La troisième figure est celle du veau qui est le symbole de saint Luc l'évangéliste, lequel débute par le prêtre Zacharie. Par la quatrième figure on représente saint Jean l'évangéliste, qui, comme pourvu d'ailes d'aigle et prenant un vol élevé, traite du Verbe de Dieu. »

.
..

Les *docteurs* et les *confesseurs* ont été figurés avec les insignes qui leur sont propres et que les Pères leur ont affectés en se guidant par les livres saints.

Leur principal attribut est un diptyque ou double tablette. On les a représentés dans l'attitude d'écrivains.

Comme plusieurs de ces docteurs avaient été pontifes, les artistes leur ont attribué le signe caractéristique de ces derniers.

A partir du IV⁰ siècle la chasuble a été l'insigne artistique des *prêtres*, c'est elle qui à l'extérieur a servi à les distinguer des laïques.

C'était une chasuble ample, *casula*, majestueuse qui leur couvrait tout le corps.

Les *diacres* étaient distingués des prêtres au moyen de la dalmatique (1).

C'est dans la position assise que sont représentés les *évêques*. Du reste, cette posture indique l'autorité qu'ils ont de prononcer des jugements.

On les figure avec la main droite levée soit pour enseigner la parole sainte, soit pour bénir les fidèles. La tête des évêques est couverte d'une mitre (2).

____

(1) Rien d'étonnant à ce que primitivement rien ne distinguait les prêtres des laïques, la liturgie de Rome ne mettant dans l'office aucune différence entre eux.

(2) Mais seulement à partir du commencement du VIII⁰ siècle. A l'origine la mitre fut basse et fermée au sommet.

Les *anges* sont représentés d'une manière fréquente sur les édifices religieux du moyen âge.

« Les sommets des flèches de bois (1), recouvertes de plomb, ou l'extrémité des croupes, des combles, des absides, étaient couronnés de figures d'anges de cuivre ou de plomb, qui sonnaient de la trompette, et, par la manière dont leurs ailes étaient disposées, servaient de girouettes. »

« On dépeint les *anges* de deux manières, dit l'abbé Pascal (2) ; ou avec un corps entier, ou seulement avec la tête, mais toujours avec des ailes. Quelquefois ils sont nus, quelquefois vêtus. Tantôt c'est un costume guerrier propre au combat, tantôt un costume pacifique, c'est-à-dire une robe blanche avec des ceintures flottantes. Leur vêtement est enrichi de pierreries, mais ils ont toujours les pieds nus. On leur fait porter un glaive flamboyant, ou une croix et des instruments de la Passion, ou une harpe et d'autres instruments de musique, ou bien des sceptres ou verges, ou bien encore des encensoirs. C'est l'Écriture sainte ou la tradition qui ont inspiré ces divers modes graphiques. Les livres sacrés nous les montrent en effet constamment sous la forme humaine dans toutes leurs apparitions. La figure des anges, qui se borne à une tête ailée, nous est dictée par la raison, qui nous montre dans ces esprits une haute intelligence dont la tête est le foyer. Les ailes désignent la rapidité de ces messagers que la matière ne peut appesantir, puisqu'ils sont de purs esprits. »

---

(1) Viollet-le-Duc, *Dictionnaire d'architecture.*
(2) *Institutions de l'art chrétien.*

Les artistes ont représenté les anges portés sur des nuées.

C'était pour figurer leur descente des régions supérieures. Parlant de leurs divers attributs, l'abbé Pascal dit encore : « La trompette convient aux anges du grand jour du jugement. L'Écriture sainte la leur assigne d'une manière allégorique. Les encensoirs fumant indiquent le ministère des anges chargés de porter aux pieds du trône de Dieu le parfum de nos prières. Les autels sont entourés d'anges, afin de marquer que ces esprits assistent à l'auguste sacrifice pour y adorer, en tremblant, les redoutables mystères, ainsi que le déclarent saint Ambroise, saint Jean Chrysostome, le pape Innocent III. C'est donc une coutume fort approuvée par l'Église de placer de chaque côté de l'autel un ou plusieurs anges adorateurs. »

Nombreuses furent les représentations de *saints* et de *martyrs*. Les saints étaient habituellement caractérisés par une auréole autour de la tête et les martyrs par une palme qu'ils tiennent à la main.

Mais les saints et les martyrs principaux sont aussi représentés par des attributs particuliers.

C'est ainsi que *saint Laurent* est figuré accompagné du gril sur lequel il fut martyrisé pour avoir refusé de livrer aux païens le trésor destiné aux pauvres chrétiens.

Saint Barthélemi est représenté avec le couteau qui servit à l'écorcher. Parfois même ce saint est figuré tenant sa peau dans sa main.

L'art chrétien a représenté *saint Georges* en costume guerrier, armé d'une lance, monté sur un cheval de bataille et ter-
rassant un dragon. Ceci est la représentation allégorique montrant le dragon comme un symbole de l'Idolâtrie vaincue par
saint Georges. Saint Georges est aussi représenté ayant près
de lui une reine, une légende racontant que ce saint, par un
simple signe de croix, chassa le diable d'une statue d'Apollon
et par ce miracle convertit au christianisme l'impératrice
Alexandra.

Sainte Apolline est figurée avec une tenaille qui enserre une
dent, par allusion à son supplice.

Les artistes ont représenté *sainte Marie-Madeleine* des fois
entièrement nue et sans autre vêtement que sa longue chevelure et d'autres fois dans une grotte avec une tête de mort et
un livre.

C'est surtout sur les monuments du midi de la France que
se trouve figurée *sainte Marthe*. Son attribut particulier est un
aspersoir, en souvenir du miracle de Tarascon.

Ce miracle est ainsi raconté par un chroniqueur :

« Lorsque sainte Marthe vivait en Provence, il y avait sur
les bords du Rhône, entre Avignon et Arles, un dragon d'une
grandeur énorme qui se cachait de temps en temps sous les
eaux du fleuve et rampait aussi sur ses rives. Quelquefois il
occasionnait des naufrages et faisait périr des voyageurs. On
implora le secours de Marthe, qui, ayant montré au reptile la
croix et l'ayant aspergé d'eau bénite, parvint à l'apprivoiser
et à le rendre très doux. »

La *fête de la Tarasque* est destinée à rappeler ce miracle, et
la scène de la sainte et du monstre apparaît fréquemment dans

les anciennes églises. Le monstre tient habituellement dans sa gueule un homme à moitié avalé.

On a représenté *saint Roch* atteint de la peste et ayant auprès de lui son chien qui lui lèche ses plaies.

Le saint le plus fréquemment représenté, le plus populaire dont l'image était partout, c'est *saint Christophe*.

Avant d'être chrétien, saint Christophe s'appelait *Offerus*. Il était d'une force prodigieuse. Mais il en tirait vanité et ne voulait servir que le plus grand roi de la terre. Il trouva en effet un roi très puissant qui l'accueillit à sa cour à cause de sa force. Mais un jour il vit que son maître tremblait en entendant parler du diable, et aussitôt il le quitta pour chercher du service auprès du diable, qui devait être bien puissant puisqu'il faisait trembler un si grand roi. Il se mit en effet au service du diable qui l'emmena avec les siens ; mais comme on arrivait au détour d'un chemin, on vit un crucifix, et le diable épouvanté voulut rebrousser chemin. Comprenant alors que le Christ est encore plus puissant que le diable, il se mit à sa recherche et trouva sur sa route un ermite qui lui enseigna la manière de servir le Christ. Il fallait pour cela faire du bien aux hommes, et l'ermite, le conduisant près d'un torrent furieux, lui dit : « Les pauvres gens qui ont voulu traverser cette eau se sont tous noyés. Reste ici, et porte ceux qui se présenteront à l'autre bord sur tes fortes épaules ; si tu fais cela pour l'amour du Christ, il te reconnaîtra pour son serviteur. » Offerus se mit en effet à transporter les voyageurs. Un enfant se présenta pour passer ; il le prit sur ses épaules ; mais à peine était-il entré dans l'eau que le torrent s'enfla démesurément, et l'enfant pesa sur lui comme un fardeau d'une lourdeur inouïe. Il saisit un arbre pour se retenir, mais l'arbre fut aussitôt déraciné. Alors il dit à l'enfant : « Pourquoi te fais-tu si lourd ? il me semble que je porte le monde. » L'enfant répondit : « Tu portes non seulement le monde, mais encore celui qui a fait ce monde. Je suis le Christ, ton Dieu et ton maître, celui que tu dois servir. Désormais tu t'appelleras *Christophe* » (c'est-à-dire *Porte-Christ*.) Saint Christophe se mit alors à enseigner la parole de Dieu jusqu'à l'époque de son martyre. C'est pour cela qu'il est toujours représenté portant le Christ sur ses épaules.

Son image était placée à l'entrée de l'église à l'endroit le plus apparent.

Saint Thomas est représenté tenant d'une main un calice surmonté d'une hostie, en souvenir de l'office du Saint-Sacrement, dont la composition lui fut confiée par le pape Urbain IV. On place auprès de sa tête une colombe, comme emblème du Saint-Esprit qui l'inspirait dans ses sublimes ouvrages.

Quelquefois il est au pied d'un crucifix, et la tête du Sauveur semble s'incliner vers lui ; la tradition rapporte en effet que le Sauveur lui dit un jour que le saint était en prière : « Thomas ! tu as bien écrit de moi, quelle sera ta récompense? » Thomas répond : « Pas d'autre, Seigneur, que vous-même (1). »

L'attribut ordinaire de *saint Jérôme*, c'est le lion.

L'histoire de cet emblème se rattache à une pieuse tradition : Pendant la prière commune au monastère un lion entra en boitant. Les frères prirent la fuite, à l'exception de saint

---

(1) Le crucifix miraculeux avec lequel s'entretint saint Thomas est conservé dans l'église du couvent des Dominicains à Naples où on le montre en grande cérémonie.

Jérôme, qui, voyant que le lion avait une épine dans le pied, le pansa. Plein de gratitude, le lion s'apprivoisa au point qu'on lui confia la garde de l'âne du monastère. Il fut d'abord très vigilant, mais un jour pendant son sommeil l'âne fut volé, et quand il revint, les moines mécontents de ce pasteur infidèle voulurent le congédier. Cependant le lion obtint de rentrer et s'assujettit à porter les fardeaux pour remplacer l'âne. Un jour qu'il faisait sa besogne, il aperçut une caravane précédée d'un âne qu'il reconnut pour son protégé, mit la caravane en fuite et ramena l'âne au monastère.

Quelquefois saint Jérôme porte un costume de cardinal.

Parmi les saints anachorètes qui vivaient au désert, saint Antoine a été le plus populaire et ses images ont été multipliées au moyen âge.

On le voit figurer souvent à côté d'un grand feu : une épidémie, connue sous le nom de *feu sacré*, causa de grands ravages dans le XIe et le XIIe siècle, et cessa par l'intercession du saint anachorète. Telle est la raison qu'on donne du feu placé près de lui.

Mais l'attribut le plus habituel de saint Antoine est le cochon, que l'on regarde ordinairement comme l'emblème du démon qui a voulu tenter le saint. Les moines de saint Antoine nourrissaient des porcs dont la chair était distribuée aux pauvres, et dans un grand nombre de villages, les animaux domestiques représentés par le porc étaient placés sous la protection de cet anachorète.

Quelques artistes ont placé dans les mains de saint Antoine un livre pour montrer qu'il savait interpréter les divines Ecritures.

Le vêtement de saint Antoine (suivant saint Athanase), était une peau de brebis.

C'est d'après le récit suivant de saint Athanase que les artistes ont figuré la tentation de saint Antoine : « L'intrépide anachorète, dit-il, avait triomphé de plusieurs moyens de séduction employés contre lui par l'esprit infernal, lorsqu'une nuit, pendant le sommeil de saint Antoine, le lieu de son repos fut violemment ébranlé. Les quatre parois de sa cellule s'écroulèrent, et à travers des ruines pénétrèrent des démons sous la forme de bêtes. Le lieu parut subitement rempli de spectres de lions, d'ours, de léopards, de taureaux, de scorpions, de serpents, d'aspics, de loups. Chacun de ces animaux se mouvait à sa manière. Le lion rugissait prêt à fondre sur sa proie, le taureau agitait ses cornes menaçantes, le serpent se repliait en sifflant, le loup prenait son essor ; tous ces monstres poussaient des mugissements formidables et semblaient animés d'une horrible fureur. »

La représentation du **Diable** ne commence à figurer dans les monuments chrétiens qu'à partir du viie siècle. Au ixe siècle il figure avec des ongles crochus.

Dès le xie siècle les représentations du Diable deviennent plus fréquentes et les artistes lui donnent les formes les plus hideuses, les plus monstrueuses, d'un animal affreux ou d'un homme horrible pourvu d'une queue.

Quelquefois les artistes ont figuré le Diable en trois personnes.

*
* *

Suivant la théologie toutes les sciences venant de Dieu, l'art du moyen âge a donné aux *arts libéraux* une forme caractéristique à laquelle on les reconnaît.

La *Médecine* regarde à travers un vase ou tient des plantes.

La *Théologie* porte le costume d'un clerc.

La *Philosophie* a la tête couverte d'une toque.

La *Musique* tient une lyre ou un autre instrument.

L'*Architecture* tient une règle.

La *Peinture* a une palette.

L'*Astronomie* a la sphère céleste.

La *Grammaire* est entourée d'écoliers.

Quand les sculptures représentant *les arts libéraux* ont une grande importance on voit sur chacun d'eux une figure historique correspondante :

Sous la *Géométrie*, Archimède écrit;

Sous la *Rhétorique*, Quintilien taille sa plume;

Sous l'*Astronomie*, Ptolémée tient un objet cylindrique;

Pythagore est placé sous la *Musique*;

Platon sous la *Philosophie*, etc.

*
* *

La parabole des *vierges sages* et des *vierges folles* est sculptée sur un grand nombre de monuments religieux. Ces vierges sont au nombre de dix. Les cinq vierges sages sont placées à la droite du Christ ; près d'elles est souvent un arbre vigoureux et couvert de feuilles et de fruits. Le mauvais arbre de l'Évangile, dont les branches sont stériles, porte une hache qui attaque le tronc destiné à être jeté au feu ; il est placé près des vierges folles.

.˙.

Les *vertus* sont figurées sur les églises par des femmes symboliques et à chacune d'elles est opposée le *vice* contraire. On les voit très souvent combattant les vices à coups de lance.

Parfois les vices sont figurés au moyen de personnages historiques.

C'est ainsi que le *Désespoir* est représenté par Judas Iscariote ;

L'*Impiété* par Mahomet ;

La *Folie*, par Sardanapale ;

La *Dissolution* par Tarquin ;

L'*Iniquité* par Néron.

Très souvent aussi les *vices* sont figurés par des scènes où l'on voit le diable présider à l'exécution d'un vilain acte.

Les *vertus* sont généralement au nombre de douze : six placées à la droite du Christ et six placées à sa gauche.

A sa droite ce sont : la Foi, l'Espérance, la Charité, l'Humilité, la Prudence, la Justice.

A sa gauche ce sont : le Courage, la Patience, la Douceur, la Persévérance, l'Obéissance, la Concorde.

La *Foi* est ordinairement figurée avec une croix pour écusson.

L'*Espérance* lève les yeux au ciel et porte l'étendard de l'Église.

La *Charité* a pour emblème une brebis, car la brebis donne tout ce qu'elle a.

L'*Humilité* a sur son écu un aigle au vol abaissé.

La *Prudence* porte un serpent enroulé autour d'un bâton.

La *Justice* a pour emblème une salamandre, animal qui passait pour vivre dans les flammes, symbole du juste éprouvé par l'adversité.

Le *Courage* porte un lion sur son écu et tient une épée en main.

La *Patience* est représentée avec un bœuf.

La *Douceur* a pour emblème un agneau sur son écu.

La *Persévérance* (1) figure avec une couronne.

La *Concorde* a une branche d'olivier.

L'*Obéissance* est figurée avec un chameau agenouillé sur son écu.

C'était une très ancienne coutume que celle de sculpter des

____

(1) A côté de la *Persévérauce* il faut citer la *Résignation* qui est souvent représentée par Job assis sur son fumier.

zodiaques sur les façades des églises. Dans un grand nombre de très antiques églises d'Italie on en trouve.

Presque tous les édifices religieux de la France possèdent un ou plusieurs zodiaques peints sur les vitraux, sculptés sur les façades ou représentés dans les pavages historiés. Plusieurs de ces zodiaques comprennent un grand nombre de bas-reliefs.

L'ART CHRÉTIEN OGIVAL

DIT GOTHIQUE

SOMMAIRE

———

L'Art ogival dit gothique. Cet art est l'art français par excellence. Les opinions des archéologues. Preuves nombreuses que l'art gothique est d'origine essentiellement française. Les Cathédrales construites à l'étranger par des artistes français. La Cathédrale. Le Symbole de la nationalité française. Les Laïques aidant les moines artistes. Les Francs-maçons. Ce qu'ils étaient au moyen âge. Le beau rôle qu'ils avaient alors. Le Chef-d'œuvre. Comment s'élevait le nouvel édifice. La Peinture décorative. Les Étoiles d'or. Le Parvis. La Façade. Les Porches. Les Portails. Les Nefs. Le Chœur. Le Jubé. Le Pavage. Les Tombeaux. Les Pierres tombales. L'Art du vitrail. Les Attributs des corporations. Le Système de décoration au moyen des vitraux. Comment on faisait les vitraux.

L'art de la période *ogivale* est ordinairement appelé *art gothique*. C'est un non-sens, une appellation fausse et absolument arbitraire, les Goths n'ayant rien à y voir. Il est préférable de lui donner le nom d'*ogival*, car il est caractérisé par l'emploi de l'*ogive* (1).

———

(1) On donne le nom d'*ogive* à toute figure formée par deux ou plusieurs arcs de cercle se coupant suivant un angle quelconque.

Le style ogival s'est formé en Occident, sous l'influence des artistes français (1). Il est dû à des conceptions de nos artistes indigènes (2).

L'époque ogivale a été une des grandes époques de l'art. L'architecture et la sculpture n'ont-elles pas produit des œuvres des plus originales et des plus élevées? En quel autre pays a-t-on vu naître de plus nobles exemples du réveil de l'esprit humain après les longs abaissements et les ruines des invasions barbares? Il semble même à cette époque que tout ce que l'on sent dans l'art de naïveté, d'inexpérience, des fois même de maladresse, ait un charme qui touche, émeut et intéresse : sans lui assigner de place, on ne demanderait pas qu'il fût autre, on l'aime ainsi.

Cet art est d'origine essentiellement française.

« L'art du moyen âge est l'expression la plus solennelle qu'ait encore revêtue la pensée religieuse depuis l'origine des

---

(1) Les Allemands appellent parfois ce style *Spitzbogenstil*, c'est-à-dire *style à arc pointu*.
Un savant sérieux, M. Dieulafoy, est naguère revenu de l'Orient les mains pleines d'arguments en faveur d'une brillante théorie, qui tend à prouver que l'efflorescence subite du style gothique à la fin du xe siècle aurait été activée par suite de la connaissance d'éléments constructifs rapportée de la Syrie par les croisés. M. Dieulafoy a prouvé, après M. de Vogué, que dès le début de l'ère chrétienne, les Perses et les Syriens étaient familiarisés avec le système de voûtes élastiques équilibrées, comportant une ossature qui reporte les efforts sur des points isolés et sur des contreforts. Par des comparaisons topiques, comme par exemple celle du palais perse de Tag-Eivan et de la nef de Saint-Philibert de Tournus, M. Dieulafoy a montré, que les monuments de l'Orient doivent avoir exercé une influence marquée sur l'évolution gothique, et que cette influence peut s'être produite par le canal des croisades, comme elle s'était produite d'un autre côté par l'intermédiaire de monuments byzantins du Nord de l'Italie.

(2) Du reste, ce nom d'*art ogival* n'est aussi qu'un nom d'emprunt qui remplace improprement le nom d'art français. Car ici, l'ogive n'est aussi qu'une question secondaire : on retrouve l'ogive jusque dans les ruines des monuments de Ninive; on la trouve même dans certains monuments du Mexique.
Les Arabes ont employé l'ogive.

cultes. » Telle est l'opinion d'un grand historien français, ratifiant la courageuse affirmation du clairvoyant Turgot qui proclamait en 1760, en pleine Académie, que l'architecture gothique était « un progrès réalisé sur l'architecture gréco-romaine ». Aujourd'hui que l'art chrétien est étudié à fond, il est permis d'aller plus loin et de proclamer, sans crainte de se tromper, que cette architecture est la plus merveilleuse création du génie humain dans le domaine de l'art (1).

Telle est la thèse qu'ont établie scientifiquement de Caumont, dans son *Abécédaire* ; Viollet-le-Duc, dans son *Dictionnaire* ; Anthyme Saint-Paul, dans sa modeste mais excellente *Histoire monumentale de la France* ; Lecoy de la Marche, dans son *Treizième siècle artistique*.

Tous les archéologues sont à peu près d'accord aujourd'hui sur ce point, malgré quelques dénégations intéressées d'archéologues allemands.

« Plus on avance dans l'étude des monuments du moyen âge, dit M. de Caumont, plus on demeure convaincu que l'architecture ogivale s'est développée sous l'influence des conceptions de nos artistes indigènes. C'est donc, je le crois, en Occident que s'est formé le style ogival. Quand on voit de près l'architecture du XIIIᵉ siècle et de la fin du XIIᵉ, on reconnaît

---

(1) Dans le domaine pratique, l'art gothique a été restauré par des artistes éminents comme le très regretté Fr. Schmidt, que l'Autriche vient de perdre, par l'illustre M. Pagon en Angleterre, et, dans la Belgique, par l'éminent baron J. Bethune.

que l'ogive a été commandée par les besoins de l'expérience.
La poussée des voûtes à plein cintre sur les murs latéraux, et
la solidité qu'il fallait leur donner pour qu'ils pussent résister
à cette poussée, excluaient l'ouverture des larges fenêtres ;
les églises étaient sombres et lourdes.

« On trouva dans l'arc brisé ou ogive un moyen de diminuer cette poussée, et ce fut le principal motif de l'abandon de
l'arc à plein cintre pour l'arc aigu. En même temps, on diri-
gea le poids de la poussée sur des parties garnies de contreforts et soutenues par des arcs-boutants ; alors on put alléger
les murs, et percer de larges ouvertures entre les piles sur
lesquelles portait le poids des voûtes. »

« L'*organe fondamental* de la structure gothique, le *principe
générateur* absolu du système ogival, c'est la voûte d'arêtes
appareillée sur une membrure indépendante, ou pour parler
plus clairement, la voûte sur nervures entrecroisées, celle que
le moyen âge appelait voûte sur *croisées d'ogives*. »

« Tous les efforts des architectes du moyen âge convergent
vers la réalisation du principe d'équilibre résultant de l'emploi de la voûte et des arcs. Ce principe représente, vis-à-vis
de la stabilité inerte, un immense, un définitif progrès ; il
est la base scientifique de la construction moderne et le point
de départ de toutes les évolutions futures : on peut affirmer,
sans exagération, qu'il est une des plus importantes conquêtes
du génie humain.

« Il est parfaitement certain aujourd'hui, dit aussi M. Dus-
sieux (1), que *l'architecture gothique a pris naissance en*

______

(1) *Histoire des artistes français à l'étranger.*

France, dans l'ancienne Neustrie, qu'elle y a acquis son développement, et que de la France elle s'est répandue dans les pays voisins.

En effet, l'art gothique procède de l'art roman ; or, certains monuments de l'Ile-de-France, de la Picardie et de la Champagne présentent la transition entre les deux styles ; on y remarque un mélange, une fusion entre les deux systèmes, tandis que partout ailleurs, au contraire, il y a une brusque substitution d'un style à l'autre. A coup sûr, il ne faudrait pas d'autres preuves de l'origine française, de la naissance en France de l'architecture gothique ou ogivale ; eh bien, ces monuments de transition de la France du Nord sont les plus anciens monuments de ce genre.

« Ce sont les plus incontestablement déterminés, et leurs dates indiquent qu'ils sont tous antérieurs à tous les autres monuments de style ogival construits dans les autres pays de l'Europe. »

Ce style ogival a duré du XIIe au commencement du XVIe siècle.

Il a été généralement divisé par les archéologues en trois périodes :

1° Primaire ou à lancettes ;

2° Secondaire ou rayonnant ;

3° Tertiaire ou flamboyant.

Ces différentes dénominations ont été empruntées à la forme des fenêtres.

L'architecture ogivale paraît s'être développée d'abord dans la Picardie, la Champagne, l'Ile-de-France, la Normandie. Le style roman continuait alors à régner dans les pays de l'Allemagne.

« Une première floraison architecturale, et non la moins vivace, se produit de 1150 à 1180, sous le règne de Louis le Jeune, dans le domaine royal et dans quelques régions immédiatement contiguës. Les vastes églises commencent à sortir de terre. De puissants évêques soutenus par l'enthousiasme des communes jettent les fondements des cathédrales de Noyon, de Laon, de Paris, de Soissons, d'Arras, de Cambrai. » Notre-Dame de Noyon et le transept arrondi de Soissons, sont les exemples les plus typiques du syle ogival primaire.

« La grande poussée de sève de l'architecture gothique se trouve circonscrite entre les quatre règnes de Louis le Grand, de Louis le Jeune, de Philippe-Auguste et de saint Louis ; un siècle et demi de pure lumière, de gloire et de fortune. Ces quatre règnes jettent les fondements de l'unité française. Les idées de solidarité, d'association, d'unité prennent naissance, et avec elles ce sentiment désintéressé et d'essence supérieure qui s'appelle le patriotisme. »

« Il faut dire toutefois, dit M. de Caumont, que certains édifices exceptionnels nous montrent le style ogival à peu près aussi avancé que chez nous. Telles sont l'église Notre-Dame de Trêves, élevée vers 1227, et diverses parties de la cathédrale de Cologne, commencée en 1248. Mais ces basiliques, dont le style est si différent de celui qu'on a employé pour la plupart des édifices contemporains, ont très *vraisemblablement été construites par des compagnies d'ouvriers étrangers et élevées sous la direction*

d'artistes ou d'architectes qui appartiennent à l'école française.....
La formation complète du genre gothique a été également plus
tardive dans les provinces du centre que chez nous ; et si l'on
avance plus au Sud, dans le Lyonnais et le Dauphiné, les monuments deviennent de plus en plus rares. Il est vrai que certaines églises de premier ordre font exception ; mais leur
rareté confirme la supposition que je faisais tout à l'heure
pour expliquer le style avancé de la cathédrale de Cologne ;
elles sont l'œuvre des corporations formant une école à part,
composées d'hommes étrangers au pays..... »

Nous nous permettrons d'ajouter nous-même, que le pre-
mier monument religieux gothique, la cathédrale de Paris (1),
Notre-Dame est de l'an 1165, tandis que le premier monu-
ment en Allemagne d'architecture gothique, est de l'an 1272.
Il y a donc une différence de plus d'un siècle en faveur de la
France.

Ensuite, presque tous les architectes qui ont construit des
monuments religieux gothiques soit en Angleterre, soit en
Suède, soit en Allemagne, sont des *artistes français.*

Ce fut aux frais des étudiants de France, qu'un *artiste français,* Etienne de Bonneuil, alla, en 1227, élever la *cathédrale
d'Upsal.*

L'église de Wimpfen-en-Val est l'œuvre d'un français
auquel on avait recommandé de la bâtir « *opere francinego* »,
en *style français.*

---

(1) On travaillait encore à Notre-Dame au milieu du XIIIe siècle. Une inscription gothique
de Jean de Chelles (sur le portail méridional) indique que cette partie de l'édifice fut commencée en 1237.

La *cathédrale de Cantorbéry*, en Angleterre, a été élevée en 1174 par un architecte français *Guillaume de Sens*.

La *cathédrale de Strasbourg* a été construite par un français *Erwin de Steinbach*.

C'est aussi à deux architectes français, *Pierre de Boulogne* et *Mathieu d'Arras* que l'on doit la *cathédrale de Prague*.

La *cathédrale de Lincoln* est aussi l'œuvre d'un artiste de France. Rebâtie en 1299 par les soins de *saint Hugues de Bourgogne*, elle a été reconstruite par un architecte de Blois et copiée par lui sur le modèle de *Saint-Nicolas de Blois*, incontestablement commencée en 1133.

Parmi les autres artistes francais qui ont élevé des monuments religieux de style ogival à l'étranger citons encore :

Jean, qui construisit la *cathédrale d'Utrecht* ;

Henri de Narbonne, qui en 1320 dirigeait les travaux d'architecture de la *cathédrale de Gérone* (1) ;

Philippe Bonaventure, Jean Campanosen et *Jean Mignot*, qui de 1388 à 1402 élevèrent le *dôme de Milan*, le plus bel édifice gothique de l'Italie ;

Hardouin qui commença l'église de Sainte-Pétrome, à Bologne, en 1300.

Si nous considérons la façade de l'église de *Santa-Maria-del Mar*, à Barcelone, élevée en 1328, nous voyons qu'elle ressemble et a la même disposition que la façade de la cathédrale d'Arles en Provence.

---

(1) Cet artiste étant décédé, un autre français, *Jacques de Favariis,* s'engagea à venir à Gérone six fois l'an, et le chapitre lui assura un traitement de 250 sous par trimestre, somme fort grande pour l'époque.

La *cathédrale de Tournai* a été aussi élevée par des Français (1).

Comme on le voit, voici un grand nombre de preuves en faveur de la France.

*
* *

Cette architecture gothique que nous ferions mieux d'appeler *architecture française* a donc pris naissance par la construction des *cathédrales* (2).

La *cathédrale* était à la fois le siège du pouvoir épiscopal et le monument de la commune.

Au xiiie siècle, les habitants des communes trop maltraités par le pouvoir civil ou laïque s'étaient alliés aux évêques dont la juridiction plus douce leur accordait plus de franchise, et, ils avaient d'un commun accord élevé des cathédrales superbes et énormes qui pouvaient contenir toute une cité.

---

(1) On possède la date approximative de l'érection du chœur de Tournai.

Dans un document écrit, authentique et incontestable, fourni par la publication des *Chroniques de Flandre*, édité par le chan. J.-J. Desmet, on lit, *sous la date de 1242, que l'évêque, Walter de Marvis a commencé à édifier le chœur de la cathédrale de Tournai.* (Corp. Chron. Flandr., vol. II, p. 569, citatium des Du Martin, père et fils.)

C'est la même date que donne l'historien Cousin, d'après les archives du chapitre, tout en la contestant et en l'interprétant d'une manière fautive et bizarre.

On voit outre la cathédrale et le palais épiscopal, une chapelle dédiée à saint Vincent et établie sur une voûte recouvrant un passage public. Érigée en 1195 par l'évêque Étienne, ancien abbé de Sainte-Geneviève et ami de Suger, elle offre un spécimen magnifique d'une voûte gothique bien développée et prouve que dès le xiie siècle les procédés inventés dans l'Ile-de-France étaient pratiqués à Tournai avec une grande perfection.

(2) Le mot Cathédrale vient de *cathedra*, qui signifie *siège*, ou *trône épiscopal*. Il s'entend donc comme une église dans laquelle est placé le trône de l'évêque du diocèse.

Il ne faut pas oublier d'ailleurs, que « à nos cathédrales (1)
se rattache toute notre histoire intellectuelle ; elles ont abrité
dans leurs cloîtres, les plus célèbres écoles de l'Europe pendant les xɪɪᵉ et xɪɪɪᵉ siècles ; elles ont fait l'éducation religieuse
et littéraire du peuple ; elles ont été l'occasion d'un développement dans les arts qui n'est égalé que par l'antiquité
grecque. »

Les cathédrales des xɪɪᵉ, xɪɪɪᵉ et xɪvᵉ siècles sont le symbole
de la nationalité française, ce sont des monuments religieux
en même temps que des monuments nationaux. C'est l'alliance de l'unité monarchique et de l'unité religieuse qui a
fait surgir les grandes cathédrales du Nord de la France (2).
Quand les citoyens ont prêté leurs bras et donné leur argent,
ils ont voulu constituer la société française et ils l'ont cons-
tituée.

Les rois de France se sont associés à ce grand mouvement. Il
faut y mettre surtout le beau nom de saint Louis, « il faut
reconnaître l'importance du rôle de cet incomparable monarque dans le développement intellectuel et artistique de la
France ; il a imprimé surtout une impulsion féconde aux
industries de luxe : peinture sur verre, miniature, orfèvrerie,
travail des tissus, etc. ; mais il a surtout achevé les œuvres
commencées par ses devanciers. La Sainte-Chapelle, l'œuvre
à laquelle saint Louis attacha son nom, est justement considérée comme la merveille la plus délicatement précieuse de

---

(1) Viollet-le-Duc, *Dictionnaire de l'architecture française.*
(2) A la fin du xɪɪᵉ siècle, dit Viollet-le-Duc, l'érection d'une cathédrale était un besoin,
parce que c'était une protestation contre la féodalité.

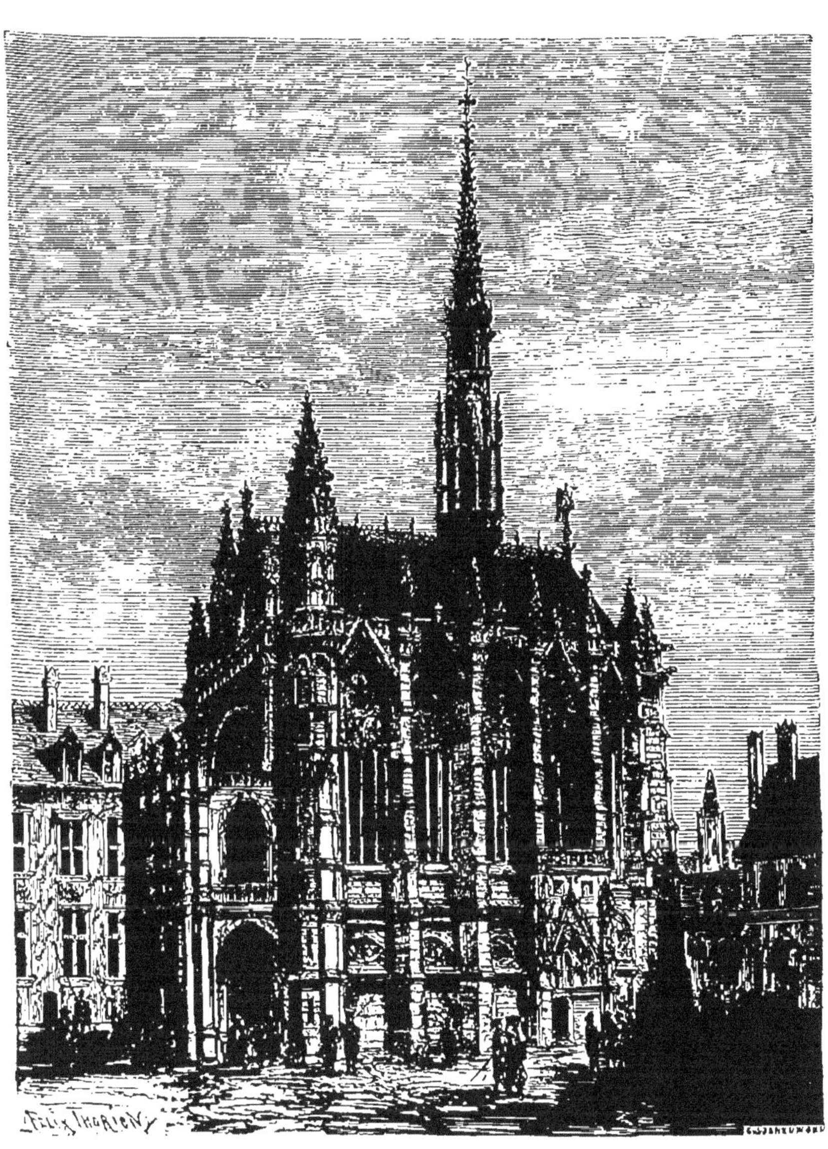

LA SAINTE-CHAPELLE DE PARIS

l'art gothique. » Il en avait confié la construction à *Pierre de Montereau*.

C'est à cette époque du xiiie siècle que l'art sortit des monastères pour aller dans les mains des laïques, mais bien entendu toujours sous la haute direction, sous l'impulsion supérieure de l'Eglise. L'établissement des communes créa une bourgeoisie, et à mesure que cette classe s'enrichit, les moines artistes ne suffirent plus à décorer les nombreux et splendides monuments qui s'élevaient de toutes parts. Il y eut alors un splendide mouvement de foi et d'enthousiasme ; tout le monde prit part à l'œuvre si chrétienne des cathédrales. Tout le monde y contribua, les pauvres de leur travail, les riches de leur argent.

« La grande conjuration de la cité, dit M. Viollet-le-Duc (1), se subdivise en conjurations de citoyens par corps d'état. Chacune de ces corporations obtient, achète des privilèges ; elle garde sa ville, elle est armée ; elle a ses lois, sa juridiction, ses finances, ses tarifs, son mode d'enseignement par l'apprentissage, si bien qu'au xiiie siècle le pouvoir royal reconnaît l'existence de tous ces corps par les règlements d'Étienne Boileau. Une fois sorti des monastères, l'art de l'architecture, comme tous les autres arts, devient un état. Le *maître de l'œuvre* est laïque ; il appartient à un corps, et il commande à des

---

(1) Viollet-le-Duc, *Dictionnaire d'architecture*.

ouvriers qui font tous partie des corporations ; les salaires sont réglés, garantis par les jurés ; les heures de travail, les rapports des chefs avec les subalternes sont définis. On fait des devis, on passe des marchés, on impose la responsabilité. Hors du cloître, l'émulation s'ajoute à l'étude, les traditions se transforment et progressent avec une rapidité prodigieuse ; l'art devient plus personnel, il se divise par écoles ; l'artiste apparaît enfin au xiiie siècle, fait prévaloir son idée, son goût propre. »

Les laïques se constituèrent (1) en association de *Francs-Maçons*, qui voyageaient par troupes, se communiquaient les secrets de l'art et s'arrêtaient partout où il y avait des édifices religieux à bâtir.

« Si l'art de bâtir, dit M. Vitet (2), échappant aux mains de l'Église, fût tombé à la merci des caprices individuels et d'une liberté non organisée, au lieu des chefs-d'œuvre du xiiie siècle, nous aurions eu un pêle-mêle anarchique de tous les styles. Heureusement la foi, l'oubli de soi-même, toutes les vertus qui font naître et durer les associations étaient encore vivaces dans ce monde, l'art pouvait impunément se séculariser. A défaut de l'Église spirituelle, il trouvait dans la Franc-maçonnerie une sorte d'Eglise laïque, au sein de laquelle il devait se perpétuer et se maintenir pendant trois siècles, comme un secret mystérieux et respecté. »

Ces corporations de *Francs-maçons* avaient une analogie

---

(1) Comme on le voit, la Franc-Maçonnerie, qui fait tant parler d'elle aujourd'hui, a eu une origine des plus chrétienne ; elle comprenait des associations de laïques se réunissant pour construire des monuments religieux.

(2) Vitet, *Études sur les Beaux-Arts.*

frappante avec l'organisation des monastères. Quand on disait d'un monument religieux qu'il était *un chef-d'œuvre,* tout le monde l'étudiait et chaque membre de la corporation le regardait comme le modèle dont il devait se rapprocher le plus possible.

« Autour des monuments importants, tels que les cathédrales, les évêchés, les palais, les châteaux, dit Viollet-le-Duc (1), il s'élève des milliers d'édifices auxquels les grandes et riches constructions servent de types comme des enfants d'une même famille. Le monument-mère renfermait-il des dispositions particulières commandées quelquefois par une configuration exceptionnelle du sol, par un besoin local, ou par le goût de l'artiste qui l'a élevé, les mêmes dispositions se retrouvent dans les édifices secondaires, bien qu'elles ne soient pas indiquées par la nécessité. »

Dans l'histoire de l'architecture religieuse de la période ogivale, la Franc-maçonnerie eut une importance capitale :

« On dit qu'au xiiie siècle, dit M. Batissier, *Erwin de Stein-bach* organisa la Franc-maçonnerie en Allemagne avec beaucoup d'éclat. La construction de la cathédrale de Strasbourg porta au loin la réputation des ouvriers qui avaient travaillé à cette basilique. Vienne, Zurich, Laudshut, Cologne firent édifier des clochers qui rappelaient la merveilleuse tour de la métropole alsacienne. Les maçons de ces monuments, quand ils les eurent achevés, se répandirent en Allemagne, où leur nom devint fameux. Pour se distinguer du commun des ou-

______

(1) Voir la biographie que nous avons consacrée à Viollet-le-Duc dans la *Gazette du Dimanche.*

vriers, ils formèrent des associations qu'ils appelèrent *loges*, et toutes ces loges s'accordèrent pour reconnaître la suprématie de celle de Strasbourg, appelée *la Grande Loge*. Ce ne fut que treize ans après la construction de la tour que ces associations prirent une consistance solide. En vertu d'un acte passé à Ratisbonne, il fut convenu que l'architecte de la cathédrale de Strasbourg serait le grand maître unique et perpétuel de la confrérie générale des maçons d'Allemagne. La loge de Strasbourg avait la connaissance de tous les cas litigieux relatifs aux bâtiments. »

***

« Voyons s'élever le nouvel édifice, dit si bien M. Taine (1), en parlant de la cathédrale. Par opposition aux religions antiques qui étaient toutes locales et appartenaient à des castes ou à des familles, le *christianisme est une religion universelle qui s'adresse à la foule et appelle tous les hommes au salut*; il faut donc que l'édifice soit très vaste et puisse contenir toute la population d'un district ou d'une cité, femmes, enfants, serfs, artisans et pauvres aussi bien que les nobles et les seigneurs. La petite *cella* qui renfermait la statue du dieu grec, le portique devant lequel se développait la procession des citoyens libres, ne suffiraient point à cette multitude. Elle a besoin d'un vaisseau énorme, de larges nefs redoublées et traversées par d'autres, de voûtes démesurées, de piliers colos-

____

(1) *Philosophie de l'art* : De la production de l'œuvre d'art.

saux, *et les générations d'ouvriers qui viennent en foule pendant des siècles travailler ici pour le salut de leur âme,* dépèceront des montagnes avant d'achever le monument.

« Les hommes qui entrent ici ont l'âme triste, et les idées qu'ils y viennent chercher sont douloureuses ; ils pensent à cette misérable vie si tourmentée et bornée par un tel gouffre, à l'enfer et à ses supplices sans fin ni trêve, à la passion du Christ agonisant sur sa croix, aux martyres des saints torturés par les persécuteurs. Sous ces enseignements de la religion et sous le poids de leurs propres craintes, ils s'accommoderaient mal de la gaîté et de la beauté simple du jour ; ils ne laissent pas entrer de lumière claire et saine. L'intérieur de l'édifice reste noyé dans une ombre lugubre et froide ; le jour n'arrive que transformé par les vitraux, en pourpre sanglante, en splendeurs d'améthyste et de topaze, en mystiques flamboiements de pierreries, en illuminations étranges qui semblent des percées sur le paradis.

Des imaginations délicates et surexcitées comme celles-ci, ne se contentent point de formes ordinaires. Et d'abord la forme elle-même ne suffit pas pour les intéresser ; il faut qu'elle soit un symbole et désigne quelque mystère auguste ; l'édifice par ses nefs opposées représente la croix sur laquelle le Christ est mort ; les rosaces avec leurs pétales de diamants figurent la rose éternelle dont toutes les âmes rachetées sont les feuilles ; les dimensions de toutes les parties correspondent à des nombres sacrés. D'autre part, les formes, par leur richesse, leur étrangeté, leur hardiesse, leur délicatesse, leur énormité, s'harmonisent avec l'intempérance et les curiosités de la fantaisie maladive. A de telles âmes, il faut des sensa-

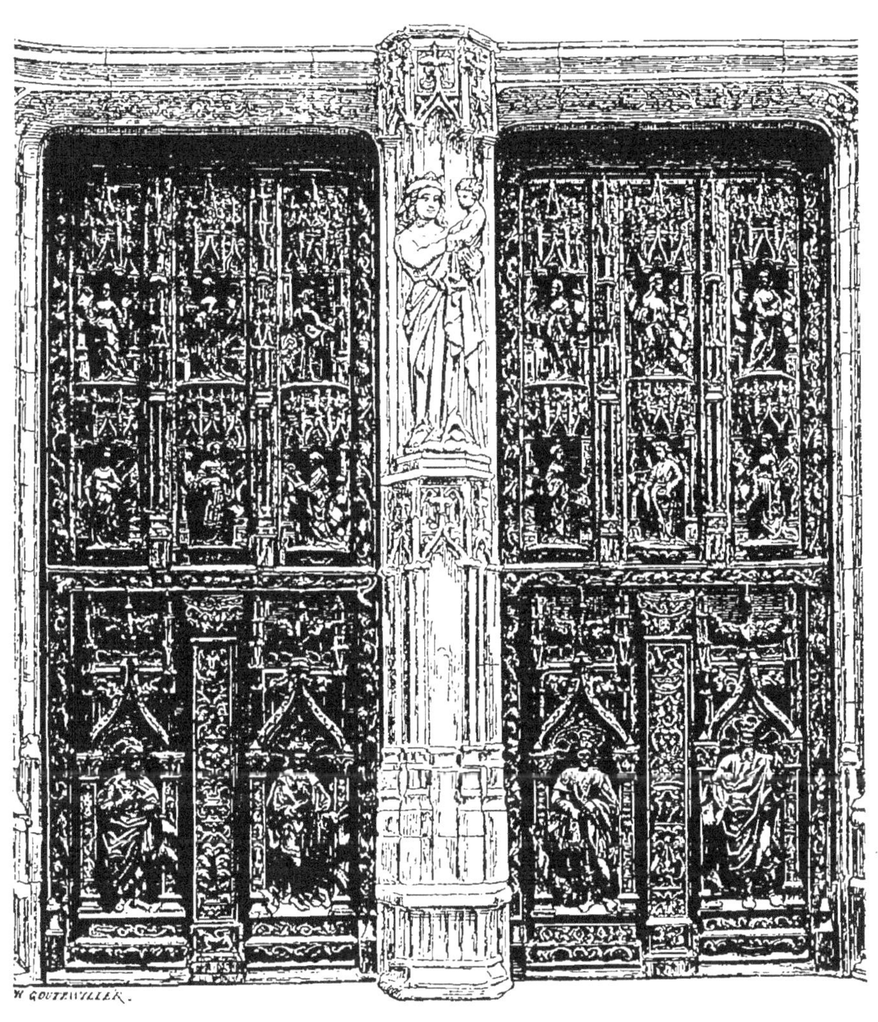

PORTE DE LA CATHÉDRALE DE SAINT-SAUVEUR D'AIX

tions vives, multiples, changeantes, extrêmes et bizarres... Elles aspirent au gigantesque, couvrent un quart de lieue de leurs entassements de pierres, amoncellent les colonnes en piliers monstrueux, portent les galeries dans les airs, exhaussent les voûtes jusqu'au ciel, échafaudent clochers sur clochers dans les nuages. Elles exagèrent la délicatesse des formes, enroulent autour des portails des étages de figurines, festonnent les revêtements de trèfles, de pignons et de gargouilles, entrelacent les sinuosités des meneaux dans la pourpre bigarrée des rosaces, brodent le chœur comme une dentelle, étendent sur les tombeaux, sur les autels, sur le chevet, sur les tours, l'enchevêtrement des colonnettes mignonnes, des torsades compliquées, des feuillages et des statues. On dirait qu'elles veulent attendre en même temps l'infini dans la grandeur et l'infini dans la petitesse, accabler l'esprit des deux côtés à la fois par l'énormité de la masse et par la prodigieuse abondance des détails.

« Il est visible qu'elles se proposent pour but une sensation extraordinaire, celle de l'émerveillement et l'éblouissement.

« Aussi bien, à mesure que cette architecture se développe, elle devient plus paradoxale. Au xiv° et au xv° siècle, dans l'âge du gothique flamboyant, à Strasbourg, à Milan, à Nuremberg, dans l'église de Brou, il semble qu'elle renonce à la solidité pour se donner tout entière à l'ornement. Tantôt c'est une profusion de clochers superposés et multipliés dont elle se hérisse ; tantôt c'est une dentelle de moulures dont elle revêt tous ses dehors . . . .

..... L'efflorescence de la décoration intérieure s'est si fort compliquée, les nervures ont si richement épanoui leur végé-

tation épineuse et tordue, les stalles, la chaire et les grilles
fourmillent d'un tel luxe d'arabesques fantastiquement em-
brouillées et déroulées. que l'église ne semble plus un monument, mais un bijou d'orfèvrerie. C'est une verrière diaprée,
un filigrane gigantesque, une parure de fête aussi ouvragée
que celle d'une reine et d'une fiancée. . . . .

. . . .

« Cette architecture, qui a duré quatre siècles, ne s'est pas
renfermée en un seul pays, ni limitée à un seul genre d'édifices ;
elle a couvert toute l'Europe, de l'Écosse à la Sicile ; elle a construit tous les monuments civils et religieux, privés et publics ;
elle a marqué à son empreinte, non seulement les cathédrales
et les chapelles, mais les forteresses et les palais, les habits et
les maisons bourgeoises, les ameublements et les équipements.
En sorte que, par son universalité, elle exprime et atteste la
grande crise morale, à la fois maladive et sublime, qui pendant tout le moyen âge a exalté l'esprit humain. »

Ces cathédrales, ne sont-elles pas les monuments splendides
de la foi chrétienne de nos pères ? Un poète anglais a dit que
les flèches des cathédrales gothiques étaient « des doigts levés
pour nous indiquer le ciel ». Un de nos grands écrivains français, Michel Montaigne, a dit, en parlant de nos cathédrales :
« Il n'est âme si revêche qui ne se sente touchée de quelque
révérence à considérer cette vastité sombre de nos églises, et

ouïr le son dévotieux de nos orgues. Ceulx mêmes qui y entrent avec mépris sentent quelque frisson dans leur cœur. »

C'est en contemplant les *cathédrales* de l'époque ogivale, que deux écrivains, qui souvent hélas ont mal parlé de l'Eglise, ont été forcés de s'écrier :

« Qui pourra contester, que ce soit la forme la plus solennelle qu'ait encore revêtue la pensée religieuse depuis l'origine des cultes (1) ?

« L'étroit égoïsme de l'homme antique (2) se peint dans les arts de l'Égypte et de la Grèce. C'est parfait, c'est complet, c'est exact, c'est clair, mais c'est fini. *Ces arts n'ont pas d'audelà... Le plus pauvre monument français du moyen âge fait rêver même un ignorant (3).* »

C'est surtout dans les parties de la France où il n'y avait pas de monuments romains, que s'est développé le style gothique. Il est surtout caractérisé par l'élégance et la légèreté. « Dans le style ogival, dit M. Batissier, toutes les formes

---

(1) Paroles d'Henri Martin.

(2) Paroles de Viollet-le-Duc.

(3) « A l'intérieur des cathédrales, on dirait une œuvre magique, dit M. Alfred Michiels ; la hauteur des voûtes et la faiblesse apparente de leurs soutiens, la disproportion des fenêtres et de leurs trumeaux, la petitesse des colonnettes et les poids énormes qui ont l'air de les surcharger, feraient croire qu'on a sous les yeux un édifice trop hardi pour être l'ouvrage des hommes. L'esprit s'élève donc d'un seul coup à la région des merveilles. La gloire du génie, c'est de dépasser les limites ordinaires de la nature, pour entrer dans le domaine des perfections rares et exquises. Tel est le but que se proposaient les architectes du moyen âge et qu'ils ont su atteindre. » (*Système organique de l'art ogival.*)

essentielles fondamentales étaient sveltes, ténues, effilées ; c'est
le règne des piliers longs et élancés, des ouvertures lentes et
rapprochées les unes des autres, des arcs pointus multipliés
latéralement, ou superposés en chaînes infinies, et se coupant
l'une l'autre dans toutes les directions ; tout cela fut imité et
répété dans les plus petites subdivisions des moindres ornements jusqu'à ce qu'enfin les édifices religieux avec leurs
pinacles, leurs flèches, leurs aiguilles, leurs arcatures, présen-
tassent l'apparence d'un réseau ou d'une dentelle, et étalassent
cette richesse de décoration qui est le dernier effort de l'art
gothique expirant au XVIe siècle. »

*

* *

Au commencement de la période ogivale on avait adopté
pour les églises une *peinture décorative* simple et claire, composée de blanc, de tons jaunes, brun rouge, verdâtre, gris
noir. Mais, « lorsqu'on en vint (1) à poser des *verrières* très
vivement colorées, et que la lumière éclairant les intérieurs
fut décomposée par l'interposition de ces vitraux, on s'aperçut
bientôt que ces tons clairs s'alourdissaient et prenaient un
aspect louche ; on multiplia les traits noirs pour rendre l'éclat
à ces peintures ; mais le noir lui-même, sous le rayonnement
des verrières colorées, grisonnait. On mit des touches bleues,
mais il était difficile de les harmoniser avec les jaunes ocres,
et en petite surface ces bleus faisaient tache. Alors on prit

---

(1) Dit Viollet-le-Duc.

un parti franc, on osa coucher *des voûtes entièrement en bleu*, non pas en bleu pâle comme dans certaines décorations de l'époque romane, mais en *bleu pur, vif, éclatant.* »

Il ne fallait qu'un essai de genre pour faire voir que cette hardiesse devait faire modifier tout le système harmonique de la peinture décorative. D'abord les voûtes bleues éclairées par la lumière décomposée des vitraux prirent un aspect tellement azuré qu'elles paraissaient presque violettes, d'un ton lourd que rien ne pouvait soutenir. Sur ces voûtes bleues on essaya, comme correctif et pour rendre au bleu sa valeur réelle, de poser des touches rouges, mais ce chatoyement du rouge sur le bleu ne faisait qu'azurer davantage cette couleur.

On essaya des étoiles blanches, mais les étoiles paraissaient grises ; puis enfin on appliqua des étoiles d'or.

Immédiatement le bleu prit sa valeur, et, au lieu de paraître écraser le vaisseau, il s'éleva et acquit de la transparence.....

On voit avec quels soins, avec quelles recherches, les artistes chrétiens cherchèrent à décorer dignement les cathédrales.

La sculpture religieuse eut aussi sa renaissance et elle atteignit à un incomparable éclat aux xiie et xiiie siècles. Les sculptures des cathédrales réalisent l'idéal le plus élevé avec des formes simples, vraies et toujours d'un sentiment exquis.

C'était la pensée et la doctrine religieuses que les artistes exprimaient sur les portails des églises qu'on nommait « *le livre des illettrés* (1) ».

____

(1) « Ces myriades de figures, de bas-reliefs qui décorent la cathédrale, dit Viollet-le-Duc,

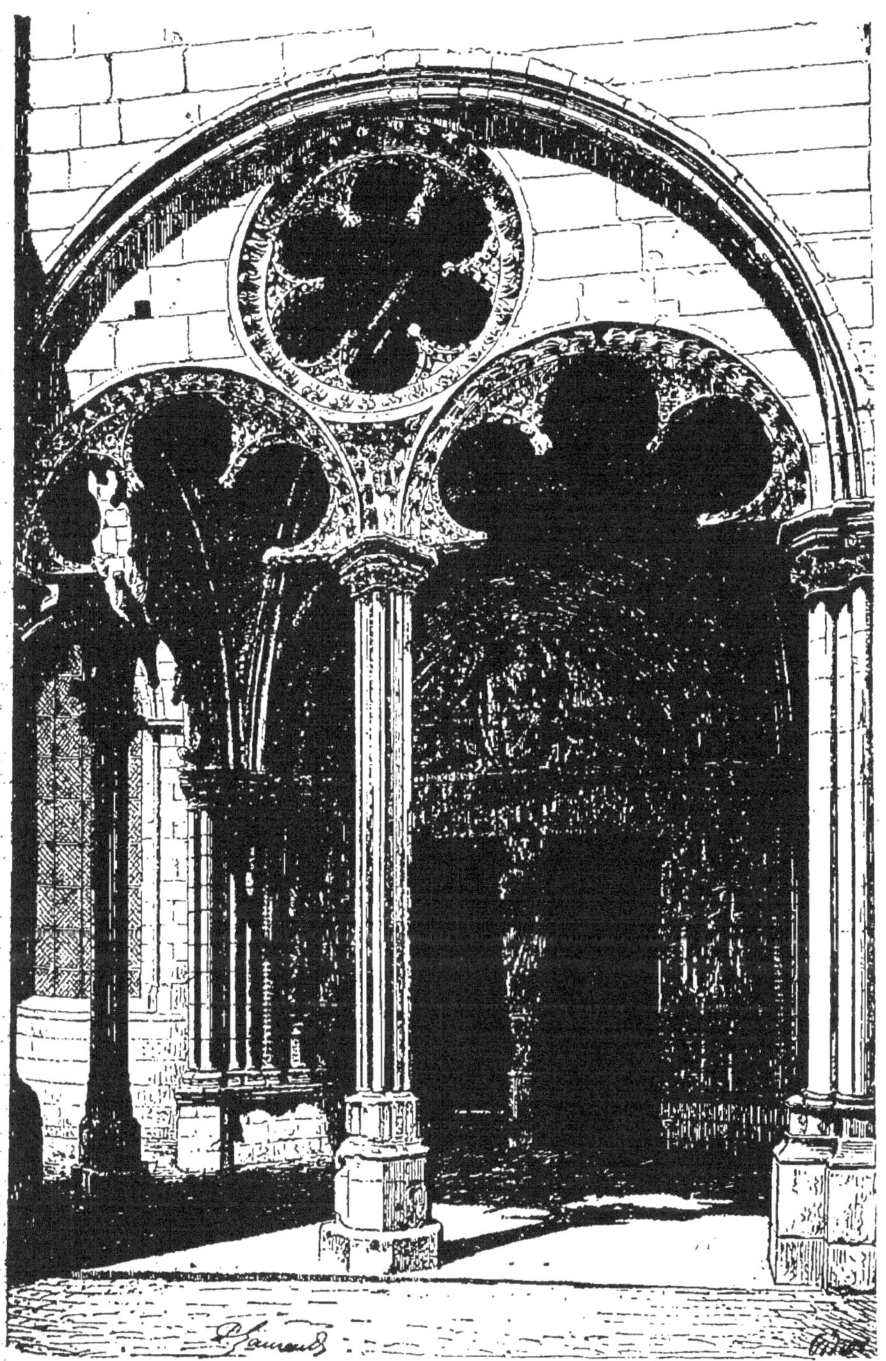

PETIT PORCHE DE LA CATHÉDRALE DE BOURGES

C'est dans la décoration sculpturale des cathédrales qu'il est surtout possible de s'apercevoir qu'on a affaire à un art vraiment français, *car, c'est à la flore et à la faune des champs de France*, des provinces où s'élevaient les monuments que les sculpteurs ont emprunté les *motifs de leur décoration*. Ce sont des feuilles, des fleurs, des plantes françaises aux formes plus ou moins élancées, selon que le gothique est simple ou flamboyant, que l'on voit répétées sans cesse comme des emblèmes décoratifs sur les monuments gothiques.

Le plus grand nombre des cathédrales ogivales présentent la forme d'une croix latine dont le sommet, représenté par le chœur, est tourné vers l'Orient (1).

Très peu d'églises ont le plan rectangulaire (2).

L'espace vide qui précédait les cathédrales avait reçu le nom de *parvis* (3). Il y avait souvent une fontaine où les fidèles se lavaient avant d'entrer dans l'église.

Dans un grand nombre de villes, on avait planté dans le

---

composent un cycle encyclopédique, qui renferme non seulement toute la nature créée, mais encore les passions, les vertus, les vices et l'histoire de l'humanité, ses connaissances intellectuelles et physiques, ses arts et même ses aspirations vers le bien absolu. »

(1) Dans quelques cathédrales, l'axe du chœur dévie un peu de la direction de l'axe de la nef. Cette déviation doit symboliser l'inclination de la tête de Notre-Seigneur sur la croix, au moment de rendre le dernier soupir.

(2) Église de Notre-Dame, à Huy.

(3) Ce *parvis* était une image symbolique du paradis terrestre par lequel il fallait passer pour arriver à l'église, symbole du paradis céleste.

parvis un orme. C'est à l'ombre de cet orme que les seigneurs de l'Église rendaient la justice.

Presque toutes les grandes cathédrales de la période ogivale ont un ou plusieurs *porches*, placés devant les entrées latérales ou devant la façade occidentale (1).

Le *droit d'asile* était souvent attaché à ces porches où plus d'une fois les marchands se sont réunis et y ont même établi des boutiques.

Dans la plus grande partie de nos cathédrales, le *porche* au lieu de s'avancer au dehors de l'édifice, était figuré par la retraite du mur de la façade.

En France, les cathédrales sont ordinairement dépourvues de porches devant leur façade principale ; mais leurs portes formant de véritables *portails*, sont décorées avec la plus grande recherche.

Les *portails* sont « des embrasements, dit Viollet-le-Duc (2), ménagés extérieurement en avant des portes principales des églises pour former un abri. Ce qui distingue le portail du porche, c'est que le portail ne présente pas, comme le porche, une avancée en hors-d'œuvre, mais dépend des portes elles-mêmes. Bien que les portes des cathédrales de Paris, de Bourges, d'Amiens, de Reims, de Rouen, de Sens, de Senlis, soient abritées par des voussures profondes surmontées même de gâbles, comme à Amiens et à Reims, cependant on ne saurait donner à ces saillies le nom de porches. »

---

(1) Pendant la période ogivale on a quelquefois même, ajouté des porches à des églises romanes. On peut en voir un exemple dans le porche méridional de Saint-Servais, à Maëstricht.

(2) *Dictionnaire d'architecture*, VII, p. 313.

Les portes les plus riches sont celles des cathédrales de Paris, d'Amiens, de Chartres, de Bourges, de Cologne, de Reims, de Strasbourg.

Les façades des cathédrales ogivales se composent de plusieurs zones horizontales et parallèles. Le bas est formé de trois portails donnant entrée dans les trois nefs : le portail du milieu. qui est en même temps la porte d'honneur, est plus large et plus richement orné que les deux autres.

Au-dessus des portails il y a deux ou trois étages décorés d'arcatures ou percés de fenêtres et de roses (1).

Les deux portails latéraux sont surmontés de deux tours élevées.

Lorsqu'on les regarde, les façades latérales des cathédrales semblent avoir été étayées. En effet, les murs de la nef sont soutenus par un système d'arcs-boutants et de contreforts (2) qui dans beaucoup de cas paraissent très pittoresques.

Les façades des transepts à l'extérieur ont une porte unique avec une galerie et une rose et un pignon orné de trèfles.

Les grandes cathédrales du xiii\ siècle se composent de trois, cinq et quelquefois sept nefs (3).

Les petites églises qui ont aussi la forme de la croix latine en ont généralement trois.

Dans le centre et le midi de l'Europe, en France et en Belgique le chevet du chœur a généralement la forme polygonale,

---

(1) Aux cathédrales d'Amiens, de Rouen, de Paris, et à celle de Burgos en Espagne, on a placé, évidemment pour symboliser l'origine royale du Christ, les statues des rois de Juda dans une galerie formée d'arcatures.

(2) Les chapelles sont situées dans l'espace laissé libre entre ces contreforts.

(3) L'église Notre-Dame à Anvers en possède sept.

tandis qu'en Angleterre, à la même époque, il est rectangulaire et terminé par un mur plat.

A partir du xiii⁰ siècle, les prêtres et les moines se placèrent dans les cathédrales et les églises autour du chœur. Leurs sièges prirent le nom de *stalles*. Habituellement ces stalles furent placées sur deux rangs et décorées avec une grande magnificence. On réservait la première stalle du côté de l'autel aux grands dignitaires de l'Église. Elle était souvent plus élevée que les autres. A partir du xiv⁰ siècle les stalles furent sculptées avec un luxe prodigieux (1).

Le *jubé* était la clôture qui séparait le chœur de la nef.

Il remplaçait l'ambon des antiques basiliques. On y montait pour lire l'épître et l'évangile. Ce jubé se composait de trois ou de cinq arcades ouvertes comme des portes et surmontées d'une plate-forme où se tenait le lecteur. Ces arcades fermées par des grilles de fer et de bronze étaient garnies de rideaux.

Les jubés étaient magnifiquement ornés de sculptures. Presque tous ont disparu. Parmi les plus importants qui sont restés en France il faut citer les jubés de l'église Saint-Etienne-du-Mont à Paris, de la cathédrale d'Albi et de l'église de la Madeleine à Troyes.

A l'époque ogivale on remplaça le pavage en mosaïque des églises par un système de dallage en carreaux de terre cuite ou en pierres.

On disposait ces carreaux émaillés de manière à former des dessins et des rosaces.

---

(1) On peut citer comme exemples les stalles de la cathédrale d'Amiens et celles de l'abbaye de Saint-Denis. On peut en voir de belles reproductions au musée du Trocadéro.

Un système de pavage caractéristique, qui se plaçait généralement dans la grande nef, consistait à disposer les carreaux de manière à former un labyrinthe, que l'on considérait comme l'emblème du temple de Jérusalem. Les fidèles le parcouraient à genoux, et pour en suivre tous les circuits, il fallait souvent plus d'une heure.

Quelquefois aussi ce pavage représentait des sujets figurés par des bas-reliefs.

A partir du XIIIe siècle, les tombeaux que renferment les cathédrales et les églises deviennent fort beaux. L'usage de représenter le défunt, soit gravé au trait, soit sculpté en relief, devient très fréquent sur les tombeaux. « Les statues d'évêques, dit M. de Caumont, très reconnaissables à leur mitre et aux autres attributs de l'épiscopat, sont en outre distinguées par le soulèvement de leur main droite, et par le déploiement des deux premiers doigts, comme s'ils allaient donner la bénédiction. On en trouve aussi beaucoup qui ont les mains croisées. Cette dernière attitude est ordinairement celle des abbés qui portaient la mitre et la crosse, dans les abbayes auxquelles ce privilège était accordé. Les séculiers des deux sexes portaient également des habits longs ; ils avaient une ceinture par-dessus la robe, à laquelle on suspendait ses clefs, sa bourse, son épée, son couteau. »

Parfois le tombeau était entouré des figures des personnes que le défunt avait aimées de son vivant.

Les *pierres tombales*, qui ont été plus nombreuses que les tombeaux proprement dits, ont été très ornées à l'époque ogivale.

Celles qui ont été faites au xive siècle sont superbes d'exécution : tous les détails du costume y sont rendus avec une grande vérité. Les compositions architecturales destinées à former l'entourage des personnages représentent soit des chapelles, soit des travées d'une église. Elles ont leurs types correspondants dans les décorations du même genre dont on encadrait, au xive siècle, sur les vitraux, les personnages que l'Eglise offrait à la vénération des fidèles. Dans le Nord, les Pays-Bas et dans quelques localités, ce sont des dalles de marbre gris ou noir dont on s'est servi. Dans l'Ile-de-France, la Normandie et une très grande partie de la France, ce sont surtout des tables de pierre calcaire blanche, jaune ou appartenant aux formations secondaires ou tertiaires ; enfin dans les régions granitiques et schisteuses, on s'est servi des tables fournies par ces roches, mais elles étaient bien moins faciles à tailler.

Parmi les plus beaux tombeaux de cette époque, nous pouvons citer les suivants :

Le *tombeau de Jean sans Peur et de Marguerite de Bourgogne*, au musée de Dijon. Deux lions sont couchés aux pieds du duc et de la duchesse qui portent la couronne ducale ; quatre anges soutiennent le casque du duc et les armoiries de Marguerite.

Ce tombeau est dû à Jehan de la Verta, dit d'Aroca, ymaigier demeurant à Dijon (1444). Il a eu pour collaborateurs Antoine le Mouturier et Jean de Droguès.

Le *tombeau de Philippe le Hardi*, superbe monument posé sur un socle en marbre noir. Il est orné de clochetons, de colonnettes et de cinquante-deux figures d'anges. La statue de Philippe le Hardi est placée sur une table et ses pieds reposent sur le dos d'un lion. Ce chef-d'œuvre est dû à Clause Sluter, ymaigier du duc de Bourgogne.

**

Ce sont les xiiie et xive siècles qui furent les plus belles époques du *vitrail*. C'est alors qu'apparurent dans les *vitraux* les grandes figures de prophètes, de saints et de saintes, de chevaliers, d'hommes de métiers. Les *vitraux* ont été répandus à profusion.

« Si la fabrication de ces *verrières*, dit M. de Caumont, occasionnait des frais considérables, on avait alors de grandes ressources dans les villes pour subvenir à la dépense : non seulement les riches seigneurs, les abbés et les autres dignitaires du clergé, mais encore toutes les corporations d'ouvriers, concouraient au vitrage des églises ; chaque corporation fournissait une vitre entière, ou un panneau de vitre, et c'était l'usage de figurer au bas du vitrail, au-dessous des autres tableaux, les membres des corporations avec leurs attributs. Ainsi au bas des vitres données par les *poissonniers*, on voit, comme à la cathédrale de Rouen, des poissons exposés sur des tables, et des personnages présidant à la vente; la corporation des *changeurs* est figurée par des hommes comptant de l'argent sur une table (1); celle des *bouchers*, par un boucher tuant un bœuf(2) ; celle des *boulangers,* par un homme tenant du pain ou en vendant (3); celle des *maréchaux,* par des ouvriers ferrant un cheval et battant une enclume (4); celle des *cordonniers*, par des personnages dont l'un taille le cuir et l'autre coud des souliers (5). On voit beaucoup d'autres industries ainsi représentées au bas des vitres de la cathédrale de Chartres, ce qui prouve que toutes les corporations d'arts et métiers y avaient contribué. Les évêques et les abbés, les barons et les chevaliers, sont représentés de même au bas des verrières qu'ils ont données. Cette espèce de signature, qu'on trouve au bas de toutes les vitres, est très importante à examiner, puisqu'elle indique infailliblement quels en furent les donateurs. Dans les fenêtres composées de lancettes surmontées d'une rose, l'image du donateur a quelquefois été encadrée dans la rose qui forme le couronnement de la fenêtre. C'est ainsi qu'à Chartres on voit représentés dans ces vitres circulaires des rois, des ducs, des comtes, des barons, bienfaiteurs de cette cathédrale, revêtus de leurs armures, montés sur des chevaux richement harnachés et caparaçonnés, ayant leur écu chargé d'armoiries. Mais cette place me paraît avoir été réservée aux grandes notabilités de l'époque. »

---

(1) Cathédrale de Chartres.
(2) *Dito.*
(3) *Dito.*
(4) *Dito.*
(5) *Dito.*

Cet art du vitrail qui a fleuri d'un incomparable éclat à l'époque gothique est aussi un art bien français.

« Il faudrait, a écrit le grand esthéticien Charles Blanc, il faudrait visiter presque toute la France ; il faudrait examiner en détail les cathédrales de Bourges, de Tours, de Reims, de Chartres et vingt autres églises plus ou moins illustres, pour se faire une idée de la richesse, de la magnificence de cet art qui dans ses application *est bien nôtre, la peinture sur verre.*

« Les peintures des verrières ont remplacé dans l'intérieur des cathédrales la statuaire du dehors. Du reste, l'intérieur n'avait pas besoin encore de beaucoup de statues car il était d'un luxe inouï. En plus des vitraux, il y avait des dallages, des tapisseries splendides et des voiles précieux qui entouraient les sanctuaires, des autels de marbre, des grilles finement travaillées, des couronnes de lumières suspendues aux voûtes, des lampes d'argent, des armoires peintes ou recouvertes de lames d'or, destinées à renfermer les trésors, etc. »

Dans les cathédrales, les vitraux étaient disposés d'une façon très rationnelle. La verrière supérieure du chevet du chœur qui est celle qui frappe surtout les regards, était consacrée à Notre-Seigneur souffrant pour sauver le genre humain, généralement on y voyait le Christ en croix entre la sainte Vierge et saint Jean. Les autres fenêtres supérieures du chœur montraient les figures des apôtres et des saints ou saintes vénérés d'une manière spéciale. Les fenêtres hautes de la nef du milieu présentaient les figures des patriarches, des rois et des prophètes de l'Ancien Testament.

Les verrières des bas-côtés de la nef étaient consacrées aux légendes pieuses, relatives aux saints du pays où se trouvait la cathédrale. Les vitraux des chapelles absidiales et du pourtour du chœur présentaient soit les principaux traits de la vie du Christ et de celle de la sainte Vierge ou les principaux dogmes de la foi.

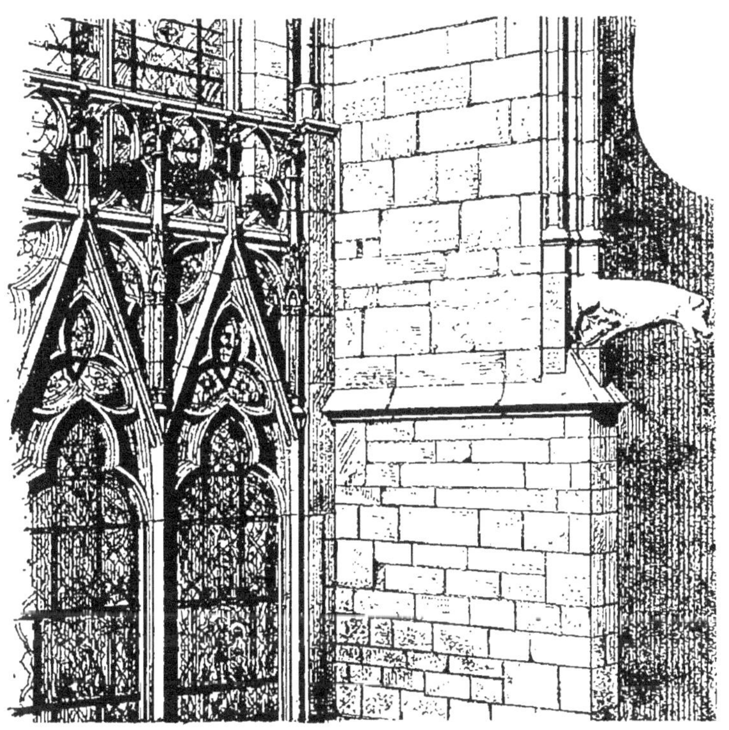

DÉTAIL D'UNE FENÊTRE GOTHIQUE ET D'UN CONTREFORT DE SAINT-URBAIN
DE TROYES

On trouve aussi dans les cathédrales de cette époque un grand nombre de *grisailles* (1). Elles étaient destinées aux fenêtres les moins exposées à la vue.

______

(1) On donne le nom de *grisailles* à des panneaux composés de verres blancs ou très

Les dessins qui s'y trouvaient reproduisaient des rinceaux ou des ornements variés ; jamais les artistes n'y ont dessiné des figures d'hommes ou d'animaux.

Au xive siècle, les grisailles reçurent quelques verres colorés.

Voici qu'elle était la manière dont les artistes du moyen âge exécutaient les vitraux :

On disposait d'abord à plat sur une table ou sur le sol un dessin ou carton de la même dimension que la fenêtre. L'artiste dessinait par un trait noir les contours des ornements, des figures ou des personnages, il indiquait la forme des pièces dont devait se composer le vitrail. Ensuite, on découpait un second carton, en autant de morceaux qu'il devait y avoir de fragments de verre. Ces morceaux servaient de modèles à l'ouvrier, c'était d'après eux qu'il taillait ses vitres.

Il n'y avait plus qu'à réunir les pièces au moyen de filets de plomb à double rainure.

Les morceaux de verre étaient d'une épaisseur différente.

Cette inégalité des verres, qui rend la mise en plomb si difficile, dit Viollet-le-Duc, est une des conditions d'harmonie et de vivacité des tons. Quand les verres sont plans et égaux comme épaisseur, la lumière les frappe tous sur une verrière suivant un même angle, d'où résulte une réfraction uniforme ; mais quand, au contraire, ces verres sont bossués et inégaux comme épaisseur, ils présentent extérieurement à la lumière des surfaces qui ne sont pas toutes sur un même plan vertical, d'où résulte une réfraction variée qui ajoute singulière-

---

légèrement verdâtres, sur lesquels, au moyen de l'émail brun, on trace des dessins et des ornements.

ment à l'éclat relatif des tons et qui contribue à l'harmonie. C'est ainsi que la perfection des produits est souvent en raison inverse de la qualité de l'effet en matière d'art.

Un point fort curieux dans cet art si français, c'est que la *couleur* est souvent toute *conventionnelle* et non naturelle, des chevaux sont peints en vert, des cheveux en rouge.

*\
* *

Les guerres de religion, interrompirent en France la construction des cathédrales et s'opposèrent à ce qu'on en fît de nouvelles ; l'architecture religieuse subit alors une transformation complète par suite du retour aux formes antiques.

Aux XVIIe et XVIIIe siècles, on construisit bien quelques cathédrales en style roman, mais elles n'eurent plus la grandeur imposante des belles cathédrales du moyen âge.

Étudions maintenant quelques-uns des plus beaux édifices religieux de la période ogivale dite gothique.

LES PRINCIPAUX MONUMENTS

DE L'ART OGIVAL

SOMMAIRE

—

C'est la France qui possède le plus magnifique ensemble d'édifices religieux que l'époque ogivale ait produits. Et chose remarquable, le même soin et la même élégance se retrouvent à tous les degrés et de simples églises, comme Notre-Dame de

Dijon et Notre-Dame de Semur, atteignent le dernier degré de la perfection aussi bien que les grandes cathédrales. Les abbayes elles-mêmes sont des merveilles.

Parmi ces principaux monuments religieux, nous pouvons citer et décrire les suivants :

*
* *

La *cathédrale d'Amiens* date de 1220. Elle a été commencée sous la direction de Robert de Luzarches. Elle est plus haute que la cathédrale de Paris. Les voûtes atteignent 43 mètres et couvrent un vide de 15 mètres; effort d'autant plus prodigieux, que les murs extérieurs sont remplacés par une série de contreforts entre lesquels sont établies des chapelles.

C'est l'un des plus grands édifices qui existent au monde. Il couvre une superficie atteignant 8.000 mètres.

Le vaisseau entier de l'église est un véritable chef-d'œuvre : il comprend trois nefs avec des chapelles latérales. L'élévation des colonnes de la grande nef égale soixante-dix fois leur diamètre. C'est un coup d'œil magique, un étonnant et merveilleux ensemble, où se fondent dans un accord véritable la puissance et la légèreté.

On sait que la cathédrale d'Amiens est l'une de celles où la sculpture du moyen âge, si profondément idéale dans ses expressions et ses attitudes, s'est le plus complètement épanouie. Les innombrables figures qui décorent cette cathédrale, le beau Dieu entre autres, ainsi que la Vierge et l'ange Gabriel, l'admirable clôture du chœur tout entière, offrent des compositions de premier ordre traitées avec un art consommé.

La cathédrale d'Amiens possède deux fort belles statues de la *sainte Vierge* (XIII° siècle).

« La première figure, dit Viollet-le-Duc, est grave ; elle étend la main en signe d'octroi d'une grâce. L'Enfant bénit ; sa pose est, de même que celle de sa mère, calme et digne. La seconde est tout occupée de l'Enfant, auquel s'adresse son sourire. La première a l'aspect d'une divinité ; elle reçoit les hommages et semble y répondre ; de son pied droit elle écrase le dragon à tête de femme, et sur le piédestal qui la porte sont représentées la naissance d'Ève et la chute d'Adam. La seconde statue est une mère charmante, qui semble n'avoir d'autre soin que de faire des caresses à l'Enfant qu'elle porte sur son bras. En examinant ces deux œuvres de sculpure, on mesure l'espace parcouru par les artistes français pendant un siècle. Ce qu'ils perdent du côté du style et de la pensée religieuse, ils le gagnent du côté de la grâce déjà un peu maniérée et du naturalisme. »

Sur le trumeau de la porte centrale se trouve une statue du Christ, dite le *Beau Dieu d'Amiens,* une des plus superbes sculptures du moyen âge. Sur les pieds droits sont des statues d'apôtres, les vierges folles et les vierges sages, dans les voussures l'arbre de Jessé, les vieillards de l'Apocalypse.

Cathédrale de Chartres. La cathédrale de Chartres est le premier monument chrétien auquel la population tout entière a travaillé. C'est à Chartres que revient l'honneur d'avoir donné un exemple qui fut suivi ailleurs.

Une lettre écrite en 1145 raconte de la façon suivante la manière dont on éleva cette construction (1) :

« C'est un prodige inouï que de voir des hommes puissants, fiers de leur naissance et de leurs richesses, accoutumés à une vie mortelle et voluptueuse, s'attacher à un char avec des traits, et voiturer les pierres, la chaux, le bois, tous les matériaux nécessaires pour la construction de l'édifice sacré. Quelquefois mille personnes, hommes et femmes, sont attelées au même char, tant la charge est considérable, et cependant il règne un si grand silence qu'on n'entend pas le moindre murmure. Quand on s'arrête dans les chemins, on parle, mais seulement de ses péchés dont on fait confession avec des larmes et des prières ; alors les prêtres engagent à étouffer les haines, à remettre les dettes... S'il se trouve quelqu'un assez endurci pour ne pas vouloir pardonner à ses ennemis et refuser de se soumettre à ces exhortations, aussitôt il est détaché du char et chassé de la sainte compagnie. »

Commencée vers 1154, cette cathédrale ne fut terminée que vers l'an 1302.

A la façade principale, il y a deux tours carrées servant de base à deux flèches de forme octogonale. La célèbre charpente, qui avait été surnommée *la Forêt*, fut brûlée en 1836.

---

(1) Cette lettre était adressée aux religieux de l'abbaye de Tutteborg (Angleterre).

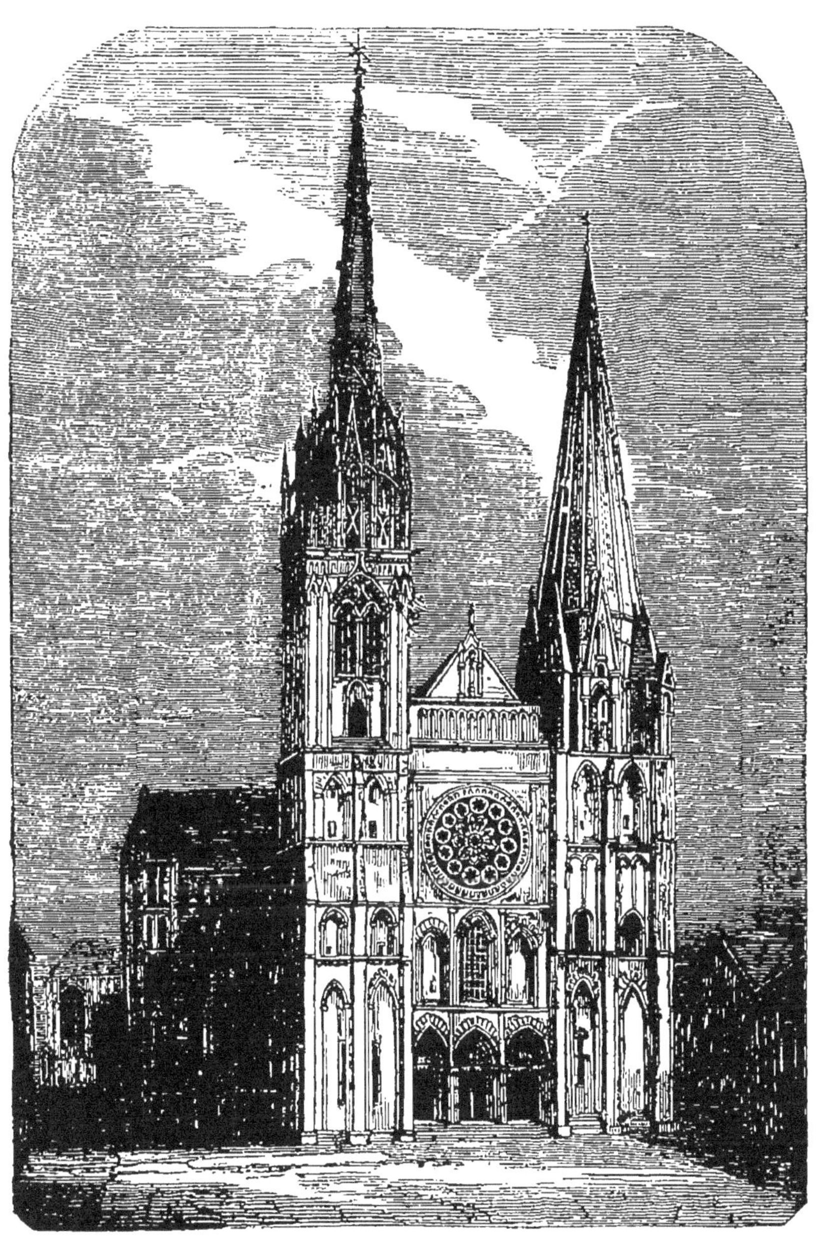

CATHÉDRALE DE CHARTRES

La clôture du chœur possède des bas-reliefs sculptés en 1514 par JEAN TIXIER (1).

*
* *

Cathédrale de Reims. Cette cathédrale a été commencée en 1212 et terminée en 1241. Les tours de la façade principale n'ont été terminées qu'en 1430 (2). Ce monument a été élevé par l'architecte JEAN D'ORBAIS.

Le portail qui a trois arcades en ogives est orné de près de 600 figures. Dans l'arcade du milieu est représenté le couronnement de la Vierge, dans celle de gauche la passion, dans celle de droite le jugement dernier.

---

(1) Fondée au III° siècle, cette cathédrale devint bientôt l'un des pèlerinages nationaux.

Elle fut plusieurs fois reconstruite, notamment au XI° siècle, par le célèbre Fulbert, évêque de la ville. Un incendie causé par la foudre la détruisit avant son achèvement, en 1194, ne laissant subsister que les cryptes et la façade avec les deux clochers.

Les travaux furent repris, et la consécration solennelle de Notre-Dame eut lieu en 1260, en présence de saint Louis.

En 1836, un nouvel incendie consuma toutes les grandes charpentes remplacées depuis par un comble en fer.

La longueur totale de cette merveilleuse église, est de 134 mètres ; les grandes voûtes ont 36 mètres de hauteur et la nef centrale 16^{m}40, d'axe en axe des piliers. La collection de vitraux du XIII° siècle forme l'une de ses principales richesses.

Le chœur est entouré d'une clôture en pierre qui est un chef-d'œuvre. Ses statues et ses bas-reliefs résument la vie du Christ et de la sainte Vierge. A gauche du chœur, se trouve la Vierge au Pilier, vénérée par de nombreux pèlerins, dans une chapelle somptueusement décorée.

Dans le trésor de la cathédrale, figure un reliquaire renfermant le voile de la vierge Marie. Charles le Chauve donna, vers 876, cette précieuse relique qui fut envoyée, dit-on, à Charlemagne par l'impératrice Irène.

Parmi les souvenirs historiques, on remarque encore à Chartres, la porte Guillaume, qui date du XVI° siècle, et qui est un débris des anciens remparts.

(2) En 1481 un incendie a détruit cinq clochers qui n'ont pas été refaits.

Le sommet de la façade possède une charmante colonnade qui est décorée de quarante-deux statues de rois de France de Clovis à Charles VI.

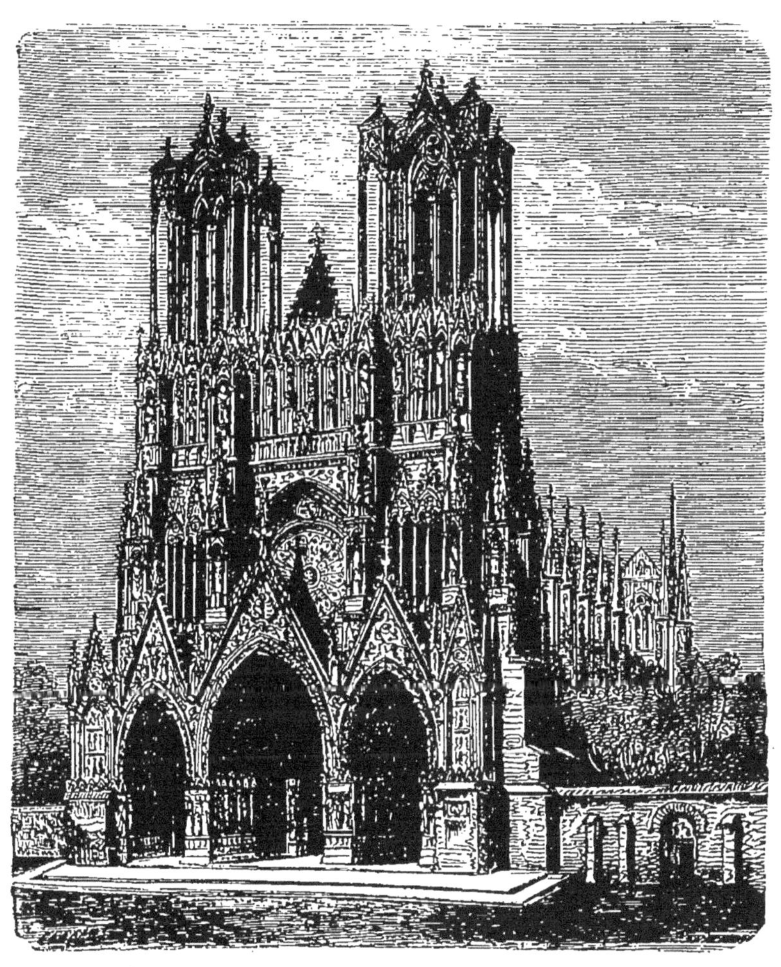

CATHÉDRALE DE REIMS

Au sujet de la cathédrale de Reims, M. Gonse s'exprime ainsi : « Dans l'écrin monumental de la France, l'illustre et gigantesque cathédrale de Reims tient une des premières places. A l'égal de Notre-Dame de Paris, elle éveille un monde de sensations, de pensées, de souvenirs. Il serait oiseux de rechercher si la basilique rémoise l'emporte sur la basilique parisienne. Entre les grandes cathédrales françaises : Chartres, Paris, Reims et Amiens, qui sont les quatre merveilles de l'Art gothique, le choix semble bien difficile. Chacune d'elles a ses beautés originales, son individualité ; chacune d'elles forme un *cosmos*, un tout complet dont les multiples expressions se fondent dans une unité harmonieuse. De chacune d'elles, cependant, émerge une dominante : à Chartres, c'est le clocher ; à Paris, c'est la façade ; à Reims, c'est le sanctuaire ; à Amiens, c'est la nef. Ceux qui aiment la sévérité et les viriles énergies du XIIe siècle préféreront Chartres à Paris ; ceux qui inclinent vers les élégances, les audacieuses envolées et le rationalisme du XIIIe siècle préféreront Amiens ; ceux enfin que passionnent les créations parlantes et la sculpture mettront Reims au-dessus de tout (1). »

---

(1) Cet édifice a été attribué jusqu'ici à l'architecte Robert de Coucy sans aucune preuve sérieuse.

C'est dans le labyrinthe de la cathédrale détruit au dix-huitième siècle que l'on pouvait lire le nom des maîtres de l'œuvre.

Le chanoine Cocquault, dans ses notes manuscrites conservées à la bibliothèque de Reims, a transcrit heureusement le texte des inscriptions du labyrinthe dont Jacques Cellier, artiste du seizième siècle, a laissé un dessin. Il résulte de ces documents que les maîtres de l'œuvre de la cathédrale se nommaient Jean Le Loup, Jean d'Orbais, Bernard de Soissons et Gauchée de Reims ; mais dans quel ordre faut-il placer ces quatre architectes ? M. Demaison est d'avis que Jean d'Orbais dut commencer les travaux du chœur. Jean Le Loup lui succéda en posant la première pierre des trois portails. Gauchée de Reims continua l'œuvre de son prédécesseur et Bernard de Soissons travailla aux travaux de la nef.

Le labyrinthe de la cathédrale remontait à l'année 1290 environ : ses inscriptions permettent de reporter sur Jean d'Orbais l'honneur d'avoir conçu le plan de la cathédrale de Reims.

Les rois de France venaient se faire couronner et sacrer dans la cathédrale de Reims. L'abbé de Saint-Denis qui était le dépositaire des ornements royaux, les plaçait lui-même sur l'autel. Pendant qu'on chantait le *Te Deum*, le roi demeurait agenouillé devant l'autel : il n'avait conservé de ses vêtements qu'une camisole de soie, et sa chemise qui devait être ouverte à la poitrine et entre les épaules. Quand il avait fini sa prière, le grand chambellan de France lui mettait ses bottines, qui étaient présentées par l'abbé de Saint-Denis ; ensuite le duc de Bourgogne lui attachait ses éperons. L'archevêque de Reims prenait alors l'épée nue qui était sur l'autel, la donnait au roi, qui, après une prière, la remettait entre les mains du connétable de France chargé de la porter devant lui. Ensuite avait lieu l'onction faite avec l'huile de la sainte ampoule, et le grand chambellan habillait le roi avec la *dalmatique* et le *manteau royal*. Puis l'archevêque prenait un *anneau* qu'il mettait au doigt du roi, et lui plaçait dans la main droite le *sceptre* et dans la main gauche la *main* de justice. Alors le chancelier appelait nominativement les pairs de France, qui devaient tous porter la main à la couronne au moment où l'archevêque la plaçait sur la tête du roi. La cérémonie se terminait par la messe, où le roi communiait.

* *

Après Notre-Dame de Reims, il faut placer Notre-Dame de Soissons. « La structure de cet édifice, d'aspect un peu froid, est très savamment combinée : le jeu des poussées est traité

de main de maître et le dessin des arcs-boutants, à double
volée, excellent. Les proportions du chœur sont hardies et
monumentales. A l'intérieur, le signe distinctif de cette belle
construction, c'est l'espacement des travées et la largeur des
nefs. » Il y a peu d'églises où la lumière se répande plus librement et plus abondamment.

Cathédrale d'Alby. Sainte Cécile d'Alby, commencé vers
1339, a la forme d'une salle immense terminée par une abside
et complètement entourée de chapelles, polygonales au chevet,
carrées dans la nef.

Le jubé occupe la moitié du vaisseau et forme ainsi comme
un bas-côté autour du sanctuaire.

Elle était complèment couverte de peintures à l'intérieur à
la fin du xvie siècle.

Notre-Dame de Noyon. Cette cathédrale a été bâtie de 1150
à 1170. On y voit l'ogive mêlée au plein cintre de la manière la plus prononcée. Les deux étages supérieurs du monument sont à plein cintre tandis que le rez-de-chaussée et le
premier étage ont la forme ovigale (1).

---

(1) Cette cathédrale se trouve comprise dans ce qu'on appelle le *style de transition*, qui se
trouve compris au moment où l'art roman se transforme pour devenir l'art ogival.

Cathédrale de Coutances. Cette cathédrale comprend une nef principale, garnie de bas-côtés.

Les bas-côtés sont doubles autour de l'hémicycle du chœur. Il y a trois portes à l'entrée. Le chœur possède de belles colonnes qui s'élancent jusqu'en haut des murs où elles se raccordent avec les arceaux des voûtes.

La façade présente deux belles tours de forme quadrangulaire à la base et terminées par une pyramide octogone. Une énorme tour octogone, surnommée *le Plomb,* se dresse au-dessus de la croisée ; elle est composée de deux étages et flanquée de tourelles sur les quatre faces diagonales. C'est

---

Les deux édifices les plus importants de la période de transition et pouvant être considérés comme les premiers édifices vraiment gothiques sont : Notre-Dame de Senlis et l'église abbatiale de Saint-Denis ; et cette dernière passe particulièrement pour être l'œuvre la plus célèbre de cette époque.

« La croisée d'ogives, écrit M. Gonse, était connue dans l'Ile de France dès la fin du xie siècle. On en constate l'apparition dans quelques bases de clochers, mais à l'état informe et si primitif, que c'est à peine si on peut en tenir compte. Le premier exemple indiscutable se montre dans le chœur de la grande église abbatiale de Morienval, bourgade de 900 habitants perdue dans le fond d'un ravin qui aboutit à la vallée de l'Automne, au-dessus de la cité romaine de Champlieu... Aucun archéologue, jusqu'à présent, n'avait osé faire remonter jusqu'au xie siècle les voûtes à nervures de l'abside de Morienval... Je suis disposé à accorder au chœur de Morienval une importance de premier ordre, unique même dans l'histoire des origines de la croisée d'ogives. »

A côté de Morienval, il faut citer les églises de Béthisy Saint-Pierre et Saint-Étienne de Beauvais comme monuments des premières origines de l'art gothique rudimentaire, puis viennent les églises d'Orgeval de Tracy-le-Val, Bury, de Saint-Leu d'Esserent, etc...

« Pendant le second quart du xiie siècle, l'architecture de l'Ile de France achève son mouvement transitionnel... Le premier monument qui s'offre à l'examen est l'église collégiale de Saint-Louis de Poissy. Il est, avec le chœur de Saint-Martin-des-Champs et l'église de Cormeilles-en-Parisis, l'édifice le plus ancien de la région parisienne où se manifeste l'influence du nouveau style. »

« ... Paris ne nous offre que trois œuvres de la transition, mais toutes d'un rare intérêt : le chœur de l'ancien prieuré de Saint-Martin-des-Champs (aujourd'hui englobé dans le Conservatoire des Arts et Métiers), le déambulatoire de l'église abbatiale de Saint-Germain des Prés et l'église Saint-Pierre de Montmartre. »

devant cette tour que Vauban frappé d'admiration s'est écrié :
« Quel est le sublime fou qui a osé lancer dans les airs un
pareil monument ? »

Cathédrale de Metz. Cette cathédrale fut commencée en 1014
et terminée vers 1547.

Elle fut achevée en plusieurs fois et par suite possède plusieurs styles ; la partie inférieure est du style ogival primitif,
tandis que le chœur et l'abside sont du style ogival tertiaire (1).

Cathédrale de Beauvais. La première cathédrale de Beauvais fut détruite par un incendie en 1125. L'évêque et le
peuple résolurent de la rebâtir beaucoup plus vaste, et adoptèrent un plan tellement grandiose, qu'elle devait éclipser
toutes les autres cathédrales de France. Mais les voûtes, trop
élevées et trop hardies pour la force des contreforts qui
devaient les arc-bouter, s'écroulèrent.

L'architecte Enguerrand fut chargé, en 1338, de terminer
le chœur de la basilique ; mais les guerres civiles vinrent arrêter les travaux, qui ne furent terminés que vers 1509 par les
architectes FRANÇOIS MARÉCHAL et JEAN WAST.

---

(1) Le portail de la cathédrale est moderne.

Le chœur de cette cathédrale est une des merveilles de l'art ogival.

***

Cathédrale de Tours. La cathédrale de Tours ayant été détruite en 1166, on commença à la reconstruire en 1170. La grande façade ne fut guère achevée qu'en 1440 (1).

Elle est d'une grande richesse comme décoration. En voyant cette merveilleuse dentelle de pierre, Henri IV s'était écrié : « Ventre-saint-gris ! voilà de beaux bijoux, il n'y manque plus que des étuis. »

***

Cathédrale de Laon (2). La basilique romane de Laon avait été brûlée en 1112. On avait heureusement sauvé les reliques.

Ces reliques furent promenées processionnellement dans les provinces du royaume de France et le produit des aumônes et quêtes recueillies servit à commencer le nouveau monument ogival.

La cathédrale fut terminée vers 1308. Elle possède quatre tours d'une grande légèreté architecturale.

___

(1) Quant aux deux tours, elles ne furent terminées qu'au xvi⁼ siècle.

(2) M. Gonse estime que « la grande façade de la cathédrale de Laon, admirablement restaurée par M. Boeswilwald, est, après celle de Paris, dont elle rappelle le grand portique monumental, la plus remarquable des façades gothiques ».

Cathédrale de Dijon. Notre-Dame de Dijon fut commencée en 1307 et consacrée en 1331.

Sa façade est fort curieuse car elle est unique en son genre. Elle possède une entrée précédée d'un très large porche. Ce porche est surmonté par une surface presque carrée, divisée en deux parties égales, composées chacune d'une galerie à seize arcades ogivales portant sur de très sveltes colonnettes.

Abbaye de Saint-Denis. Cette abbaye fut commencée par Suger, le ministre du roi Louis VII. Elle fut agrandie considérablement par Louis IX. Viollet-le-Duc y a fait de grand travaux de restauration.

C'est à l'abbaye de Saint-Denis que les insignes des rois de France étaient conservés. Elle renferme une très précieuse collection de tombeaux des rois de France.

Cathédrale de Rouen. Construite à diverses époques, elle est composée de parties disparates. Reconstruite au commencement du XIII° siècle, elle est surmontée de sept tours, dont deux à la façade, deux à chaque portail du transept et une au centre. Les trois portes de la façade ont été en partie réédifiées au XVI° siècle. « A sa gauche, la tour Saint-Romain, le plus ancien fragment de l'édifice et peut-être le plus antique reste du passé à Rouen, du xve siècle pour les étages supérieurs, renferme le beffroi et l'horloge et mesure 75 mètres de hauteur ; sa plateforme est couronnée par un comble en fer du xvie siècle. Le portail latéral dit « *des libraires* » est d'une admirable élégance de style. A droite se trouve la *tour du beurre*. Voici d'où vient son nom. Pour la construire, les cardinaux accordèrent aux Rouennais, moyennant aumône, l'usage du beurre pendant le carême. Cette tour, élevée en 1506, a sa partie supérieure de forme octogonale et a 75 mètres de hauteur. Le portail latéral se nomme portail « de la Calende. »

La chapelle de la Vierge renferme deux merveilles : les tombeaux de Louis de Brézé et des cardinaux d'Amboise. Celui des cardinaux est une des œuvres les plus colossales en ce genre, il mesure 8 mètres de hauteur. Les deux cardinaux, l'oncle, le ministre tout-puissant de Louis XII et le neveu, Georges d'Amboise, sont agenouillés, priant.

Des moines en prière ont pris place dans les niches du soubassement et les frises présentent une prodigieuse armée d'amours ailés (1).

Cathédrale de Strasbourg. — On commença à élever la

---

(1) La cathédrale de Rouen avait des dépendances considérables. Sous son ombre étaient venus successivement se grouper, l'archevêché, des écoles, un beau cloître, des sacristies, des bibliothèques, des salles capitulaires dont il reste encore de fort beaux fragments.

cathédrale de Strasbourg en 1277 sous la direction du célèbre architecte *Erwin de Steinbach* (1).

Il fut aidé par son fils *Jean* qui continua son œuvre et par JEAN HULTZ qui termina la nef en 1439. Sa fille *Sabine,* artiste habile, sculpta de magnifiques statues au portail sud et au pilier des Anges.

Il existe une bien belle et poétique légende sur la construction de la cathédrale de Strasbourg. Nous ne pouvons résister au désir de la donner.

Erwin, le grand Erwin, raconte la belle légende, avait été chargé de faire la façade de la cathédrale. C'était un vieillard ; la sagesse et le génie l'avaient touché de leur aile. Près de lui vivaient ses deux enfants : Jean, l'aîné, qui était sa force, et la belle Sabine qui était toute son âme.

Pendant dix années, les petits travaillèrent sous la direction du vieux père. Grâce à leurs soins, les pierres s'étaient superposées comme par enchantement, et déjà, à travers les innombrables échafaudages, on pouvait entrevoir la base des tours, les grandes rosaces et les escaliers à jour qui menaient à la plate-forme, sur laquelle allaient s'élever, à perte de vue dans le ciel, les clochers dentelles de pierre qui devaient faire l'admiration de la postérité.

Tout à coup la mort enleva le grand artiste. Sabine resta seule avec son frère Jean, et le père avait fait jurer à sa fille que lui seul ou les siens termineraient l'œuvre si glorieusement entreprise.

Mais les plans manquaient ; un concurrent se présenta ; il

---

(1) Steinbach était une petite ville du duché de Bade.

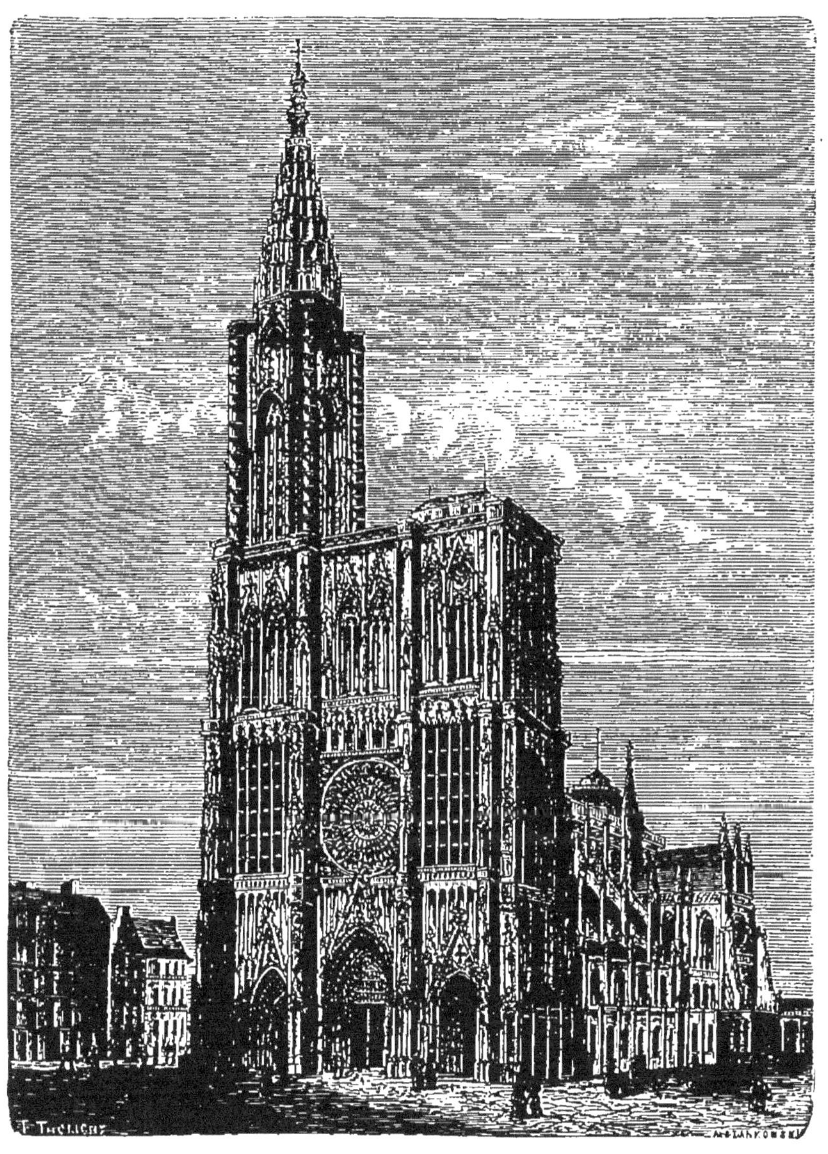

CATHÉDRALE DE STRASBOURG

produisit une conception belle entre toutes ; le suprême conseil devait évidemment lui donner la préférence.

Assise silencieusement dans le retrait qui lui servait de laboratoire, Sabine découragée songeait et pleurait, un beau soir accoudée tristement devant un parchemin entièrement blanc, étendu sur sa table. Sa main distraite cherchait en vain des lignes et courait fiévreusement sur le vélin, sans pouvoir y fixer son rêve. Impuissante, elle s'arrêta ; le sommeil gagnait ses paupières et sa tête alourdie ne tarda pas à tomber sur sa poitrine. Elle s'endormit pleine de fatigue. Mais, le lendemain, sur le châssis pur la veille de toute esquisse, apparut à ses yeux émerveillés un profil admirable, tracé pendant la nuit par une main mystérieuse.

« C'est le diable qui a fait cela », dirent les méchantes langues. — Non, c'est Dieu, répondit Sabine avec sa foi surhumaine. Les juges l'acclamèrent, et la cathédrale, sous sa direction, s'éleva haute, si haute que le dernier coup d'aile des cigognes l'effleurait à peine et qu'elle dominait de plusieurs pieds le grand vol des hirondelles.

Malheureusement, à mesure que se dressaient les tours, une main jalouse détruisait chaque jour ce qui avait été fait la veille. Les statues plantées dans leurs niches, mutilées par un invisible ouvrier, disparaissaient à mesure qu'on les plaçait, les feuillages sculptés sur les clochetons s'effaçaient.

Par une sombre nuit, sur les charpentes dressées le long des murailles, une double apparition se laissa voir, fantastique, horrible, incompréhensible. Le fiancé de Sabine, Bernard de Sunder, qui passait en surveillant silencieusement les travaux et faisait sa ronde habituelle, entendit le bruit distinct de deux marteaux ; deux ombres erraient au sommet des constructions inachevées. « Sabine, murmura-t-il, c'est Sabine. » Et tout là-haut passa dans l'air une robe blanche, gonflée par le vent noir. Plus bas, une autre silhouette se détachait entre les piliers de la galerie. « Polydore, s'écria Bernard, Polydore de Boulogne », le traître évincé du concours par le triomphe de la sœur de Jean. Oui, c'était lui le lâche qui martelait les trèfles, les roses, les feuilles de chêne, les branches d'arbres, ciselés avec tant d'amour par les compagnons, sous les conseils et l'inspiration de la grande maîtresse.

Tout à coup, la femme blanche courut sur les planchettes fragiles, car, elle aussi venait d'entendre le bruit de l'outil destructeur ; elle s'approchait de l'ennemi, qu'allait-il advenir ? un corps tomba, ce ne fut pas celui de la fille du grand Erwin.

Bernard de Sunder s'élança du haut et enleva d'une échelle la fée voltigeante. Ses yeux étaient ouverts, mais sa bouche était muette ; le ciel lui avait donné deux vies, celle de l'ombre et celle de la lumière, et ses plus beaux rêves, elle les réalisait pendant sa seconde existence, car alors, elle agissait seule, et ne faisait qu'exécuter ce que lui disait directement Dieu, son seul maître et son seul guide. La tour fut terminée et le nom d'Erwin et de Sabine restèrent immortels.

Les statues sont nombreuses, ou du moins étaient nombreuses avant les mutilations qu'ont fait subir à la cathédrale les prussiens soi-disant civilisés.

La chaire, qui date du xv⁰ siècle, est d'un style ogival flamboyant, aux formes contournées et capricieuses (1). Le bap-

---

(1) Elle avait été construite en 1486, sur les plans de l'architecte JEAN HAMMERER.

tistère, qui date de 1453, est dû à Jadoque Dotzinger. Les ciselures en sont d'une délicatesse prodigieuse.

Les fenêtres de la grande nef ont des meneaux couronnés de formes gracieuses, de trèfles, de quatre-feuilles et de rosaces.

Les statues du porche de la *cathédrale de Bourges* sont des plus remarquables. Les têtes ont une physionomie individuelle. On voit encore, dans quelques parties des sculptures placées sous le porche, des traces des couleurs dont elles furent recouvertes (1).

On peut lire aussi, gravées dans la pierre, en caractères du xvi⁰ siècle, des inscriptions formant six versets. Voici l'un d'eux :

> Les pauvres qui ont pacience
> Et vivent selon conscience
> En suivant amour et concorde,
> S'ils endurent leur indigence
> Et la prenent pour suffisance,
> Ils acquerront miséricorde.

« Tout le symbolisme des portails, dit un savant archéologue (2), se rapporte à l'action de Dieu amenant dans l'Église par diverses voies les diverses classes d'hommes... Du côté de l'occident, côté de l'ombre, l'Église doit faire luire le flambeau de l'Évangile et de la Foi ; de là, dans la sculpture, ce *Christ législateur* qui siège sur la principale porte au xiie siècle. J'appelle *Christ législateur*, cette figure souvent si imposante de Notre-Seigneur assis ordinairement dans une ellipse ou dans

---

(1) La sacristie de la cathédrale de Bourges a été aussi construite dans le style ogival (mais seulement au xvi⁰ siècle), aux frais de Jacques Cœur.

(2) Cahier, *Mélanges archéologiques*, tome I.

une sorte d'amande, et tenant de sa main gauche un livre, en même temps que de la droite il annonce qu'il bénit, ou annonce qu'il va parler. Autour de lui, sont placés, dans un ordre constant, les symboles des quatre évangélistes, et cette simple scène occupe à elle seule, d'ordinaire, le tympan du portail principal, ou du moins en forme le centre, quand elle admet quelques accessoires. »

Eglise Saint-Maclou, à Rouen. C'est un des plus beaux édifices de style gothique flamboyant. Il date du xvᵉ siècle. Le magnifique porche à cinq pans de la façade nord, le porche à trois pans de la façade principale, sont considérés comme des merveilles de l'art ogival. A l'intérieur, la splendide nef dont les piliers s'élancent jusqu'au sommet de la voûte, la tourelle à jour qui renferme l'escalier de pierre conduisant à l'orgue, montrent l'art ogival dans toute sa perfection.

Eglise de Saint-Ouen, à Rouen. Cette église splendide, d'un beau style, fut commencée en 1310. Elle montre quelles devaient être la grandeur et l'importance de l'ancienne abbaye dont elle faisait partie : elle a 137 mètres de long sur 26 de largeur et 33 mètres de hauteur. Elle est éclairée par cent vingt-cinq fenêtres.

Sa façade est percée d'une magnifique rose.

Le portail principal est renfermé entre deux hautes tours de 76 mètres 50.

C'est surtout en face du portail latéral, dit des *Marmousets*, ouvert au sud, qu'il faut admirer cette église gothique dans son majestueux profil entrecoupé de gracieux clochetons. Au centre du transept, s'élève majestueusement une tour de 82 mètres de hauteur, composée de plusieurs étages ajourés ; carrée à la base, de forme octogonale en haut, hardie et légère, elle est surmontée d'une belle couronne fleurdelisée, antique symbole royal travaillé à jour. Quand on entre dans cette belle église, on est de suite frappé de la grâce de l'ensemble (1).

.
. .

L'église Notre-Dame de Dijon (2), qui est un des plus élégants édifices gothiques, a une façade très originale. Elle possède un charmant portail surmonté de trois galeries s'ouvrant par des arcades brisées, d'une disposition semblable aux galeries des églises de Pise.

.
. .

---

(1) Actuellement, un jardin ombragé entoure cette église des deux côtés : il occupe l'emplacement d'un cimetière où Jeanne d'Arc eut à faire abjuration publique de ses soi-disant erreurs.

(2) La Bourgogne a vu s'élever un grand nombre d'églises gothiques : *l'église Saint-Bénigne de Dijon* (xiiie siècle) ; *l'église Notre-Dame de Semur* (xiiie siècle); *l'église de Saint-Père-sous-Vezelay* (xiiie siècle); *l'église de Flavigny* (xive siècle) ; le portail de *l'église Notre-Dame*, à Beaune ; etc.

Église Saint-Pierre, à Caen. Le chœur et la nef appartiennent à la fin du XIIIᵉ siècle. La tour, du style ogival le plus pur, qui élève à 73ᵐ,72 au-dessus du sol sa flèche en pierre dentelée, à hautes lucarnes et clochetons, a été bâtie au commencement du XIVᵉ siècle.

Les chapelles absidales, les merveilleuses voûtes où, sur des arcs festonnés, reposent, au moyen de tympans ornés de médaillons, de larges dalles formant plafond, ont une grande réputation de richesse et d'élégance.

Église d'Appoigny (Yonne). Cette église dédiée à saint Pierre et à saint Paul a été achevée vers 1248. Elle est à trois nefs formant un parallélogramme.

La tour carrée à gauche du portail date du XVIᵉ siècle.

Son jubé, bâti par l'évêque d'Auxerre, François de Damadrien, entre 1606 et 1610, est décoré de bas-reliefs remarquables.

Abbaye du mont Saint-Michel. A l'origine, le mont Saint-Michel était un rocher escarpé consacré par la vénération populaire. D'antiques traditions se rattachent à la fondation de l'abbaye. Le rocher était situé au milieu d'une forêt marécageuse, qui, en 709, fut submergée par une horrible tempête et devint alors un îlot isolé. L'évêque d'Avranches, saint Aubert, vit l'archange saint Michel qui lui ordonna d'y fonder un grand couvent dont les signes célestes désignèrent exactement la place. Les premiers moines craignaient de manquer d'eau, mais une source jaillit devant eux.

L'abbaye qui se trouve au sommet du mont, forme un vaste rectangle au milieu duquel s'élance l'église abbatiale. C'est le plus bel exemple de l'architecture à la fois civile et religieuse du moyen âge.

La salle des chevaliers commencée en 1215 et achevée en 1220, mesure 28 mètres de long. C'est un superbe vaisseau du style gothique le plus pure, la pièce la plus célèbre du mont Saint-Michel.

« On dirait (1) que toute la pompe féodale de la vieille France s'est réfugiée dans cette belle galerie du mont Saint-Michel. On y voit les trophées héraldiques de tous les chevaliers de l'ordre du roi, depuis sa création jusqu'à l'institution de celui du Saint-Esprit par Henri III. Les casques, les cimiers des chevaliers sont placés sur la sommité de leurs stalles, dont ils forment le couronnement, et tout cela produit de chaque côté de la galerie une longue file de bannières, d'écus blasonnés, de casques, voiles de casques flottants, cimiers et lambrequins découpés de dorure et de toutes couleurs, et qui produisent un effet très pittoresque. »

Le réfectoire date du XIII° siècle.

Quant à l'église, c'est une véritable cathédrale, avec nef, bas-côtés, transepts, chœur et abside.

---

(1) *Mémoires de la marquise de Créqui.*

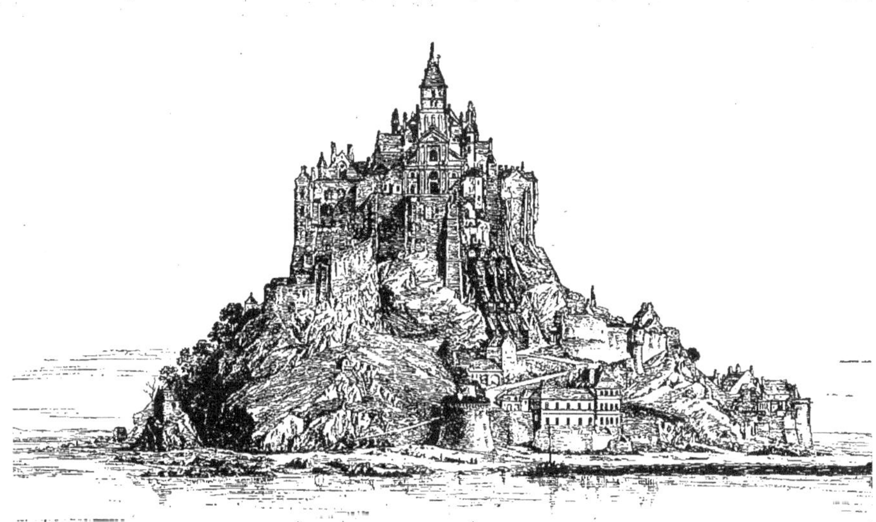

ABBAYE DU MONT SAINT-MICHEL

« Elle aurait été élevée, dit M. Corroyer, sur les vestiges d'un oratoire érigé par saint Aubert au viii⁰ siècle et sur les ruines d'une église construiteau xi⁰ siècle. Il ne subsiste aucune trace de l'édifice du viii⁰ siècle; mais, de l'église fondée en 1020, il reste encore le transept et la plus grande partie de la nef... » Celle-ci se composait de sept travées, dont trois ont été détruites en 1776. Le chœur roman a disparu complètement dans un écroulement au xv⁰ siècle; le chœur actuel est ogival; il a été élevé sur l'emplacement agrandi du chœur ruiné.

« Cette immense construction, dont le sol est à 80 mètres au dessus du niveau de la mer, est admirable en tous points. »

Le portail de l'église donne sur la face ouest du mont Saint-Michel. En avant, se trouve une vaste plate-forme.

Sous les dalles on a retrouvé, en 1875, les restes de plusieurs moines, avec des débris d'ornements et un sarcophage contenant le corps d'un abbé revêtu de ses habits pontificaux, noircis et comme brûlés par le temps ; à sa droite se trouvait une crosse en bois surmontée d'une volute de plomb, et sur le crâne était placé un disque avec l'inscription suivante : « Ici repose Robert de Torigni, abbé de ce lieu. Il a gouverné ce monastère l'espace de trente-deux ans, et en a vécu quatre-vingts. »

Le cloître a été achevé au xiii⁰ siècle. Son préau à ciel ouvert se trouve au milieu de quatre galeries formées par plus de deux cents sveltes colonnes, aux riches feuillages, aux rosaces fleuries et d'une grande variété.

Contre le mur de droite, se trouve appuyé le *Lavatorium*, avec ses deux bancs de pierre, dont le plus élevé servait de siège aux moines.

Dans l'église basse, prend naissance un escalier appelé « Escalier de Dentelle » qui monte au faîte, au-dessus des chapelles, et se termine au comble le plus élevé.

Au bas des murailles de la merveille, se trouve une fontaine d'eau saumâtre, à laquelle on a donné le nom de *Fontaine de Saint-Aubert*. Une légende raconte que l'eau aurait jailli sous le bâton du premier évêque d'Avranches, fondateur du couvent.

La foule aime à donner des noms populaires à certaines parties des édifices ; c'est ainsi, que pendant longtemps, le portail latéral de l'église a été appelé *Mirande* ou *Beauregard*, à cause de la beauté du coup d'œil, car de là, on domine toute la baie et les côtes de Normandie et de Bretagne.

.˙.

Notre-Dame de Paris. Plusieurs architectes ont travaillé à l'érection de la cathédrale de Paris, une des merveilles de l'architecture ogivale. Sa construction fut commencée en 1163, sur l'emplacement de l'ancienne basilique mérovingienne, qui, elle-même avait remplacé un temple païen.

Elle fut continuée sous Philippe-Auguste et terminée vers 1230 (1). Son histoire est intimement liée à notre histoire (2).

---

(1) En 1182, le maître-autel était consacré ; en 1223, l'église était entièrement voûtée.

(2) Il existe une pieuse légende sur la fondation de la première église, sur l'emplacement de laquelle a été élevée Notre-Dame.

En l'an 464, Artus, roi de la Grande-Bretagne, vint en Gaule où il fit de grands ravages. La Gaule était alors gouvernée par le tribun Flollo qui représentait l'empereur Léon.

Le tribun s'étant retiré dans Paris, s'y fortifia. Artus le défia en combat singulier ; le tribun

« Si les piliers de Notre-Dame de Paris avaient une voix (a dit Viollet-le-Duc), ils raconteraient toute notre histoire, depuis le règne de Philippe-Auguste jusqu'à nos jours.

« De combien d'événements n'ont-ils pas été les témoins ! C'est sous les voûtes de cette église que saint Dominique prêcha, après une apparition de la Vierge, dit la légende ; que le comte de Toulouse, Raymond IV, vint abjurer l'hérésie, nu, en chemise auprès de l'autel. C'est là que Henri VI d'Angleterre fut couronné roi de France, en 1431 ; qu'en 1436 fut chanté le *Te Deum* à l'occasion de la reprise de Paris par les troupes de Charles VII.

« Pendant la Domination des Seize, les galeries de l'église servirent d'habitation aux troupes populaires de la Ligue, qui, à la voix des clercs, sortaient de ce casernement d'un nouveau genre, pour courir sus aux Politiques et entretenir la terreur parmi les bourgeois paisibles.

« Mariages, baptêmes, obsèques, serments et vœux éternels bientôt démentis par d'autres vœux et d'autres serments, fêtes populaires, fêtes royales ; chants d'allégresse et de deuil ; apologies et anathèmes, oraisons funèbres pour les rois, culte de la déesse Raison et des Théophilanthropes ; réinstallation du culte en 1802 ; sacre de Napoléon Ier et baptême de princes au berceau qui ne devaient point régner ; la vieille église, impassible, fut

---

ayant accepté, une rencontre eut lieu sur la pointe orientale de l'île de la Cité, à la lance et à la hache ; Artus blessé tout d'abord à la tête, et aveuglé par le sang, implora la sainte vierge Marie, qui apparut tout à coup devant tous, et le couvrit de l'envers de son manteau, qui paraissait « être formé d'hermine ». Flollo, stupéfait de ce miracle, perdit la vue et Artus le tua. En mémoire de la vision miraculeuse, Artus prit pour armes les hermines, qui sont demeurées ensuite aux rois et aux princes de Bretagne. Il voulut aussi perpétuer le souvenir de son triomphe et devant le lieu même du combat, il fit élever une chapelle de la Vierge, laquelle chapelle est devenue plus tard l'église cathédrale de Paris.

un abri protecteur pour tant de misères et de splendeurs, pour les espérances et les malheurs de la population parisienne.

« Aussi, ne faut-il pas s'étonner si le peuple de Paris a conservé pour ces pierres séculaires une vénération qui ne se démentit jamais. C'est le lien visible qui le rattache à un passé plein de grandeur, même pendant la tourmente ; ce sont ses titres de noblesse (1). »

En 1867, des fouilles exécutées sur la place du Parvis de Notre-Dame ont fait découvrir des fragments de plusieurs colonnes d'ordre corinthien provenant d'une église primitive (2).

« Nous savons par la vie de saint Marcel, dit M. de Guilhermy (3) qu'une église existait déjà dans la cité de Paris, sur le bord de la Seine et vers la pointe de l'île, du côté de l'orient, à la fin du ive siècle. Cette antique cathédrale fut sans doute reconstruite par la pieuse munificence du roi Childebert Ier, car il serait difficile d'admettre que les premiers chrétiens de Paris eussent élevé un monument aussi considérable que l'église épiscopale qui existait du temps de ce prince, et dont Fortunat nous a laissé une poétique description.

La basilique était splendide et soutenue par des colonnes de marbre ; ses fenêtres, garnies d'une clôture de verre, recevaient

---

(1) *Paris-Guide*, Viollet-le-Duc, *Notre-Dame*. « C'est en 1257 que JEAN DE CHELLES construisit le portail méridional de Notre-Dame de Paris, tel qu'il subsiste encore. Ce vaste monument est orné de sculptures historiques et allégoriques, en bas-liefs et en ronde-bosse. » (Emeric David.)

L'inscription gravée sur le socle de l'édifice renferme la date et le nom de Jean de Chelles. (V. Dubreul, *Antiquités de Paris*, page 9.)

(2) Ces fragments placés au musée de Cluny montrent que ces ruines devaient appartenir à un grand édifice de style latin.

(3) *Itinéraire archéologique de Paris*.

les premiers rayons du jour ; ses lambris et ses murs brillaient du plus vif éclat. Prêtre et roi, comme un autre Melchisédech, Childebert avait voulu enrichir de ses dons ce temple magnifique, pour le bien de ses sujets et pour la gloire de l'Église. »

Arrêtons-nous maintenant devant la façade Notre-Dame de Paris : « La façade en est le morceau le plus célèbre ; elle mérite son universelle renommée, dit M. Gonse. On peut la proclamer sans hésitation la reine des façades gothiques. Il n'en est pas de plus monumentale ni de plus majestueuse ; il n'en est pas qui présente une si complète harmonie. Elle est belle sous tous les angles : de face, ses étagements ont une noblesse saisissante ; ses lignes ont une vigueur, une richesse, une carrure qui émeut les rebelles : *Mole suâ terrore incutit spectantibus*, dit le chroniqueur. De profil, ses lignes montent en s'appuyant sur les emmarchements successifs d'immenses contreforts. Vue du parvis, elle semble affronter les regards comme une proue de navire. Son grand parti architectural accuse un génie de premier ordre... tout est à l'unisson dans ce morceau conçu d'un seul jet : la grandeur et la simplicité de l'idée, l'originalité de la composition, le style et l'échelle de la décoration, la puissance et le fini de la statuaire, la logique et la perfection technique de la structure (1). »

____

(1) « L'orientation des cathédrales, recevant la lumière de droite à gauche, n'est pas pour rien dans l'impression qu'elles produisent, ajoute très judicieusement M. Gonse. A Notre-Dame de Paris, tout était combiné pour augmenter cette impression : les marches qui formaient comme un piédestal à la tour méridionale et descendaient vers la rivière, l'immense palais de l'évêché construit par Maurice de Sully, mille dépendances pittoresques, un cloître somptueux, une place étroite, des maisons rapprochées qui faisaient paraître plus immense le colosse de pierre, les sculptures du portail s'enlevant sur un fond d'or, que sais-je encore ? Aujourd'hui, tout cela a disparu. La grève est remplacée par un quai banal, la place

Cette façade de Notre-Dame de Paris est un chef d'œuvre du genre. Les lignes horizontales s'y combinent heureusement avec les lignes verticales. Les tours ne se dégagent qu'à la partie supérieure et le pignon est en retrait derrière une admirable galerie à jour.

Leurs faces présentent de longues baies accouplées qui n'ont pas moins de 25 mètres de hauteur (1).

*
* *

Cette façade de Notre-Dame présente un caractère d'unité parfaite. Son iconographie se lit facilement ; elle est claire pour tous les yeux.

Dans les ébrasements et les voussures de la porte centrale, dite *Porte du jugement,* se trouve résumée l'épopée chrétienne. Sur le trumeau se voit la statue colossale du Christ, homme enseignant; ses pieds portent sur le lion et le dragon.

---

du Parvis, avec sa vieille fontaine et toutes ses maisons à pignons, par une grande place vide, bordée par un hôpital et des casernes ; les portes ont perdu leurs dorures. Progrès des temps ! Je ne saurais, en vérité, protester avec trop d'énergie contre cette manie qu'ont les édiles actuels d'isoler nos vieilles cathédrales et de les priver ainsi des repoussoirs qui en faisaient mieux sentir la grandeur. »

(1) En avant de la cathédrale se trouvait autrefois un espace appelé *le Parvis* dont le sol primitivement surhaussé, clos de murs bas, fut abaissé en 1748 et en 1847 ; les boulangers y vendaient au rabais le restant de leur pain, et on y tenait la foire aux jambons ; à l'entrée du parvis, près d'une fontaine de 1639, détruite en 1748, on voyait une statue très ancienne, nommée le *Grand Jeusneur,* car

Oyez la voix d'un sermoneur
Vulgairement appelé Jeusneur
Pour s'être vu selon l'histoire
Mil ans sans manger et sans boire.

Dans le socle sont sculptés des bas-reliefs représentant les arts libéraux. Des deux côtés sont les douze apôtres ; au-dessus du socle les douze vertus et les douze vices, puis les vierges sages et les vierges folles. Au-dessus, dans le premier linteau commence la scène du jugement dernier.

Donnons quelques détails sur ces importantes sculptures :

C'est surtout le *jugement dernier* de Notre-Dame qui peut donner une idée exacte de ce genre de représentation figurée du moyen âge. Il est sculpté sur la grande porte.

Dieu, assis sur son tribunal, a les pieds posés sur la Terre qui lui sert d'escabeau. Deux grands anges, debout près du Sauveur, montrent les instruments de la passion. La Vierge à droite et saint Jean à gauche intercèdent à genoux pour les humains. Au son de la trompette des anges, les tombeaux s'entr'ouvrent et les morts de toute condition en sortent. Déjà l'archange saint Michel est à son poste, et tient la balance pour peser les âmes. Dans un des plateaux une petite âme nue supplie les mains jointes, mais dans l'autre on voit une âme qui a déjà quitté la forme humaine et dont un démon s'empare, tandis qu'un tout petit diable fait traitreusement pencher le plateau de la balance avec un crochet. A droite les élus, la tête couronnée et vêtus de longues robes, se dirigent vers la demeure céleste en joignant les mains. A gauche sont les damnés liés par une chaîne que tire un démon ; un autre diable les pousse par les épaules pour hâter leur marche. Les figures sculptées sur la voussure accompagnent le sujet principal. La droite est réservée aux élus. Abraham, assis entre deux arbres, tient sur une nappe trois âmes humaines qui sont sauvées. Des anges et des patriarches accompagnent les élus : parmi ceux-ci quelques-uns, vus à mi-corps, sortent de petits édifices qui représentent la Jérusalem du ciel.

La démonologie de Notre-Dame, qui figure au côté gauche, montre une curieuse imagination dans la forme variée des diables, et dans l'invention des supplices. Ici c'est un diable qui enfonce avec un croc un damné dans une chaudière sur les parois de laquelle rampent des crapauds. Là, c'est un malheureux damné qui broyé sous les dents d'un diable qui a une gueule comme celle de l'hippopotame. Voici maintenant le cheval pâle de l'Apocalypse ; il est monté par la Mort, figurée par une femme d'une effrayante maigreur, qui a les yeux bandés, les cheveux en désordre, un fer de lance à la main droite et qui porte en croupe l'Enfer. Ensuite ce sont des entassements de démons et de damnés, des malheureux qui s'arrachent et se déchirent avec leurs ongles, tandis que des crapauds leur rongent les chairs, des diables qui enfoncent des barres de fer dans le corps des réprouvés, un autre qui s'assied sur des monceaux d'hommes qu'il accable, et le prince des enfers qui rit tandis que deux épées sortent de sa bouche.

Au-dessus sont les élus disposés hiérarchiquement : les anges, les prophètes et les docteurs tenant des livres.

Dans la partie supérieure du tympan, les artistes ont représenté le Christ assis, les pieds reposant sur la terre, nu jusqu'à la ceinture, montrant ses plaies. Deux anges debout, placés à ses côtés, portent dans leurs mains les instruments de la passion, comme pour rappeler aux damnés la rédemption dont ils n'ont pas voulu.

Comme encadrement à cette scène, il y a six rangs de voussoirs formant archivolte sur le tympan. Deux de ces cordons figurent des anges à mi-corps, comme une auréole autour du Sauveur. Le troisième contient les prophètes, le quatrième les docteurs, le cinquième les martyrs, le sixième les vierges.

C'est spécialement à Notre-Dame qu'on peut voir comment les artistes du moyen âge représentaient les *Vertus* et les *Vices*.

Les *Vertus* sont figurées par des femmes drapées, portant leurs attributs sur un écu et placées dans des médaillons, sur les ébrasements de la porte centrale. On a sculpté au-dessus de chaque vertu une scène représentant le *Vice contraire*.

Les *Vertus* sont au nombre de douze : six sont à la gauche du Christ et six à sa droite (1).

A gauche du Christ on voit :

1° Le *Courage*, tenant une épée. Il y a un lion sur son écu. Le vice contraire, la *Lâcheté*, est figurée par un homme qui se sauve à toutes jambes après avoir laissé tomber son arme parce qu'un lièvre le poursuit.

2° La *Patience*, qui a un bœuf sur son écu. La *Colère* est caractérisée par une femme aux traits courroucés, aux cheveux épars, qui chasse un religieux avec un bâton.

---

(1) Au moyen âge, l'habitude de personnifier les *Vertus* était si générale, qu'on les représentait même en nature. Dans une grande fête donnée à Lille, en 1454, par le duc de Bourgogne, Philippe le Bon, le bal ouvrit par douze Vertus, figurées par douze dames du plus haut parage, vêtues de robes de satin cramoisi, qui dansèrent avec douze chevaliers.

3° La *Douceur*, avec un agneau sur son écu. La *Dureté* est figurée par une femme courroucée qui repousse un suppliant.

4° La *Concorde* a une branche d'olivier sur son écu. La *Discorde* est représentée par deux hommes qui se battent à coups de poings.

5° L'*Obéissance* a un chameau agenouillé sur son écu. [La *Désobéissance* est caractérisée par un homme qui refuse d'écouter un évêque.

6° La *Persévérance* a une couronne sur son écu. L'*Inconstance* est figurée par un moine qui quitte son monastère (1).

A droite on voit :

1° La *Foi*, avec une croix pour écusson. Le Vice contraire est l'*Idolâtrie*, figurée par un homme qui adore une idole : l'ancienne idole a été mutilée et ensuite transformée.

2° L'*Espérance*, dont l'écusson porte l'étendard de l'Eglise. Le Vice contraire est le *Désespoir*, figuré par un homme qui se transperce avec son épée.

3° La *Charité* : une brebis est son emblème, parce que la brebis donne tout ce qu'elle a, son lait, sa chair, sa toison. L'*Avarice*, placée dessous, représentait autrefois une femme tenant une bourse, et enfermant des sacs dans un coffre-fort. Elle a été refaite autrement.

4° La *Justice* : sur son écu est une salamandre, bête qui passait pour vivre dans les flammes, symbole du juste éprouvé par l'adversité. L'*Injustice* a été détruite et remplacée par une figure peu intelligible. Habituellement elle est figurée par un homme qui cherche à corrompre un juge.

---

(1) La *Persévérance* porte en tête la couronne, selon cette parole de l'Apôtre : « Celui qui aura persévéré jusqu'à la fin, sera couronné aux yeux de tous. »

5° La *Prudence* : son écu porte un serpent enroulé autour d'un bâton. Un homme, les cheveux en désordre, erre dans la campagne en tenant une torche, c'est la *Folie*.

6° L'*Humilité* : sur son écu, un aigle au vol abaissé. La témérité où conduit l'*Orgueil* est caractérisée d'une façon assez obscure par un homme emporté sur un cheval fougueux qui le jette à la renverse.

Au grand portail de Notre-Dame, la leçon des vices et des vertus a été complétée par la parabole des *Vierges folles* et des *Vierges sages*. C'est une leçon de mère de famille. Des deux côtés de la grande porte, le long des montants à l'extérieur, dix figurines s'encadrent dans de petites niches trilobées.

Ce sont des femmes ; les unes, les *Vierges sages*, modestement drapées, tiennent en main une lampe allumée; les autres, les *Vierges folles*, revêtues de vêtements luxueux, la tête ceinte de coiffures d'apparat, ont renversé leurs coupes et répandu l'huile qui devait servir à les éclairer dans le chemin tortueux de l'existence.

Les artistes ont pensé à ces paroles de l'Évangile :

« Le royaume des cieux, dit le Seigneur (1), est semblable à dix vierges qui, ayant pris leurs lampes, s'en allèrent au devant de l'époux. Cinq d'entre elles étaient folles et les cinq autres sages. Les cinq folles oublièrent de prendre avec elles l'huile nécessaire à entretenir leurs lampes; les sages se munirent, au contraire, de ce précieux liquide. Comme l'époux tardait, elles s'assoupirent et s'endormirent. Quand arriva minuit, on entendit un grand cri. Voici l'époux qui vient,

---

(1) *Évangile selon saint Matthieu*, ch. xxv.

allons au devant de lui, et toutes se levèrent. Les folles n'avaient plus de lumière, les sages ranimèrent les mèches de leurs vases de terre, et, pendant que les premiéres allaient chercher de quoi faire revivre leur flamme, l'époux entrouvrant la porte laissa passer les sages et la referma tout aussitôt à la face des sottes qui, ne sachant ni le jour ni l'heure, avaient oublié le devoir que ne doivent jamais négliger les jeunes vierges en quête d'un honorable mari. »

Au-dessus des vierges sages les sculpteurs ont placé une porte ouverte, et, au-dessus des vierges folles, une porte fermée, reproduction des versets de saint Matthieu (1).

« Entrez par la porte étroite, parce que la porte de la perdition est large ; le chemin qui y mène et spacieux et il y en a beaucoup qui y entrent.

« Que la porte de la vie est petite et que la voie qui y mène est étroite et qu'il y en a peu qui la trouvent. »

.·.

Les *arts libéraux* sont aussi représentés à Notre-Dame.

Les artistes ont placé à côté de ces figurations quatre bas-reliefs représentant des faits historiques et devant servir à mettre l'exemple à côté du précepte :

La *résignation* est figurée par Job assis sur son fumier au milieu de ses amis. On voit ses bras et ses jambes mangés par des vers.

---

(1) Cap. vii, v, 13 et 14.

La *soumission* est figurée par Abraham s'apprêtant à sacrifier son fils Isaac.

L'*orgueil* est figuré par Nemrod qui monté sur une tour
crénelée, lance un javelot contre le soleil.

Quant au quatrième bas-relief il est méconnaissable, étant
très abîmé.

C'est à Notre-Dame de Paris qu'on voit sculpté l'un des plus
beaux *zodiaques* connus. On dirait que l'artiste a voulu convo-
quer toute la nature au triomphe de la sainte Vierge. Ce zodiaque est compris dans la décoration de la *porte de la Vierge* au
pied de la tour du Nord.

Ce zodiaque a été sculpté en trente-sept bas-reliefs sur les
deux faces de chacun des pieds droits de la porte. C'est une
sorte d'*almanach en pierre*.

On y voit figurer la *terre* et la *mer*. La *Terre* est personnifiée
par une femme assise, ayant à sa droite une plante herbacée,
et à sa gauche un chêne chargé de glands. La race humaine,
sous la forme d'une jeune fille, est agenouillée devant la
Terre, dont elle saisit la mamelle droite pour y puiser la vie.

La *Mer* est représentée par un personnage porté sur une
espèce de baleine ; dans sa main droite est une barque avec
une voile carrée.

Les scènes représentant les mois suivent d'un côté une
marche ascensionnelle et s'élèvent avec les piliers de bas en
haut ; de l'autre côté, elles vont en redescendant, de façon
que les semestres se succèdent en sens inverse et figurent la
marche du soleil. A chacun des signes du zodiaque répon-
dent deux bas-reliefs, représentant les occupations relatives à
chaque signe.

Voici l'étude de ces sujets dont malheureusement beaucoup sont endommagés.

1° Le *Verseau* (janvier). Personnage assis sur la queue d'un monstre et tenant une urne d'où s'échappent les eaux. Bas-reliefs : 1° un homme à table, un serviteur près de lui ; 2° un homme se chauffant les pieds et les mains devant un grand feu.

2° Les *Poissons* (février). 1° Personnage assis qui se déchausse devant un brasier ; près de lui un jambon et des saucisses ; 2° un homme du peuple appuyé sur un bâton ; son dos plie sous le poids d'une charge de bûches.

3° Le *Bélier* (mars). 1° Un paysan émonde la vigne ; 2° un jeune homme, les mains croisées sur son manteau, partant pour la promenade.

4° Le *Taureau* (avril). 1° Un personnage debout, avec une gerbe de chaque côté ; 2° le printemps est ici figuré d'une façon allégorique par un personnage à deux têtes : l'une dort, c'est l'hiver ; l'autre est éveillée, c'est l'été. Une moitié du corps est chaudement vêtue, l'autre est nue.

5° Les *Gémeaux* (mai). Jeunes gens dont l'un passe son bras autour du cou de l'autre qui tient une fleur. 1° Un jeune homme tient une fleur dans une main, un oiseau dans l'autre ; 2° un homme, voyant la chaleur venir, s'est dépouillé des habits d'hiver, pour se vêtir légèrement.

6° L'*Écrevisse* (juin). 1° Un faucheur aiguise sa faux ; 2° un homme déshabillé paraît s'apprêter à prendre un bain.

7° Le *Lion* (juillet). 1° Un paysan porte sur son dos un paquet de foin.

8° La *Vierge* (août). 1° C'était la figure qui existait primitivement. Elle a été remplacée au xviiie siècle par un tailleur ; 2° un moissonneur ; 3° une figure abîmée.

9° La *Balance* (septembre). Un vendangeur dans une cuve ; 2° une figure abîmée.

10° Le *Scorpion* (octobre). 1° Un semeur ; 2° un chasseur suivi de son chien et tenant un faucon.

11° Le *Sagittaire* (novembre). 1° Un porcher faisant tomber des glands pour nourrir ses porcs ; 2° figure abîmée.

12° Le *Capricorne* (décembre). 1° Un homme assommant un porc pour sa nourriture pendant l'hiver ; 2° figure abîmée.

La porte de droite est appelée *porte Sainte-Anne*. Cette porte ainsi que les deux portes de la Vierge sont couvertes de magnifiques vantaux, de pentures en fer forgé d'un merveilleux travail.

Une pieuse légende raconte que le serrurier qui s'était chargé de ferrer ces portes, désespérant de réussir dans ce travail qu'il avait entrepris, s'était adressé au diable, lequel consentit à faire les pentures à condition que le forgeron lui donnerait son âme. Le marché stipulait que les trois portes seraient ferrées. Le diable remplit exactement les clauses de son marché, il ferra sans difficulté les portes latérales, mais il ne put le faire pour la porte centrale, parce que c'était par cette porte que le Saint-Sacrement passait les jours de fêtes et de procession. Le serrurier garda donc son âme et le diable en fut pour ses deux portes.

La statue sculptée au trumeau de la porte Sainte-Anne est celle de saint Marcel, évêque de Paris, mort le 1er novembre 436. Elle date du commencement du xiiie siècle. Saint Marcel foule de son pied droit la tête d'un dragon à deux pattes griffues et à queue de serpent ; le dragon sort du linceul dont se trouve enveloppée une femme couchée dans son tombeau.

Cette histoire nous est racontée par la légende dorée. Une femme de noble race, perdue dans le vice, étant morte fut portée en grande pompe dans son cercueil ; un horrible dragon prit place dans le cercueil de cette femme et dévora le cadavre. Le peuple de Paris pris de frayeur avertit saint Marcel qui vint en priant trouver le monstre. Celui-ci à la vue de l'évêque sembla demander sa grâce en baissant la tête et agitant la queue. Alors saint Marcel s'éloigna suivi du monstre et marcha pendant plus de trois milles. Là, il commanda au dragon d'aller habiter le désert et de se plonger dans les eaux des marais (1). Depuis l'on n'entendit plus parler de l'affreuse bête.

* . *

Les chapelles absidiales de Notre-Dame sont toutes très intéressantes à cause des monuments qu'elles renferment (2).

La *chapelle Saint-Guillaume* renferme une statue de la Vierge par Adji (3) et le monument du comte d'Harcourt, œuvre du sculpteur Pigalle.

---

(1) Qui se trouvaient alors dans le bassin de Paris.

(2) Les stalles du chœur datent du xvi° siècle ; elles furent sculptées par un artiste *Gaultier* qui vivait sous le règne de François Ier et qui avait été enfermé au Mont Saint-Michel. Les abbés utilisaient son talent pour la décoration des stalles du chœur. Ces stalles ont été sculptées avec un grand talent. Dans un moment de folie Gaultier se précipita du haut de la plate-forme qui avoisine l'église. C'est à ce sujet que cet endroit a reçu le nom de *Saint-Gaultier*.

(3) Elle provient du couvent des Carmes à Rome.

La *chapelle Sainte-Madeleine* est ornée d'une belle fresque, d'une pierre tombale consacrée à Mgr Ganbac et de la statue de Mgr Sibour (1) par le sculpteur Paul Dubois.

La *chapelle de la Compassion* est des plus remarquable. Au-dessus du retable de l'autel, se trouve debout la Notre-Dame des Douleurs portant dans sa main recouverte d'un linge, les saints clous et la sainte couronne d'épines (2).

Là se trouve aussi une antique fresque datant de 1290 représentant la Vierge assise tenant l'Enfant Jésus ; à sa droite se trouve saint Denis agenouillé portant sa tête dans ses mains et à sa gauche l'archevêque Matifas de Bucy, donateur de l'œuvre.

La chapelle Saint-Marcel renferme le mausolée en marbre blanc du cardinal de Belloy.

La chapelle Saint-Louis possède un fond bleu fleurdelysé.

La *chapelle Saint-Georges* est remarquable par sa grande fresque, peinte par Steinheil et représentant saint Georges combattant le dragon. Sur un vitrail se trouvent racontées les vies de saint Georges, de saint Etienne et de saint Eustache. C'est là que se trouve la statue de Mgr Darboy sculptée par M. Bonassieu (3).

Près de la chapelle Sainte-Madeleine, s'ouvrent les portes des deux sacristies où se trouve aussi une chapelle consacrée

---

(1) Assassiné en 1857 dans l'église Saint-Étienne-du-Mont.

(2) L'autel a pour fond le magnifique vitrail représentant l'histoire de la Vierge, vitrail daté de 1855 et signé du nom de Lusson.

(3) L'archevêque de Paris est représenté tombant sous les balles des communards et étendant les mains pour bénir ses ennemis.

à saint Denis. En face de l'autel se trouve le monument de Mgr Affre, archevêque de Paris (1).

La coloration a joué un rôle dans la décoration extérieure de Notre-Dame.

Les artistes du moyen âge, dit Viollet-le-Duc, n'eurent jamais l'idée de couvrir entièrement de couleur une façade de soixante-dix mètres de hauteur sur cinquante de large, comme celle de Notre-Dame de Paris. Mais sur ces immenses surfaces ils adoptaient un parti de coloration. Ainsi à Notre-Dame de Paris, les trois portes avec leurs voussures et leurs tympans étaient entièrement peintes et dorées ; les quatre niches reliant ces portes et contenant quatre statues colossales étaient également peintes. Au-dessus, la galerie des rois formait une large litre toute colorée et dorée. La peinture au-dessus de cette litre ne s'attachait plus qu'aux deux grandes arcades avec fenêtres, sous les tours, et à la rose centrale, qui étincelait de dorures. La partie supérieure, perdue dans l'atmosphère, était laissée en ton de pierre. En examinant cette façade, il est aisé de se rendre compte de l'effet splendide que devait produire ce parti si bien d'accord avec la composition architectonique. Dans cette coloration le noir jouait un rôle

---

(1) Mgr Affre est représenté au moment où il tomba frappé par une balle, le 26 juin 1848, au commencement de la rue du faubourg Saint-Antoine. Dans sa main il tient une branche d'olivier. Une inscription, tracée en or sur une plaque de marbre uni, rappelle les dernières paroles qu'il a prononcées : « Puisse mon sang être le dernier versé. »

important ; il bordait les moulures, remplissait des fonds, cernait les ornements, redessinait les figures en traits larges et posés avec un vrai sentiment de la forme (1).

*
* *

On entre à Notre-Dame par six portes : trois à la façade occidentale, une au nord et l'autre au midi, aux extrémités des branches transversales de la croix, une dernière sur le côté septentrional de l'abside.

Ces portes ont chacune leur nom :

Grande porte ou porte du jugement,

Porte de la Vierge,

Porte Rouge (2),

Porte de Sainte-Anne (3),

---

(1) Un évêque de l'Arménie, nommé Martyr, étant venu en France, a laissé une narration de son voyage. Il raconte qu'il fut émerveillé devant la grandeur majestueuse et la richesse de la façade de Notre-Dame, éclatante de couleur et d'or.

Voici d'ailleurs une liste de quelques églises connues où il est encore permis de voir des peintures murales du xiiie siècle :

La Sainte-Chapelle de Paris ;

L'église Saint-Georges, à Bocherville, près de Rouen ;

Les églises de Saint-Gaudens et de Saint-Martory (Haute-Garonne) ;

La tour de l'ancien Réfectoire des Templiers, à Metz ;

La cathédrale de Clermont-d'Auvergne ;

L'abside du Baptistère de Saint-Jean, à Poitiers ;

L'église de Saint-Aignan (Loir-et-Cher).

Pour le xive siècle, mentionnons l'église des Jacobins, à Toulouse, et les transepts de la cathédrale de Clermont.

(2) Cette porte rouge était autrefois réservée à l'usage du chapitre.

(3) Sur un bas-relief de la porte Sainte-Anne, on peut voir représenté d'une manière véritablement naïve, la réelle signification de l'autel chrétien. Ce bas-relief appartient au

Porte du Cloître,

Porte de saint Marcel.

*
* *

Le père Du Breul, dans son théâtre des *Antiquités de Paris*, cite, pour mieux exprimer les dimensions de Notre-Dame, les vers suivants, écrits dans un tableau qui était pendu dessous et près de l'image saint Christophe, à l'entrée de l'église :

« Si tu veux scavoir comme est ample
De Nostre-Dame le grand temple :
Il a dans son œuvre, pour seur
Dix et sept toises de haulteur,
Sur la largeur de vingt et quatre
Et soixante-cinq sans rabattre,
A de long. Aux tours hault montées,
Trente-quatre sont bien comptées,
Le tout fondé sur pilotis,
Aussi vray que je te le dis. »

Beaucoup de choses qui décoraient autrefois Notre-Dame ont malheureusement disparu.

En 1775, les pierres tombales avec leurs effigies gravées en creux ont été enlevées.

---

second linteau de la porte Sainte-Anne ; c'est une adjonction faite au xiiie siècle à ce lin-teau qui date du xiie.

Des arcs expriment la crypte ; trois petites baies qui s'ouvrent à la partie supérieure de la crypte montrent la place de la châsse du saint ; l'autel adossé s'élève sur la châsse, il est recouvert de ses nappes ; un ciboire est posé sur la table ; une lampe se trouve suspendue au-dessus de l'autel.

Les vitraux ont été supprimés en 1741.

Ont aussi disparu : la statue colossale de saint Christophe, sculptée en 1413 et qui se trouvait à l'entrée de la nef.; des statues d'archevêques ; Philippe-Auguste, le pape Grégoire XI, une vierge qui opérait des miracles et qui se trouvait près du jubé ; une Notre-Dame de Consolation qui était placée près du maître-autel (1), etc.

.

La Sainte-Chapelle de Paris. — Cet autre chef-d'œuvre de l'art religieux date du règne de saint Louis. Louis IX ayant acquis en 1241, de l'empereur de Constantinople Baudouin II, un morceau de la vraie croix et la couronne d'épines, voulut placer ces reliques sacrées dans un oratoire digne de les recevoir.

L'architecte, *Pierre de Montereau* fut chargé de la construire. Commencée en 1245 la Sainte-Chapelle fut consacrée le 25 avril 1248.

La Sainte-Chapelle est divisée en deux étages : la chapelle basse et la chapelle haute (2). La chapelle basse est placée sous le vocable de la sainte Vierge ; la chapelle haute sous le vocable de la Sainte-Couronne et de la Sainte-Croix. Elles pré-

---

(1) En 1845, le gouvernement du roi Louis-Philippe avait obtenu des chambres un crédit de 5.000.000 de francs pour restaurer Notre-Dame, et rétablir l'ornementation primitive du monument. Ces travaux de restauration, confiés à Lassus et Viollet-le-Duc, furent terminés sous le règne de Napoléon III.

(Voir ma biographie de *Viollet-le-Duc* dans la *Gazette du Dimanche*.)

(2) La chapelle haute était réservée au roi et à sa cour et la chapelle basse aux familiers.

sentent le spécimen le plus complet et le plus pur de l'architecture religieuse du milieu du XIIIe siècle. Les deux étages sont voûtés en arc d'ogives. Ces voûtes reposent sur des colonnes isolées.

Les parois de la chapelle de la Sainte-Couronne ne présentent aux regards charmés que des faisceaux de colonnettes entre lesquels brillent d'éclatantes verrières de la plus délicieuse coloration.

Aux piliers de la chapelle haute sont adossées les statues des douze apôtres. Richement peintes, dorées et revêtues de pâtes coloriées, elles montrent leurs tons vigoureux.

Les piliers, l'arcature et les voûtes sont couverts de peintures et de dorures qui font ressembler la chapelle à une châsse (1).

De tous les trésors de la Sainte-Chapelle, le plus précieux au point de vue artistique, c'est la collection de ses *verrières*

---

(1) « Dans l'ancien palais romain de la Cité, devenu par la suite des temps la forteresse des Comtes de Paris, le roi Robert, « qui portait en son chapeau une estoile d'or, pour persuader que divinement il était parvenu à la royauté, comme les mages à Jésus-Christ », fonda, en 1022, un petit oratoire qu'il appela *Notre-Dame-de-l'Etoile*, et où il installa sous ce nom un nouvel ordre de chevalerie.

Les premiers auxquels il donna « la chaisne d'or en tortis, où pendait l'estoile à cinq raiz », furent de très grands personnages : ses deux fils, Henri et Robert, duc de Bourgogne ; — le comte de Toulouse, Guillaume ; — le duc de Normandie, Richard II ; le duc de Guyenne, Guillaume Tête-d'Etoupe ; — le comte de Flandre, Baudouin, à la Belle-Barbe, et son fils Baudouin, le Débonnaire ; — Hébert, l'Ancien, comte de Troyes, et Geoffroy Grisegomelle, comte d'Angers.

C'est probablement dans ce même oratoire que le roi Loys le Gros, au siècle suivant, entretenait un chapelain qui percevait « chacun an deux muys de bled à gonesse, six muys de vin sur la troille du roi », et quand la cour était au palais « quatre pains, un demi-septier de vin et une toise de chandelle ».

Voilà les humbles origines de la Sainte-Chapelle de Paris. (E. de Ménorval, *Histoire de Paris*, tome I, p. 207.)

qui se développent dans tout le pourtour de l'édifice. Elles datent du règne de saint Louis, à l'exception de celles de la rose, qui furent transformées sous Charles VIII ; elles étaient posées le jour même de la consécration de l'édifice en 1248.

A droite et à gauche de la nef, deux petites voûtes surbaissées indiquent la place d'où saint Louis et la reine Blanche de Castille, en face l'un de l'autre, entendaient les offices.

La chapelle basse de la Sainte-Chapelle était primitivement destinée aux officiers subalternes ; mais, en vertu d'une bulle du pape Jean XXII, datée du 5 août 1360, elle devint la paroisse de tous les habitants de l'enceinte du Palais.

On fit un abus de cette extension. C'est ainsi que le lundi 31 mai 1677, le curé de la paroisse de la Sainte-Chapelle maria dans cette église un comédien de la troupe du roi au théâtre de la rue Mazarine, le sieur Isaac-François-Guérin d'Estridé avec Armande-Élisabeth Béjart, veuve du comédien Molière.

***

Pour terminer ce chapitre, citons ces belles paroles de Viollet-le-Duc : « Dépouillées aujourd'hui, mutilées par le temps et la main des hommes (1), méconnues pendant plusieurs siècles

---

(1) Autrefois, avant le grand incendie du 26 juillet 1630, la Sainte-Chapelle possédait un escalier et un

« .... perron antique
Où sans cesse, étalant bons et méchants écrits,
Barbin vend aux passants des auteurs à tout prix. »

(Boileau, *Le Lutrin*.)

par les successeurs de ceux qui les avaient élevées, nos cathédrales apparaissent, au milieu de nos villes populeuses, comme de grands cercueils ; cependant elles inspirent toujours aux populations un sentiment de respect inaltérable ; à certains jours de solennités publiques, elles reprennent leur voix, une nouvelle jeunesse, et ceux mêmes qui répétaient, la veille, sous leurs voûtes, que ce sont là des monuments d'un autre âge sans signification aujourd'hui, sans raisons d'exister, les trouvent belles encore dans leur vieillesse et leur pauvreté. »

LES MANUSCRITS, LES LIVRES

ET LES MINIATURES

SOMMAIRE

Les Moines artistes. Copistes et enlumineurs. Saint Paulin. Guignes. Le Scriptorium. Ce que disait Richard de Bury, évêque de Durham. Les Conseils de l'abbé Christérius. La Lettre initiale. Les Vendoyeurs du parchemin. Les Libraires jurés. Les Différentes sortes d'encres. Les Calligraphes célèbres. Les Riches reliures.

C'est dans les couvents et dès les premiers siècles de l'ère chrétienne que prit naissance l'art de copier les livres. Ce sont aussi les moines qui les premiers couvrirent les manuscrits d'enluminures ou images d'une grande finesse représentant des feuillages, des scènes de l'Ecriture, des ornements de toute beauté (1).

Saint Paulin au IVe siècle recommande aux moines de son évêché de Nole les travaux de copies des manuscrits.

---

(1) On pourrait peut-être rechercher les origines de l'art français dit gothique, dans les ornements de ces manuscrits, car souvent un sujet décoratif d'un monument gothique n'est que la reproduction en grand du même sujet d'un manuscrit. Il en est de même des verrières françaises, car certaines rosaces de nos cathédrales reproduisent les dessins des médaillons de manuscrits des XIIIe et XIVe siècles.

Théodoric, abbé d'Ouché (lui-même copiste), fonda une école de copistes.

Un des prieurs de la Grande Chartreuse, Guignes, apprenant son art à ses religieux, disait : « Nous voulons conserver nos livres comme l'éternelle nourriture de nos âmes. »

Parmi les monastères où étaient les plus célèbres copistes, on peut citer les monastères parisiens de Saint-Germain-des-Prés, de Saint-Victor, de Saint-Maur et ceux de Saint-Gall et de Luxeuil, fondé par saint Colomban.

Chaque monastère avait un atelier appelé scriptorium. « Il y a dans notre monastère, dit un moine de Saint-Victor, des religieux à qui l'abbé a confié le soin de copier des livres.

« Le bibliothécaire est chargé de leur donner des ouvrages à copier et de leur fournir tout ce qui est nécessaire.

« Une salle particulière leur est destinée, afin qu'ils soient plus tranquilles et qu'ils puissent se livrer à leur travail, loin du trouble et du bruit. Là les copistes sont assis et doivent garder le plus grand silence. Il leur est défendu de quitter leur place pour se promener dans la chambre. Personne ne peut aller les visiter, excepté l'abbé, le bibliothécaire et le sous-prieur.

« En donnant du travail à ses moines dans la scriptorium, l'abbé Christérius leur disait : « Que l'un de vous corrige le livre que l'autre a écrit; qu'un troisième fasse les ornements à l'encre rouge; que celui-ci se charge de la ponctuation, un autre de finir les peintures; que celui-là colle les feuillets et relie les livres avec des tablettes de bois; vous préparez ces tablettes; vous apprêtez le coin; vous les lames de métal qui doivent orner la reliure. Que l'un de vous taille les feuilles du parchemin, qu'un autre les polisse ; qu'un troisième y trace au crayon les lignes qui doivent guider l'écrivain ; enfin qu'un autre prépare l'encre et un autre les plumes. »

Comme on le voit par ce récit l'atelier monastique embrassait donc toute la complète fabrication du livre.

Les moines commencèrent par imiter les manuscrits des anciens, et, ainsi qu'il y eut une architecture romane et byzantine, il y eut là aussi un art roman et byzantin.

Vers le vi^e siècle, on commença à orner la lettre initiale, et au viie siècle, des arabesques gracieuses déroulèrent de toutes parts leurs volutes. Au xiie siècle, les enluminures envahirent même des pages entières.

A la fin du xive siècle et au commencement du xve siècle, ce ne furent plus seulement les communautés religieuses qui eurent le droit de copier sur les manuscrits les auteurs profanes et sacrés. La corporation laïque des maîtres écrivains était fondée et elle était même devenue rapidement très florissante ; et au milieu du xve siècle, la corporation était en pleine possession du marché de la librairie.

*
* *

Les libraires s'appelaient alors *vendoyeurs du parchemin* ; ils avaient souvent à leurs gages jusqu'à vingt ou vingt-cinq copistes ou enlumineurs.

Il y avait alors à Paris quatre grands vendoyeurs jurés, qui étaient chargés par l'Université de fixer le prix des livres ; ils se trouvaient même soumis à fournir une caution de 200 livres pour répondre de leurs actes. Ils devaient faire attention à ce qu'aucun livre ne fût incorrect et, dans le cas contraire, le faire corriger par le copiste et au besoin le faire punir.

Dès 'le huitième siècle, on avait employé les signes de la ponctuation; au ixe siècle l'usage de diviser les mots était devenu général.

L'écriture en lettres gothiques date du xiie siècle.

Les missels, livres d'heures, livres de chant, ont été transcrits avec une rigoureuse correction, une parfaite exactitude qui en font des œuvres d'art.

Pour conserver l'enchaînement du sujet et l'exacte transcription du texte, les copistes prirent l'habitude d'écrire au-dessous de la dernière ligne d'une page le mot (1) qui devait commencer la page suivante.

Il y avait plusieurs sortes d'*encres* : l'encre d'or, l'encre d'argent, l'encre rouge, l'encre bleue et l'encre noire qui doit son dernier perfectionnement au moine Théophile.

L'encre rouge (*atramentum rubrum*) servait aux rubricateurs pour écrire les rubriques ou titres de chapitres, les premières lignes entières, ou seulement les lettres initiales.

Au moyen de l'encre bleue, on traçait d'un seul trait de plume les lettres et les enroulements qui figurent soit des serpents qui s'affrontent, soit des têtes de chien, de singe ou d'oiseau.

Les encres de différentes couleurs étaient réservées aux arabesques.

---

(1) *Custos.*

Le corps de l'ouvrage était toujours écrit avec de l'encre noire.

L'emploi des encres d'or et d'argent était réservé aux enlumineurs (1).

Les riches *vendoyeurs de parchemins* avaient à leurs gages jusqu'à vingt copistes et enlumineurs.

Le vendeur de manuscrit était un personnage important, ayant des statuts fixant ses droits et ses devoirs.

Aux termes des statuts de 1323, il devait être homme de bonne réputation et suffisamment lettré. — Il devra, disent les statuts, veiller à ce qu'aucun libraire ou courtier (stationnaire) ne tienne caché ou ne fasse disparaître aucun des livres qui lui auraient été confiés pour être exposés en vente. Il devra veiller aussi à ce qu'aucun libraire ne refuse de laisser prendre copie d'un manuscrit, lorsque la personne qui voudra avoir cette copie aura donné caution et rempli les conditions imposées par l'Université. Il devra encore, s'il trouve dans les écoles un livre incorrect, en donner connaissance au Recteur et aux procureurs de l'Université, afin que le copiste qui aura livré un tel ouvrage soit forcé de le corriger, et soit en outre puni. Les statuts de 1323 lui donnent aussi le droit de pouvoir vérifier les livres de commerce de tout libraire dont le crédit est devenu douteux, et l'oblige à dénoncer au Recteur de l'Université celui dont les affaires sont en mauvais état.

L'un des derniers et des plus célèbres calligraphes français

---

(1) Il n'y a que deux exceptions connues à ce jour : le livre des Heures de Charles le Chauve, qui a été écrit en lettres d'or, et le Psautier de Saint-Germain, qui a été écrit en lettres d'argent.

qui a laissé un certain nombre de magnifiques missels, fut
PIERRE HAMON maître d'écriture puis secrétaire de Charles IX (1).

Les annales de la calligraphie mentionnent encore un grand
écrivain-copiste, NICOLAS-JARRY.

On cite parmi ses beaux ouvrages les *Heures de Notre-Dame*
qu'il écrivit en 1647.

*
* *

Dans les charmantes miniatures des missels et des livres
d'heures les couleurs sont le plus souvent symboliques.

L'or, la couleur par excellence, est réservée pour peindre
Dieu : la couleur de l'argent est attribuée aux Saints; le rouge,
le feu, sont le symbole des âmes en peine, de tous ceux que
touche la souffrance ; le bleu figure le ciel et le vert se trouve
être le symbole de l'espérance.

Les bibliothèques composées de manuscrits étaient d'un
nombre fort restreint (2). On n'en trouvait guère que dans les
monastères qui en possédaient tous au moins une que les
frères copistes augmentaient lentement.

Ces bibliothèques occupaient une salle du monastère,
autour de laquelle des armoires en bois étaient destinées à

---

(1) Né au commencement du XVIᵉ siècle, Hamon mourut à Paris, pendu et étranglé sur la
place de Saint-Jean-en-Grève, le 7 mai 1569. La Monnoye et dom Liron, ses biographes,
pensent qu'il dut sa condamnation au coupable usage qu'il fit de son talent en fabriquant de
fausses pièces.

(2) En dehors des monastères, on peut citer la bibliothèque que Charles V avait réunie au
Louvre ; celle que Charles d'Orléans avait formée dans son château de Blois.

contenir les manuscrits dont les plus précieux étaient soigneusement mis à part.

* *

Vers le quatrième siècle on recherchait déjà le luxe dans les reliures.

« Les livres sont revêtus de pierres précieuses, s'écriait saint Jérôme, et le Christ nu meurt à la porte des églises ! »

Dans la notice des Dignités de l'empire (écrite vers 450) il est question de livres carrés reliés et couverts en cuir vert, rouge, bleu ou jaune, souvent ornés de petites baguettes d'or horizontales ou disposées en losanges et décorés sur un des plats du portrait de l'empereur.

Zouare raconte que parmi les dépouilles enlevées par Bélisaire à Gélimer, se trouvaient les livres sacrés des évangiles tout reluisants d'or, et ornés de toutes sortes de pierres précieuses.

Cassiodore qui avait fait l'usage des copistes en traité de transcription et d'orthographe introduisit dans son monastère de Viviers d'habiles relieurs pour lesquels il composa lui-même des recueils de dessins variés destinés à servir de modèles.

Le plus ancien manuscrit de la bibliothèque de Sienne est un évangéliaire grec qui date du neuvième siècle et dont la reliure est ornée de nielles ; il appartint d'abord à la chapelle impériale de Constantinople, fut vendu à Venise lors de la chute de l'empire grec et acheté par des agents du grand hôpital de Sienne d'où il passa à la bibliothèque de cette ville.

Charlemagne accorda à l'abbé saint de Saint-Bertin l'autorisation de se procurer par la chasse les peaux nécessaires pour relier les livres de son abbaye.

Au milieu du onzième siècle, Martel, comte d'Anjou, ordonna que la dîme des peaux de biches perçue dans l'île d'Oléron serait consacrée à relier les livres de l'abbaye qu'il avait fondée à Saintes.

A partir du treizième siècle, les étoffes employées le plus ordinairement pour recouvrir les livres de luxe furent le velours (appelé *velin* ou *veluel*), les étoffes (draps) de soie, de damas et de satin de différentes couleurs, souvent semées de fleurs et brodées en or et quelquefois garnies d'un très grand nombre de perles.

L'inventaire de 1405 de la bibliothèque des ducs de Bourgogne parle d'un petit livret de deux évangiles ayant une couverture garnie d'or et de 58 grosses perles. Le cuir blanc ou vermeil n'était pas moins fréquemment employé que la soie.

Les reliures étaient en outre garnies souvent de clous ou de plaques (platines) d'or, de vermeil, d'argent ou de cuivre doré.

Les livres ainsi reliés étaient, comme l'on sait, presque toujours garnis de fermoirs (appelés fermoyers, fermaux, fermouers), dont le nombre variait depuis un jusqu'à quatre et qui étaient en or, en vermeil, en argent, en cuivre ou simplement en fer; les fermoirs étaient en général émaillés et armoriés aux armes du propriétaire du livre ou même ornés de figures; on les remplaçait souvent par de simples agrafes (*mordants*) qui s'attachaient à des boutons *(pipes)* de métal qui se trouvaient placés sur la couverture.

Avec des reliures aussi riches, il fallait un système spécial pour les recouvrir et les protéger en même temps. Pour cela, on les recouvrait d'enveloppes en soie, en étoffe commune et parfois en métal. Souvent ces enveloppes étaient à leur tour richement ornées elles-mêmes de broderies ou de perles. Quant aux livres rares, ou très précieux, les missels des rois ou des princes, on prenait encore la précaution de les enfermer dans des coffrets incrustés d'argent.

On peut voir à la Bibliothèque Nationale (Département des manuscrits) avec quels soins on recouvrait les manuscrits.

Le Musée du Louvre possède aussi en ce genre un chef-d'œuvre, la magnifique couverture d'un précieux manuscrit, le *Psautier de Charles le Chauve*. Ce sont des bas-reliefs d'ivoire, encadrés par de l'orfévrerie. « Les encadrements qui entourent les ivoires, dit M. Barlet de Jouy, offrent deux dispositions absolument différentes. L'effet de l'une est produit par l'entassement de grosses pierres transparentes et variées de couleurs qui sont presque juxtaposées ; dans l'autre les pierres, qui toutes ont la nuance du grenat, sont groupées pour former de place en place une fleur à quatre lobes dont une perle est le cœur, et les grands espaces qui existent entre les fleurs sont rehaussés par une broderie de cordelettes et de graines d'un travail solide et élégant. Dans l'une comme dans l'autre, l'œuvre d'orfévrerie n'est qu'un épais placage d'argent, d'or, appliqué sur des panneaux de bois. Sur le dos du livre est une antique étoffe, contemporaine de la couverture, dont les nuances sombres sont presque confondues..... »

*
* *

Les étrangers eux-mêmes, venaient acheter leurs livres à Paris. Richard de Bury, évêque de Durham, et chancelier d'Angleterre, s'écriait à la vue des nombreux volumes qui s'étalaient aux abords des collèges :

« O Dieu de Sion ! c'est là que nous aurions désiré demeurer toujours à cause de la grandeur de notre amour pour cette belle ville, où il nous semblait que les journées fussent trop courtes......... Dans cette cité est la serre chaude de l'esprit ; là sont des bibliothèques dans des cellules embaumées d'aromates intellectuels ; là fleurissent toutes sortes de volumes............... C'est là qu'en vérité, ouvrant nos trésors et déliant les cordons de notre bourse, nous avons répandu l'argent d'un cœur joyeux, pour racheter et arracher à la poussière et à la fange (1) des livres inestimables. »

*
* *

Les *scriptores* et les *enluminatores* des couvents et monastères ne recevaient guère d'honneurs pour les admirables tra-

----

(1) La poussière et la fange dont parle l'illustre bibliophile étaient vraies ; dans la petite rue de la Parcheminerie il devait y avoir force poussière et fange.

vaux qu'ils faisaient. Pour horizon journalier, une page blanche de parchemin à remplir ; pour avenir, pendant de longues années, un grand in-folio à achever.

Et quels remarquables souvenirs ont-ils laissés ces laborieux copistes, ces peintres de si admirables miniatures ?

Aucun ! pas même leur nom pour la plupart. Ce nom, d'ailleurs, fût-il écrit, ne dit rien, ne rappelle rien ; c'est l'unique lettre du manuscrit dont il est la signature : frère un tel, désigné simplement par son nom de baptême, ou la fonction qu'il remplissait au couvent. Et puis c'est tout. Nulle gloire pour de tels chefs-d'œuvre.

LA RENAISSANCE ITALIENNE

SOMMAIRE

———

« Le plus grand arbre, dit une chronique normande, est sorti d'une petite graine, et cette graine est née d'une fleur, c'est-à-dire de la plus frêle et passagère des choses, et ce qui, dans cette fleur, renfermait un germe de vie, c'était une poussière presque impalpable que l'abeille seule découvre et que le moindre souffle disperse dans les airs. De même toute œuvre d'art est née de la plus fugitive, de la plus indéfinissable des causes, un soupir de l'âme humaine vers le beau absolu, vers Dieu. »

Il semble que cette chronique, dont l'auteur est inconnu,

ait été écrite par un grand maître ou un amoureux de l'art dont elle définit bien la nature.

On ne saurait non plus mieux en parler qu'en étudiant cette sublime époque de la *Renaissance*. Cette fleur frêle et passagère dont parle la chronique, c'est l'art doux et mélancolique du moyen âge ; cette graine c'est l'art dans les mains travailleuses mais encore un peu inhabiles du Précurseur, et ce grand arbre c'est la Renaissance des arts dans tout son épanouissement ; toutes les branches de l'arbre portent des feuilles et des fleurs, car jamais on ne vit pareille floraison.

. .
. .

L'antiquité qui paraissait endormie mais qui n'avait fait que sommeiller se réveilla tout à coup et les œuvres innombrables et charmantes de ses sublimes artistes italiens sont autant d'hymnes d'adoration à la beauté.

L'art italien du xvie siècle a été bien nommé par ce beau nom de Renaissance.

Au printemps, la nature endormie se réveille tout à coup, la vie devient plus pure, on la respire avec délices. Tout renaît à la vie et les oiseaux chantent des hymnes de reconnaissance au Créateur.

Il semble que la même chose se passe pour les beaux-arts en Italie.

La contemplation de l'art de la Renaissance transporte nos âmes émues au sein des belles et pures régions de l'idéal.

Spectacle grandiose et sublime, l'Italie qui semblait endor-

mie avec ses passions grossières et bruyantes assouplit tout à
coup les plaintes de ses guerres civiles et se réveille dans un
tel état de gloire que l'on dirait qu'une fée préside à son réveil
et la comble de ses dons les plus précieux.

C'est un tableau céleste d'une telle immensité, que le regard
qui cherche à admirer ne tarde pas à tomber dans un complet
éblouissement et que l'esprit s'arrête frappé d'émotion et de
vertige. Les gracieuses légendes de la mythologie viennent
s'allier aux douces et pures légendes du moyen âge, et les arts
de l'antiquité et ceux du moyen âge se réunisssent pour former un bel alliage, les plus belles images de l'antiquité s'éva-
nouissent en fumée devant l'impression causée par la contemplation des œuvres de la Renaissance.

L'art de l'antiquité avait été surtout la représentation de la
beauté extérieure, de la beauté des belles formes ; l'art du
moyen âge qui avait été conçu par l'inspiration de l'esprit
chrétien était religieux et, à la beauté païenne, il avait substi-
tué la beauté morale, l'expression du cœur.

*La religion était devenue le principal soutien et le seul souci
de l'art.*

Un artiste de ce temps-là, Buffamaléo, disait : « Nous ne
peignons jamais que des saints, nous autres peintres, afin que
les hommes, au grand désappointement des démons, soient
vertueux et pleins de piété. »

C'est de cette époque que partiront de la France chrétienne
les idées chevaleresques qui en feront plus tard une des premières nations du monde, et, tandis que les autres peuples
végéteront sans un art personnel, ne faisant qu'imiter l'antiquité, la France au moyen âge avait seule un art vraiment

national, une architecture vraiment française, l'architecture gothique.

D'ailleurs, le clocher gothique de nos vieilles cathédrales n'est-il pas l'image de l'âme pieuse du moyen âge qui s'efforce de monter toujours plus haut vers la lumière radieuse, en chantant à tous les vents du ciel les douces et fières chansons de la foi, de l'espérance et de l'amour divin ; le moyen âge n'a-t-il pas été lui-même le rêve grandiose de la foi, de l'héroïsme, de la chevalerie et de l'amour ?

⁂

Après les rêves si beaux, mais si tristes du moyen âge, un grand mouvement se fit au xvᵉ siècle ; ce seront alors les Précurseurs qui serviront de transition entre les artistes pieux mais inhabiles du moyen âge et les grands savants artistes de la Renaissance.

D'ailleurs, *chacune des générations du moyen âge eut véritablement sa part de travail dans la lente élaboration de la civilisation des temps modernes, et on peut dire que ce fut de lui que le XVIᵉ siècle tint la belle puissance intellectuelle dont il se fait gloire, véritable héritage de dix siècles de travail, de labeurs,* qu'il accrut à son tour d'une façon admirable.

On a donné le nom de *Précurseurs de la Renaissance* aux peintres et aux sculpteurs italiens qui ont été les premiers inventeurs ou, pour mieux dire, les premiers restaurateurs de la peinture et de la sculpture.

Cet art se ressentira d'abord de l'aspect triste de cette

époque que Dante a si bien caractérisée. « Ici des soupirs,
disait Dante parvenu à l'entrée de l'enfer, des plaintes et de
tristes lamentations se faisaient entendre dans l'air sans
étoiles, si douloureusement, que d'abord je me mis à pleurer. »

Les peuples chrétiens d'alors avaient plus pleuré qu'ils ne
s'étaient réjouis.

De ces tristesses, de ces pleurs, de ces gémissements était
née la mélancolie, cette plaintive nostalgie de l'âme, qui s'ap-
pesantira pendant longtemps sur les hommes et leurs œuvres.

L'oppression des âmes avait été si grande que, même en
pleine Renaissance, lorsque les souvenirs gais et joyeux de
l'antiquité auront presque chassé les tritesses amères du
moyen âge, chez quelques génies au grand cœur, la mélancolie montrera souvent encore son empreinte.

Ne la reconnaît-on pas d'ailleurs cette mélancolie, cette
douleur amère dans les doux visages de Léonard de Vinci,
dans leurs sourires si poétiques, dans les figures sinistres et
lugubres d'Albert Dürer, dans les statues de Michel-Ange, si
colossales, qu'elles semblent plus qu'humaines ?

La *Renaissance italienne* du xvie siècle ne comprend guère
qu'un petit espace de temps, 50 ou 60 années environ, et dans
cette courte période apparaissent un grand nombre de génies
extraordinaires, de grands artistes, de lettrés, de savants, de
protecteurs des lettres et des arts ; on n'a jamais vu dans
aucun pays, ni à aucune époque floraison pareille.

L'art de la Renaissance sera le réveil de l'art de l'antiquité ;
il réalisera l'union, l'alliance intime de la beauté païenne,
avec les croyances mystiques et chrétiennes du moyen âge.

Avant d'arriver à cette fusion, il y eut lutte plus d'une fois ;

un des précurseurs, un homme de génie qui avait devancé son siècle, Masaccio, dans les fresques de la chapelle de Sainte-Clémente à Rome, hésite entre la tradition du moyen âge et la Renaissance ; il faut arriver à son chef-d'œuvre, à ses fresques de Santa Maria del Carmine pour voir que toute trace d'hésitation a disparu.

Dans Raphaël et Michel-Ange surtout, on pourra se rendre facilement compte de la fusion harmonieuse qu'ils ont su faire du sentiment chrétien avec la beauté corporelle, la beauté plastique de la Grèce antique ; ils ont reproduit sur leurs fresques, dans leurs toiles et dans leurs sculptures l'union si belle de la beauté morale et de la beauté du corps.

La Renaissance en Italie est le grand siècle de la peinture et de la sculpture, elle n'est point comme on pourrait le croire l'effet du hasard.

Pour bien se rendre compte des causes de cette Renaissance brillante, aurore des temps modernes, il faut étudier un peu le milieu social, les mœurs, les sentiments et les caractères généraux du peuple chez lequel elle s'est produite.

Quelques années avant la venue de tous ces grands artistes, de tous ces grands génies de la Renaissance pendant le xv⁰ siècle (et même déjà à la fin du xiv⁰ siècle), il y avait eu une époque de transition et de lutte, lutte de croyances, des idées et des mœurs du moyen âge avec celle de l'antiquité que l'on commençait à remettre à jour. La vue de quelques précieux et antiques manuscrits retrouvés, de quelques statues antiques mises à nu dans des fouilles ramenèrent la résurrection du passé ; l'antiquité n'était pas morte en Italie, elle n'avait que sommeillé.

Ce fut alors un enthousiasme, un entraînement véritable pour les souvenirs des siècles passés, et surtout pour les beautés de la Grèce ; cette résurrection de l'antique alliée aux croyances religieuses, à la civilisation chrétienne du moyen âge devait enfanter des chefs-d'œuvre.

Au xv⁰ siècle et au commencement du xvi⁰ siècle la voie avait déjà été ouverte aux inventions et aux découvertes. *Gutenberg* et *Frank* avaient découvert l'imprimerie qui devait porter au loin la science des vieux manuscrits, les chefs-d'œuvre de la pensée, et les *Alde* de Venise, imprimeurs célèbres, répandaient leurs éditions latines des chefs-d'œuvre de la littérature antique.

A cette époque, en Italie, tout le monde aime et adore les lettres et les lettrés, tandis que, dans le reste de l'Europe, on se bat, on aime la guerre et le carnage ; et, en France particulièrement, on acclame la noblesse de l'épée dédaignant les savants et les lettrés pour lesquels on n'a pas assez de mépris. « Il semble, dit un contemporain, qu'il n'y a pas de plus grande injure que de les appeler Clercs. »

Jules II fait une rente à un pauvre paysan qui avait découvert le Lacoon et Léon X lui donne la place de notaire apostolique.

Un pape, un roi, un duc se disputent le célèbre *Filelfo* qui savait si bien traduire le grec. Le roi de Naples remercie (comme s'il avait reçu un cadeau précieux) un humaniste qui lui avait envoyé un manuscrit.

Le poète *Tibaldeo* reçut un jour cinq cents ducats d'or du pape Léon X auquel il avait adressé quelques beaux vers.

On ferme boutique à Rome pour aller entendre le poète *Accolti* (Bernardo); les premiers magistrats eux-mêmes délaissent les graves affaires pour venir l'entendre.

La cession d'un précieux manuscrit antique devient la condition de la paix entre deux princes italiens en guerre.

*
* *

Un écrivain de talent de cette époque, *Baldassare Castiglione* (ami de Raphaël), gentilhomme du duc d'Urbain, a laissé un livre sur le *Courtisan, l'homme de cour* (1), qui dépeint admirablement bien la vie élégante, noble et raffinée de cette époque. C'est pour ainsi dire une sorte de traité à l'usage du parfait gentilhomme. Castiglione exige de l'homme de cour une bonne instruction, qu'il parle grec, latin, s'exprime en prose et en vers, soit musicien ; il s'appuie même sur l'étude du dessin et de la peinture ; il ajoute que la modestie est de rigueur, qu'il doit accepter les éloges sans ostentation et cacher le plus possible les difficultés qu'il a pour faire toutes sortes de choses, de manière qu'on puisse supposer que tout ce qu'il fait lui vient naturellement, sans peine et sans efforts.

L'étude de l'antiquité, l'amour du génie antique avait commencé à se réveiller au moyen âge et celui-ci ayant terminé

---

(1) *Il Cortegiano.*

sa croissance, la civilisation antique se reprenait soudain à vivre puissamment et librement.

Il en résulta un mouvement magnifique, une passion, une ardeur particulière.

Ce fut d'ailleurs, en contemplant et en étudiant les chefs-d'œuvre de l'art païen que *Nicolas de Pise, Danatello, Ghiberti, Michel-Ange, Bandinelli, Benvenuto Cellini, Léonard de Vinci, Raphaël*, etc., stimulèrent leur imagination, épurèrent leur goût et produisirent ces chefs-d'œuvre, créations magnifiques du génie moderne. C'est grâce à cette étude de l'antique, que Raphaël donna de si harmonieux contours à ses dieux et à ses déesses, que de Vinci fît des têtes si gracieuses, que *Palladio*, que *Vignole*, que *Sansovino*, composèrent et élevèrent d'adorables édifices.

L'étude de l'antiquité devient une passion. C'est à qui connaîtra les langues anciennes.

Rabelais (1), dans son beau langage, a bien dit : « Maintenant toutes disciplines sont restituées, les langues instaurées (restaurées) : grecque (sans laquelle c'est une honte qu'une personne se die sçavant), hébraïque, chaldaïque, latine. »

Au moment où les études classiques reviennent en honneur, dit M. Charles Yriarte, il se fait une singulière alliance entre l'idée religieuse moderne, la civilisation catholique, telle que nous la révèle l'Evangile, et l'ancienne civilisation païenne, rendue palpable par les chefs-d'œuvre de la sculpture venus des rives de la Grèce et par les manuscrits des auteurs anciens qu'on recherche avec avidité et qui sont multipliés par les

---

(1) *Pantagruel.*

copistes. On revêt les mystères chrétiens du costume de l'idolâtrie païenne et on se passionne pour les doctrines des philosophes de l'antiquité au point de s'armer contre ceux qui
soutiennent la doctrine contraire et d'attenter à leurs jours.
Marcile Ficin, dans son enthousiasme pour Platon, entretient
nuit et jour une lampe devant la statue du philosophe. Phi-
larète sculpte les Amours de Jupiter et de Léda sur la porte
du Vatican ; Bembo, secrétaire d'un pape, parle du héros
Jésus-Christ et de la déesse Vierge ; Paul II institue des con-
férences jusque dans les communs du Vatican, et le soir on
lit l'*Éthique* d'Aristote aux gens de la suite. Quand François
Philelphe, le grand helléniste, passe dans les rues de Florence, on voit les dames du plus haut rang venir baiser le bas
de sa robe, et Leonardo Bruni, auquel le Rosellino, dans
Santa-Croce, donne une des plus belles tombes qui aient con-
tenu une dépouille mortelle, est l'objet des plus singuliers
hommages quand on vient le consulter à Florence de tous les
points de l'Europe. Un jour même, un savant espagnol qui a
quitté sa patrie pour le connaître prétend ne s'avancer en sa
présence qu'en se traînant sur les genoux.

On a oublié un instant la liberté ravie et la puissance des
associations paralysée par les efforts des Médicis ; il n'y a plus
dans la société d'autre hiérarchie que celle de l'intelligence,
du savoir et du talent ; les princes sont marchands, les marchands sont princes, et les grands humanistes marchent leurs
égaux ; dans les savants colloques auxquels ils assistent, les
premiers de l'Etat sont les émules et parfois se montrent les
égaux des écrivains et des penseurs, et on ne doit son rang,
dans ces réunions d'élite, qu'à l'illustration personnelle. Pic

de la Mirandole ne siège pas auprès de Laurent comme seigneur de Mirandola et de Concordia, mais comme un des plus
grands érudits de son temps. Les derniers jours de la république florentine réalisent l'idéal des démocraties athéniennes,
et tandis qu'à Rome, trente ans encore après les intimités de
Carreggi et les réunions littéraires des jardins Ruccellaï, sous
un pontife qui est cependant le plus grand des lettrés qui aient
porté la tiare, l'historien Æneas-Sylvius Piccolomini, on verra
l'architecte, les sculpteurs et les peintres du Vatican relégués
dans les salles basses avec les bouviers, les charretiers et les
porteurs d'eau, — Michelozzo Michelozzi, Ghiberti et Donatello
vivent à Florence dans une intimité étroite avec le vieux
Cosme.

« Viens me rejoindre à Careggi, ô Marcile, écrit le père de
la patrie, viens aussitôt que tu le pourras, et n'oublie pas d'ap-
porter avec toi le traité du divin Platon, *du Souverain Bien*. Si
tu m'en croyais, à l'heure qu'il est, tu l'aurais déjà traduit en
latin ; il n'y a pas de recherche à laquelle je me livrerais avec
plus de passion que la recherche de la vérité. Viens donc, et
apporte avec toi la lyre d'Orphée ! »

Une fièvre d'antiquité s'est emparée des esprits : ce monde
qu'on a retrouvé comme on dégage un monument des cendres
qui le recouvraient fait la loi au monde moderne d'alors ;
quand Carlo Malatesta vient à Mantoue pour épouser Elisa-
beth de Gonzague, le hasard l'y ayant conduit le premier jour
des ides d'octobre, on célèbre la fête de Virgile et, prosternés
devant sa statue couronnée de fleurs et entourée de cierges
qui brûlent en son honneur, les habitants prient avec ferveur
comme au pied d'un saint. Carlo, l'orthodoxe, guerrier fameux

doublé d'un théologien, s'indigne, crie à l'idolâtrie et veut qu'on précipite dans le Mincio la statue du poète objet d'un culte sacrilège. Un cri de réprobation s'élève dans toute l'Italie, et plus de cinquante années après, à la lecture du fait imputé au seigneur de Brescia, cette vaillante Isabelle d'Este, si passionnée pour les lettres et les arts, s'enflamme encore d'indignation et, pour venger le poète de *l'Énéide*, elle demande au Mantegna le dessin d'un monument en l'honneur de Virgile.

Les plus ardents et les plus farouches sentent frémir en eux le même enthousiasme. Sigismond Malatesta, le grand condottiere, capitaine général des troupes de la Sérénissime en Morée, rapporte des îles le corps de Gémiste Pléthon, le philosophe grec, comme la plus précieuse dépouille que puisse donner la victoire, et il lui donne une place dans le panthéon de ses aïeux. Tout redevient antique, le geste, la forme et l'esprit. Alphonse d'Aragon le Magnanime fait son entrée à Naples vêtu de la chlamyde, couvert du manteau de pourpre et, couronné du vert laurier, fait passer son quadrige par la brèche faite à la muraille. On fouille avec ardeur les entrailles de la terre en Grèce, dans la campagne romaine, en Sicile, dans la Grande-Grèce, la Calabre et l'Apulie. Une nuit, près du tombeau de Cécilia Métella, Brunelleschi et Donatello, avides de découvrir les fragments de statue antique et les camées superbes dont ils vont s'inspirer, sont arrêtés et dénoncés au Vatican comme des chercheurs de trésors, et c'étaient des trésors en effet, ces merveilleux fragments de statues antiques, source inépuisable d'admiration et des plus pures jouissances de l'esprit humain.

S'il règne une telle ardeur, si l'idée est dans l'air, comme on dit aujourd'hui, elle est certainement une émanation de cette civilisation grecque et latine tout d'un coup rendue aux Italiens et ressuscitée pour ainsi dire par cette série de circonstances que nous avons énoncées. Florence est devenue une officine, un immense atelier où on prépare les éléments de l'illustration intellectuelle pour le monde entier. Dès 1400, sur la place du Dôme, il existe un *spacciatore*, qui fait métier de procurer aux lettrés des manuscrits latins et grecs. L'université est fondée dès 1321, et on correspond avec toutes celles qui existent déjà en Europe : Pise et Florence se disputent leurs professeurs ; on met les capacités aux enchères. Un professeur reçoit mille ducats à l'année, somme invraisemblable pour le temps, et le jour où Padoue et Venise veulent enlever à Pise le jurisconsulte Bartolommeo Soccini, la seigneurie de Florence, dépassée dans ses offres par le recteur de Padoue, exige de Soccini une caution de 18.000 florins d'or s'il persiste à partir. S'il s'agit de retenir un médecin célèbre, on lui assigne une paie de 2.000 ducats d'or et on lui accorde le droit de libre pratique dans la ville et les environs.

Il faut alimenter tous ces centres d'instruction, ces universités et ces écoles. L'imprimerie cependant ne sera découverte que cent années plus tard ; jusque-là les grands établissements religieux ont suffi à la tâche, mais le génie laïque, plus dégagé, plus audacieux, moins asservi à des règles fixes et des formules surannées, prendra désormais toute initiative et élargira le cercle d'action. Cosme a un atelier de copistes et de miniaturistes, il y a les *scrittori*, qui entendent le grec et qu'il faut payer cher ; au-dessous d'eux, les simples copistes, lettrés pauvres, calligraphes consciencieux, pour la plupart Allemands et Français. C'est un Français qui écrit la fameuse Bible d'Urbin, honneur de la bibliothèque vaticane. Les Italiens, et parmi eux les Florentins, ont la spécialité des miniatures exquises et des gracieux enroulements qui courent dans le texte. Jusqu'aux premières années du xv⁰ siècle, les plus appliqués et les plus riches gardaient, sur une tablette, quelques manuscrits précieux achetés à grand prix ; on voyageait avec ses livres ; en guerre, les princes les plus vaillants, les condottieri et les grands capitaines, avaient toujours avec eux leur chancelier, leur camerlingue et leur secrétaire, chargé des bibles et manuscrits ; quand on séquestre un camp tout entier avec le matériel et les bagages, il y a toujours, parmi le butin, quelque riche proie pour un vainqueur lettré. Aux premiers jours du xv⁰ siècle, la vie est plus fixe, déjà moins pleine d'aventures, malgré les grandes luttes et les invasions ; mais les seigneuries se sont fondées dans ce grand royaume lombard, qu'un capitaine d'aventure a su réformer à son profit et qui vient de se dissoudre au lendemain de sa mort ; d'autres aventuriers illustres, ses condottieri et ses connétables, viennent de se tailler de petites principautés : chacun de ces princes, en sa petite capitale, aura sa bibliothèque et souvent sa collection d'objets d'art. Quand Cosme le Vieux fonde l'abbaye de Fiesole, il appelle à lui Vespasiano, qui le détourne d'acheter, pour former le cabinet des manuscrits, ces copies fournies par les *spacciatori*, souvent pleines de fautes ou contenant de mauvaises *leçons* ; et il obtient l'autorisation d'organiser sur place un atelier de copistes et de miniaturistes. Il en embauche d'abord quarante-cinq, qui, pour premier résul-

tat, lui livreront deux cents volumes. Quand les originaux
commencent à manquer, le « père de la patrie » écrit au
pontife pour lui emprunter les auteurs, inédits encore, qui
sont en sa possession, et Nicolas V, de sa propre main, copie
la liste des œuvres qu'il lui envoie par l'entremise d'un ambas-
sadeur spécial. Ce n'est point une faveur spéciale qu'il fait au
vieux Cosme ; déjà Montefeltro, pour Urbin, et Sforza, pour
Pesaro, lui ont demandé le même service, et, avec la même
sollicitude, le pape a choisi les originaux en en dressant aussi
la liste. C'est que celui qui porte alors la tiare sous le nom de
Nicolas V n'est autre que le savant Thomas de Sarzane, autrefois moine de ce couvent de Saint-Marc-de-Florence dont Savonarole sera plus tard le prieur ; il a été élevé dans le culte
des lettres à l'école de ce fameux Niccolo Niccoli, qui, au
xive siècle et dans les premiers temps du xve, a le plus fait
pour les lettres et la diffusion des manuscrits.

Fils de marchand, marchand lui-même, Niccolo était Flo-
rentin. A la mort de son père, l'amour des lettres le détourne
du négoce, et il se met sous la direction de Chrysoloras et de
Marfigli ; il n'a plus dès lors qu'un souci : la découverte des
nouveaux textes et la correction des anciens, corrompus peu
à peu en passant par les mains de copistes non lettrés. L'hel-
lénisme lui devra beaucoup, et il pourra revendiquer la formation des bibliothèques les plus célèbres d'alors. Peu à peu
il a formé, à prix d'or, une riche collection personnelle ; il a
déjà huit cents manuscrits ; il ouvre une école, mais, ruiné
bientôt par la passion qui le possède tout entier et ne renou-
velant plus ses ressources par l'échange, il sera réduit à se
faire copiste. Cosme le Vieux l'attache alors à son service, il

est son *pensionnaire*. Comme il connaît les textes, il a aussi
créé des relations dans tous les centres d'où on tire les manuscrits : il voyagera donc pour le compte de Médicis. Avec
la connaissance accomplie de son sujet, il a ce flair particulier qui dépiste les faussaires déjà très nombreux, et il va
découvrir des raretés sans prix et des inédits dont la publication fera sensation dans le monde des lettrés. On lui doit tout
le Complément d'Ammien Marcellin, celui du *de Oratore* de
Cicéron, et le Pline célèbre du couvent de Lubecca. Quand il
meurt, il stipule dans son testament que sa bibliothèque sera
rendue publique et désigne seize exécuteurs chargés de réali-
ser son vœu. Mais les dettes contractées sont si nombreuses
que Cosme de Médicis et Laurent, son petit-fils, doivent prendre les livres en gage et payer 6.000 florins d'or pour désinté-
resser les créanciers afin de dégager la succession. Avec une
libéralité digne de leur nom, les Médicis accomplissent alors
le vœu de Niccolo Niccoli et choisissent le couvent de Saint-
Marc pour y installer la bibliothèque. C'est le fonds de manuscrits autour duquel les Médicis grouperont désormais toutes
les raretés qu'on viendra leur offrir ou qu'ils feront à grands
frais venir de l'Orient. L'humble moine qui dispose les livres,
les classe, les annote et en forme le catalogue s'appelle Thomas de Sarzane, et sera un jour le pontife Nicolas V.

Le même zèle animera les successeurs de Cosme et de Laurent, Pierre le Goutteux continuera leur œuvre, et plus tard
Laurent le Magnifique, avec cette chaleur qu'il apporte à toute
œuvre qu'il entreprend, complétera la tâche. Deux fois de
suite, il enverra Jean Lascaris au sultan Bajazet pour obtenir
la permission de fouiller la Grèce et les provinces turques de

l'Asie ; et Lascaris rapportera deux cents manuscrits, dont quatre-vingts sont inédits en Europe. Par malheur, le sac de Florence, en 1494, sous Charles VIII, dispersera bientôt les plus précieux éléments de cette riche collection ; mais Jean, fils de Laurent, en rassemblera les débris épars pour former la fameuse *Laurentiana.*

On ne saurait lire sans émotion, dans le *Carteggio Mediceo innanzi il principato,* recueil de la correspondance des Médicis conservée en original aux archives d'état de Florence, les lettres qui leur sont adressées par leurs divers correspondants. C'est une sollicitude constante pour les lettres et pour les arts : au milieu des soucis de la politique, des contestations et des intérêts les plus graves, on les trouve toujours l'esprit en éveil sur cette question de l'instruction publique, et leur ardeur ne se dément jamais. Un jour c'est le duc d'Urbin qui veut faire un échange ; un autre jour Malatesta Novello, seigneur de Céséna, le *Dux Equitum Prestans,* de la superbe médaille du Pisanello, a formé le projet de faire copier la bibliothèque de Saint-Marc, et il la copiera en effet, la léguant intacte à la postérité.

Circonstance piquante et tout à fait curieuse, l'avidité avec laquelle on recherche les manuscrits anciens, les sommes considérables que d'aussi illustres amateurs donnent en échange suscitent chez quelques savants peu scrupuleux l'idée de leur donner pour authentiques des œuvres fraîchement élaborées dans de secrètes officines. Comme on vient offrir aux Médicis de faux antiques revêtus d'une *patine* obtenue par des mélanges chimiques ingénieusement composés, on leur apporte aussi des pastiches littéraires des écrivains grecs qui tromperaient et eux-mêmes et leurs savants conseillers. Les plus illustres d'ailleurs se font parfois un jeu de mystifier ainsi leurs contemporains ; Léon Battista Alberti, un des plus grands hommes de la Renaissance après Brunelleschi, publie, en 1450, le *Philodoxios* et signe son œuvre *Lepidus comicus* ; en 1498, Annius de Viterbe, religieux dominicain, plus tard maître du sacré palais sous Alexandre VI, publiera successivement dix-sept manuscrits d'auteurs soi-disant inconnus, dont il aura inventé et les compositions et même le nom dont il les signe ; apportant un soin assidu à ce travail apocryphe, il poussera la mystification jusqu'à annoter chaque page, commenter chaque œuvre et citer le nom de l'endroit où il prétend avoir découvert chacune d'elles. Il faudra toute l'autorité de Sabellicus et la science accomplie de Raphaël de Volterre pour prouver que, sous ces noms d'emprunt : Manéthon, Métasthène, Archiloque, Mirfilius, Lesbius, Fabius Pictor, Sempronicus et Cato, se cache la personnalité d'Annius de Viterbe, en religion Giovanni Nanni, frère de Saint-Dominique. »

Les papes sont les premiers à donner l'exemple du culte pour les arts, du goût pour les lettres et les sciences.

Ils sont les plus grands protecteurs des artistes.

Martin V (1417-1481) est le premier qui donne l'exemple.

Il s'entoure de savants, d'artistes : le Pozzo, Léonard Aretin, Biardo, Amisper, Cyriaque, George de Trébizonde, Fra Angelio da Fiésole, Pomponius Lætus.

Le pape Eugène IV fait restaurer le Panthéon, Saint-Pierre, le Colisée, etc.

Les princes d'Italie se disputent avec une égale ardeur la

prééminence temporelle et la suprématie intellectuelle, dit
M. F. Villot. Les Médicis depuis Côme Ier, père de la patrie, et
Laurent le Magnifique, père des muses, jusqu'à Léon X, à
Florence et à Rome ; les doges et le sénat, à Venise ; la maison d'Este, à Ferrare ; les Visconti, les Sforce, Louis le More,
à Milan, attirent à leurs cours les plus hautes intelligences de
l'époque. La langue d'Homère et de Virgile, la philosophie de
Platon, la science d'Archimède, deviennent familières à tous
ces grands seigneurs qui se plaisent à vivre sans cesse entourés
de littérateurs et d'artistes. Le goût de l'archéologie se change
en passion ; de tout côté on fouille la terre, on exhume les
monuments antiques. Les scoliastes, les commentateurs des
textes anciens surgissent de toute part, traduisent en langue
vulgaire les auteurs grecs et latins, soulèvent le voile qui
cachait les usages, les mystères, les allégories d'une autre
civilisation ; les érudits poussent les peintres dans la voie
qu'ils parcourent eux-mêmes, et leur dictent en quelque sorte
les sujets qu'ils doivent reproduire ; les statues, les vases
peuplent les jardins, embellissent les demeures des particuliers, les auteurs classiques se pressent sur les rayons des
bibliothèques ; les savants, le compas à la main, étudient
Archimède et Vitruve, enseignent aux artistes les lois de la
perspective. L'alchimie, en poursuivant un but insensé, trouve
une science nouvelle, fournit des matériaux perfectionnés aux
peintres. La peinture à l'huile se propage de la Flandre en
Italie. L'imprimerie, la gravure, multiplient à l'infini les
chefs-d'œuvre enfantés par l'esprit humain. Les productions
des arts deviennent des objets de première nécessité. On
peint, on sculpte les armoires, les coffres, les panneaux de

lit, les selles de chevaux. Les peintres abandonnent souvent
la fresque pour travailler à des tableaux de petites dimensions, qui peuvent prendre place dans des habitations moins
vastes que les palais somptueux des princes ou des rois. Les
sculpteurs fondent et taillent des figurines ; les bijoux, ciselés avec une admirable perfection, luttent de science dans
leur petitesse avec les prodiges de la grande sculpture. Enfin.
pour que rien ne manque à ce siècle fortuné, Léonard de
Vinci, Michel-Ange, Raphaël, Giorgion, Titien, Corrège, posent
les limites de l'art que leurs disciples et leurs émules affer-
missent d'une main si puissante, qu'il n'est plus donné à
personne de pouvoir désormais les reculer.

Un pape comme *Nicolas V* avait mérité le surnom de
Mécène italien. Il s'était entouré d'artistes et de lettrés. Ses
architectes furent *Meo del Caprina, Giacomo da Petra Santa,
Giovanni de Dolci* ; ses peintres et ses sculpteurs : le *Pérugin,
Pinturicelui, Botticelli, Filippo Lippi, Lucca Signorelli, Signo-
relli, Andrea Verrochio, Pollajuolo, Rosselli*. On lui doit la
chapelle Sixtine, Sainte-Marie de la Paix, l'hospice du Saint-
Esprit, etc.

En même temps que ces constructions s'élèvent, dit
M. Eugène Müntz, il réunit et dresse une véritable armée de
peintres, de verriers, de calligraphes, d'enlumineurs, d'orfèvres, de brodeurs. Il installe à Rome un atelier de tapisseries ; il envoie dans les différentes parties de l'Europe des
agents chargés de lui rapporter ce qu'ils trouvent de rare et
de curieux en tout genre. Un mélange de rares qualités fait
de lui la personnification la plus complète de la Renaissance
sur le trône pontifical.

Son amour pour la littérature classique, les sacrifices immenses qu'il s'imposa pour créer au Vatican une bibliothèque sans rivale ; dans un autre ordre d'idées la reconstruction de la basilique de Saint-Pierre et du palais du Vatican, ses projets grandioses pour la transformation de la Ville Eternelle, de ses rues et de ses places, sont autant de titres qui lui assignent le premier rang parmi les protecteurs des arts et de l'humanité.

Clément VII, le rude adversaire de Charles-Quint, protégeait Benvenuto Cellini et lui pardonnait souvent ses crimes à cause des œuvres d'art qu'il faisait.

Léon X avait fait cadeau de 500 ducats au poète Tibaldeo qui lui avait composé un agréable sonnet.

Nicolas V donnait sa bénédiction et 1.000 écus d'or à un humaniste qui lui avait envoyé un manuscrit antique qu'il avait découvert.

Les grands seigneurs, les gens d'argent même sont les protecteurs des arts. Les Médicis sont à leur tête.

Cosme de Médicis, surnommé le père de la Patrie, élève de somptueux palais, ouvre une académie platonique dont il est membre.

Laurent de Médicis surnommé le *Magnifique* est le protecteur des artistes. Il écrit de beaux sonnets. Il rassemble des statues, des tableaux, en décore ses magnifiques jardins où venaient se réunir les plus grands savants et artistes de son temps : le dominicain Savonarole, Pic de la Mirandole, Squarcialupi.

« Alphonse le *Magnifique* ne demandait à Laurent le

Magnifique, pour se réconcilier avec lui, qu'un manuscrit de Tite-Live (1). »

Le peuple, lui aussi, aimait les lettres et les arts.

A Rome, le peuple fermait boutique pour aller entendre le poète Bernardo Ceccolti, et les cardinaux eux-mêmes, accompagnés de la garde suisse, se mêlaient au peuple pour l'écouter.

« Lorsque le pape Léon X vint, en 1515, visiter Florence, sa patrie, la cité convoqua tous les artistes pour le recevoir magnifiquement (2). »

Les hommes, les savants, les artistes de ce temps-là étaient universels.

Benvenuto Cellini, était à la fois joaillier, écrivain, sculpteur, musicien.

Léonard de Vinci était aussi à la fois non seulement peintre, sculpteur, architecte, mais encore écrivain, géomètre, ingénieur.

Chaque ville voulait s'embellir d'une cathédrale, d'un hôtel de ville, d'une tour communale, d'un baptistère. C'était une rivalité de ville à ville (3).

Comme on le voit, tout conspirait pour la gloire des arts, pour le culte de la beauté physique. Les papes, les lettrés,

---

(1) V. Duruy.

(2) H. Taine, *Philosophie de la Renaissance*.

(3) « La Renaissance, a dit M. Beulé, s'est faite dans les républiques de Pise, de Florence, de Sienne, de Venise, de Gênes. Là fut le berceau de la Renaissance. Si Léon X a su s'emparer de Raphaël, de Michel-Ange, de Bramante, qui sont les derniers coryphées de la Renaissance, ç'a été une appropriation faite au profit de Rome qui, étant la capitale de la chrétienté, méritait d'être la capitale des arts ; mais la vraie origine de la Renaissance doit être recherchée dans les républiques de la haute Italie. Là seulement il y eut création féconde, et de là tous les artistes sont partis pour aller décorer Rome. »

les savants, les banquiers, les bandits, les corporations, les cités, tous venaient en aide à ce moment enthousiaste.

Il y eut là un grand concours de circonstances très favorables au développement des arts ; aussi n'est-il pas étonnant qu'ils aient atteint à cette époque privilégiée un si grand développement (1).

*
* *

C'est surtout en Italie aux débuts de cette Renaissance que l'on trouve un certain nombre de grands peintres chrétiens. L'école mystique, l'école religieuse, dans certaines parties de la Toscane et de l'Ombrie, dans quelques villes de l'Italie, arrive alors à son plus complet développement. Enfanté par l'exaltation de la pensée que surexcitaient les saintes ardeurs du cloître, le mysticisme avait grandi pendant de longs siècles, dans l'intérieur des communautés d'hommes et de femmes, depuis l'époque de sainte Hildegarde jusqu'à celle où vécut le pieux moine qui écrivit l'*Imitation*. Bientôt le génie mystique, en prenant une autre forme, passa de la poésie dans la peinture, et donna naissance à une école de peintres essentiellement chrétiens, dont les plus illustres furent Fra Angelico de Fiesole, Giotto, Benozzo Gozzoli, Fra Bartolommeo, Gaudenzo, Ferrari, le Pérugin, Raphaël, Michel Ange, etc.

---

(1) « L'art de la Renaissance moins pur dans sa forme et moins absolument beau que l'art grec, est bien autrement passionné. Il est l'expression vivante d'une époque de transition et de lutte. Aussi quelle variété dans les productions de cette époque. » (L. et R. Menard, *Tableau des beaux-arts*.)

TABLE DES MATIÈRES

DU TOME I

Bar-le-Duc. — Imprimerie COMTE-JACQUET, rue de la Rochelle, 58 et 60.